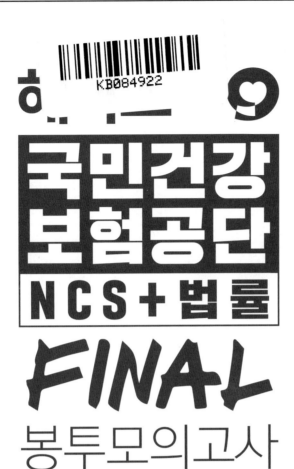

국민건강
보험공단
NCS+법률

FINAL
봉투모의고사

실전모의고사
1회

(NCS+법률)

해커스

실전모의고사
1회
(NCS + 법률)

문제 풀이 시작과 종료 시각을 정한 후, 실전처럼 모의고사를 풀어보세요.

- NCS 직업기초능력   시   분 ~   시   분 (총 60문항/60분)

- 직무시험(법률)   시   분 ~   시   분 (총 20문항/20분)

□ **시험 유의사항**

[1] 국민건강보험공단 필기시험은 NCS 직업기초능력을 60분 이내에 풀고 난 뒤 직무시험(법률)을 20분 동안 풀어야 하며, 직렬별 시험 구성은 다음과 같습니다.
- 행정직/건강직/기술직: NCS 직업기초능력(의사소통·수리·문제해결능력) 60문항 + 직무시험(국민건강보험법) 20문항
- 요양직: NCS 직업기초능력(의사소통·수리·문제해결능력) 60문항 + 직무시험(노인장기요양보험법) 20문항
- 전산직: NCS 직업기초능력(의사소통·수리·문제해결·전산개발 기초능력) 50문항 + 직무시험(국민건강보험법) 20문항

[2] 본 실전모의고사는 NCS 직업기초능력 60문항과 국민건강보험법 20문항, 노인장기요양보험법 20문항으로 구성되어 있습니다. 따라서 NCS 직업기초능력 60문항을 풀이하고 난 뒤 지원 직렬에 맞는 직무시험(법률) 20문항을 풀이하시기 바랍니다.
  ※ 직무시험(법률)은 다음 법령을 토대로 구성되었으므로 실제 시험과 출제 기준이 다를 수 있습니다. 따라서 채용공고를 통해 출제 기준을 확인한 후 실제 시험에 대비하시기 바랍니다.
    – 국민건강보험법: 법제처 법률 제20324호, 2024. 2. 20. (2024. 8. 21. 시행법령 기준)
    – 노인장기요양보험법: 법제처 법률 제20213호, 2024. 2. 6. (2025. 2. 7. 시행법령 기준)

[3] 본 실전모의고사 마지막 페이지에 있는 OMR 답안지와 해커스ONE 애플리케이션의 학습 타이머를 이용하여 실전처럼 모의고사를 풀어보시기 바랍니다.

[01 – 03] 다음 보도자료를 읽고 각 물음에 답하시오.

국내 최초, 의료기관과 지자체의 자원 연계 시스템 구축

국민건강보험공단(이하 '공단')은 요양병원에서 퇴원이 예정된 환자의 안정적 지역사회 복귀를 지원하기 위해 요양병원과 지자체 간 자원(서비스) 연계 시스템을 구축하여 지역사회 통합 돌봄 선도사업 지역부터 운영한다고 밝혔다. ㉠ 여기서 지역사회 통합 돌봄은 어르신이나 장애인 등 돌봄이 필요한 주민이 지역사회와 함께 어울려 살아갈 수 있도록 주거, 보건의료, 요양, 돌봄 등 통합적으로 지원하는 지역주도형 사회서비스 정책이다. 또한, 요양병원과 지자체 간 자원 연계 시스템은 요양병원 환자지원팀이 퇴원 후 지역자원 연계가 필요한 환자의 퇴원지원표준계획서를 지자체(행복e음)에 의뢰하고 지자체가 환자에게 필요한 서비스 목록을 요양병원으로 회신하는 시스템을 일컫는다.

기존에는 요양병원 환자지원팀이 퇴원예정 환자에게 필요한 지역사회 서비스 정보를 지자체에 팩스 또는 유선으로 의뢰하여 연계함에 따라 업무처리에 긴 시간이 소요되었다. ㉡ 뿐만 아니라, 지역서비스에 대한 정보 부족 등의 문제로 환자에게 적합한 연계자원(서비스)을 찾는 데 어려움이 있었다.

공단은 이러한 문제를 해결하고 요양병원 입원환자의 퇴원 후 지역사회 자원 연계 업무를 효율화하기 위해 공단 요양기관 정보마당에 해당 시스템을 구축하여 운영을 시작하였고, 요양병원 퇴원이 예정된 장기요양수급자의 경우 동 시스템을 통해 지자체 외 노인장기요양보험 운영센터로도 연계하여 상담을 받을 수 있도록 하였다. ㉢ 또한, 퇴원예정 환자에게 알맞은 서비스를 요양병원 환자지원팀이 직접 찾아 연계해 주기 때문에 환자의 수고가 한층 줄었다.

자원 연계 시스템을 통해 요양병원은 지역사회 서비스 발굴 부담 완화로 환자에게 적시에 필요한 서비스 연계가 가능해질 것이다. ㉣ 더구나 지자체는 퇴원계획 공유를 통해 서비스 연계가 필요한 대상자 확인이 용이해질 것으로 기대된다. 현재는 주민등록 주소지가 지역사회 통합 돌봄 선도사업 지역에 해당하는 요양병원 퇴원예정 환자만 대상이나, 선도사업 지역 확대에 따라 서비스 연계 대상자도 확대될 예정이다.

공단은 요양병원 퇴원환자지원 활성화와 환자지원팀의 전문성 강화를 위하여 요양병원 퇴원환자지원 기본교육과 지사 지역사회연계협력팀을 통한 요양병원 현장지원을 운영하고 있다.

공단의 강○○ 급여상임이사는 "가정에서 돌봄이 어려워 장기입원을 할 수밖에 없는 노인의 지역사회 복귀에 도움이 되길 기대한다."며, "앞으로도 지역사회 통합 돌봄 활성화를 통해 노인이 살던 곳에서 건강한 노후를 보낼 수 있도록 노력하겠다."라고 밝혔다.

※ 출처 : 국민건강보험공단 보도자료

01. 위 보도자료의 작성 목적으로 가장 적절한 것은?

　① 요양병원 퇴원환자가 사회 복귀 시 겪는 어려움을 해결할 수 있는 방안의 마련을 촉구하기 위함

　② 요양병원 퇴원환자의 사회 복귀 지원 시스템에 관한 변경된 내용을 요양병원 퇴원 절차에 따라 안내하기 위함

　③ 요양병원 퇴원환자의 사회 복귀 지원 제도 활성화를 위한 지원인력 전문성 강화의 필요성을 설명하기 위함

　④ 요양병원 퇴원환자의 사회 복귀 지원을 위해 구축한 요양병원과 지자체 간 자원 연계 시스템을 홍보하기 위함

02. 위 보도자료의 내용과 일치하지 않는 것은?

　① 현재로서는 의료기관과 지자체의 자원 연계 서비스 대상자는 지역사회 통합 돌봄 선도사업 지역에 주민등록 상 주소를 둔 요양병원 퇴원예정 환자로 한정한다.

　② 국민건강보험공단은 요양병원 현장에 지사 지역사회연계협력팀을 배치하여 퇴원환자에 대한 지원을 촉진하고 있다.

　③ 국민건강보험공단의 요양기관 정보마당을 통한다면 요양병원 퇴원을 앞둔 장기요양수급자의 상담은 지자체를 통해서만 이루어진다.

　④ 의료기관과 지자체의 자원 연계 시스템이 구축되기 이전에는 지역사회 서비스 정보의 의뢰가 팩스와 전화를 통해서만 이루어져 업무처리에 오랜 시간이 소요되었다.

03. 위 보도자료의 논리적 흐름을 고려할 때, ㉠~㉣ 중 삭제되어야 하는 문장은?

　① ㉠　　　　　　② ㉡　　　　　　③ ㉢　　　　　　④ ㉣

[04 – 06] 다음 글을 읽고 각 물음에 답하시오.

보건복지부는 경제협력개발기구(OECD)에서 발표한 '한눈에 보는 보건(Health at a Glance)'을 토대로 우리나라를 포함한 개별 국가의 보건의료 성과 수준·현황 등을 분석하였다. 그 결과, 우리나라의 외래 진료 수준은 높아지고 있으나, 천식이나 당뇨병 등으로 대표되는 만성질환 입원율과 정신질환자 사망률이 다른 OECD 평균 수치보다 높은 것으로 나타났다. 한편, 대장암 및 위암 진료는 세계 최고 수준에 달하였으며 급성기 진료의 질도 일부 개선되고 있음을 확인할 수 있었다.

암 환자의 경우 5년 순 생존율이 대장암 72%, 위암 69%로 OECD 국가 중 가장 뛰어나 보건 수준 또한 높음을 알 수 있었다. 급성기 진료에 해당하는 허혈성 뇌졸중의 경우 30일 치명률(45세 이상 환자 중 입원 이후 30일 이내 사망한 입원 건수 비율)이 2008년부터 감소하는 추세를 보이며, 2017년에는 3.2%로 OECD 평균 수치인 7.7%보다 낮아 매우 우수한 수준이었다. (   ) 급성 심근경색증의 경우 30일 치명률이 감소 추세를 보이다가 2016년을 기점으로 증가하였고, 2017년에는 9.6%에 달해 OECD 평균 수치인 6.9%보다 높았다.

만성질환 중 천식, 당뇨병의 입원율은 각각 인구 10만 명당 81명, 245명으로 OECD 평균 수치인 42명과 129명보다 많았다. 천식이나 당뇨병과 같은 질환은 일차의료 시 입원율을 낮출 수 있지만, 이처럼 만성질환 입원율이 높다는 것은 관리 소홀로 질병을 악화시켜 입원 병상을 비효율적으로 활용하고 있다는 사실을 입증한다. 그나마 다행인 점은 만성질환 입원율이 2008년 이후 꾸준히 감소하고 있다는 것이며, 특히 만성폐색성폐질환 입원율은 인구 10만 명당 182명으로 OECD 평균인 183명보다 낮은 수치를 기록하기도 했다.

정신보건 분야에서는 정신질환자 관리 정도를 확인할 수 있는 일반인구집단(15~74세) 대비 정신질환자 사망률인 초과사망비를 확인한 결과, 조현병 환자와 양극성 정동장애 환자의 초과사망비가 각각 4.4와 4.2인 것으로 나타났다. 해당 질병에 대한 OECD 평균 수치가 4.0과 2.9라는 점을 고려하면 정신질환에 대한 관리 또한 부족하다는 사실이 확인된다. 물론 우리나라의 보건의료 질은 전반적으로 향상된 편이지만, 더 높은 수준의 보건의료 성과를 내기 위해서는 만성질환 및 정신질환이 철저히 관리될 필요가 있다.

04. 윗글의 중심 내용으로 가장 적절한 것은?

① 우리나라의 대장암과 위암 진료 수준을 고려했을 때, 외래 진료 수준이 OECD 평균을 넘어서 세계 최고 수준에 달함을 알 수 있으므로 이에 대해 자부심을 갖고 유지해나갈 필요가 있다.

② OECD의 보건의료 성과 수준과 현황을 분석한 결과 그중 우리나라의 보건의료 질은 OECD 평균 대비 모두 높으므로 이를 잘 유지해나가야 한다.

③ 우리나라의 외래 진료 수준은 높은 편이나 만성질환 입원율 및 정신질환자 사망률이 OECD 평균보다 높으므로 만성질환과 정신질환에 대한 관리가 이루어져야 한다.

④ 대장암과 위암 진료의 경우 우리나라가 세계 최고 수준이나 이에 비해 급성기 진료의 질은 개선되지 않아 급성기 진료 질을 개선할 수 있는 방안을 마련해야 한다.

05. 윗글을 읽고 난 후의 반응으로 가장 적절하지 않은 것은?

① 천식과 당뇨병의 입원율이 높은 것은 일차의료 시 해당 질병 관리를 소홀히 했기 때문이야.

② 우리나라의 조현병 및 양극성 정동장애 환자 초과사망비는 4.0 이하로 OECD 평균 수치보다 낮네.

③ OECD에서 발표한 '한눈에 보는 보건'을 통해 국가별 보건의료 성과와 수준을 확인할 수 있군.

④ 우리나라의 대장암과 위암 진료 수준은 5년 순 생존율을 활용해서 판별할 수 있는 부분이구나.

06. 윗글의 빈칸에 들어갈 단어로 가장 적절한 것은?

① 다만   ② 더구나   ③ 그런 까닭에   ④ 이를테면

행정안전부, 새해 달라지는 국민안전·정부혁신·공정과세 분야 제도 10선 발표

[국민안전 분야]

□ 소방공무원은 4월 1일부터 국가직으로 전환되어 대형재난의 대응역량이 강화되고 지역별 소방서비스 격차가 줄어든다. 시·도지사 직속으로 소방본부를 두되, 화재예방이나 대형재난 등 필요한 경우에는 소방청장이 시·도 소방본부장과 소방서장을 지휘·감독할 수 있게 된다. 담배분 개별소비세의 20%를 차지하는 소방안전교부세율은 45%로 인상되고 그 용도에 인건비가 추가된다.

□ 도로교통법 일부 개정안 시행에 따라 어린이 보호구역에 무인 교통단속용 장비 설치가 의무화된다. 전국 모든 어린이 보호구역에 단속장비 설치를 완료할 계획으로, 올해는 교통사고 우려가 큰 지역에 단속장비 1,500대를 우선 설치한다. 다만 도로 폭이 좁은 이면도로와 같이 장비 설치가 부적합한 지역은 과속방지턱 등 안전시설을 확충할 예정이다.

□ 대형재난 발생 시 피해자의 휴대전화 위치정보를 조회하여 신속한 구조 활동도 가능해질 예정이다. 위치조회는 원칙적으로 본인 요청이 있을 때만 가능하지만, 긴급한 경우 중앙재난안전대책본부가 본인 요청 없이도 통신사업자에게 위치정보를 요청하여 긴급구조기관에 제공, 수색·구조에 활용할 수 있도록 근거를 마련한다는 계획이다.

□ 영화관, 대형쇼핑몰과 같은 다중이용시설에서 구내방송으로 민방위경보가 전파되어 보다 신속한 대피가 가능해진다. 그동안 실내에서는 수동으로 민방위경보가 전파되었지만, 앞으로는 각종 안보위협이나 재난 발생 시 경보전파가 즉각 이루어질 수 있도록 경보단말 수신기 설치가 의무화된다.

[정부혁신 분야]

□ 주민등록등·초본, 건강보험자격확인서 등 각종 증명서를 스마트폰 앱 '정부24'로 발급받고 전자문서지갑에 저장해 공공기관은 물론 은행 같은 금융기관에도 제출할 수 있게 된다. 전자증명서 발급서비스는 주민등록등·초본을 시작으로 4월부터는 건강보험자격확인서 등 13종, 연말까지는 소득금액증명서, 국민기초생활 수급자 증명서 등 100여 종으로 발급 증명서를 확대할 계획이다. 사용처 역시 4월부터 중앙부처·지방자치단체·공공기관, 은행·보험사 등으로 늘어나고 7월부터는 협의된 민간기관까지 확대된다.

□ 주민등록번호 부여 체계가 45년 만에 개편되어 뒷자리에 지역표시번호가 사라지고 성별 뒤 여섯 자리가 임의번호로 부여된다. 현재는 주민등록번호 뒤 일곱 자리 중 네 자리(2~5번째)가 읍면동 고유번호에 해당했지만, 새로운 주민등록번호 부여 체계는 신규 부여자와 번호 변경자에게만 적용될 예정으로 기존 주민등록번호는 그대로 사용하면 된다.

□ 현재 출산(출산지원 서비스 통합신청), 사망(사망자 재산 통합조회) 단계에 제공되는 생애주기 서비스를 내년부터 출산, 사망, 임신, 아동돌봄 4종으로 늘린다는 계획이다. 임산부는 각종 임신지원 서비스를 4월 일부 지방자치단체에서부터 '정부24' 또는 보건소에서 한 번에 안내받고 신청할 수 있게 되고, 학부모는 방과 후 초등돌봄 서비스를 6월부터 단계적으로 '정부24'에서 한 번에 검색·신청할 수 있게 된다.

□ 공공 웹사이트를 이용할 때 개인용 컴퓨터(PC)에 설치해야 했던 '액티브X'와 같은 플러그인 프로그램이 제거되어 온라인 서비스 이용이 더욱 편리해질 것으로 예측된다.

[공정과세 분야]

□ 본래 주택 유상거래의 취득세율은 취득가액에 따라 6억 원 이하 1%, 6억 원 초과 9억 원 이하 2%, 9억 원 초과 3%로, 단계적 세율체계를 이용하여 취득가액을 실제보다 축소 신고하는 사례가 있었다. 이에 주택 취득으로 1세대 4주택 이상이 되는 다주택자에 대해서는 투기적 주택수요 억제 차원에서 4%의 취득세율이 적용된다.

□ 그간 지방자치단체의 지방세 징수권 소멸시효는 체납금액에 관계없이 5년이었지만, 올해부터 5천만 원 이상의 고액 체납자 징수권 소멸시효는 10년으로 연장된다. 행정안전부 기획조정실장은 "국민의 일상을 더 안전하게 하고, 정부서비스를 보다 편리하게 하며, 공정과세를 확립하기 위한 제도개선에 주력했다"며 "국민의 눈높이에서 수준 높은 공공서비스가 차질 없이 제공될 수 있도록 노력하겠다"고 말했다.

※ 출처: 행정안전부 보도자료

07. 위 보도자료를 통해 추론한 내용으로 가장 적절하지 않은 것은?

① 새로운 주민등록번호 부여 체계는 신규 부여자와 번호 변경자에게 우선 부여된 뒤 기존 주민등록번호에도 반영될 예정이다.

② 안보위협 또는 재난 발생 시 경보전파가 바로 될 수 있도록 다중이용시설에 경보단말 수신기 설치가 의무화된다.

③ 5천만 원 이상의 고액을 체납한 사람의 경우 지방자치단체 지방세 징수권 소멸시효가 올해부터 기존 대비 5년 더 늘어난다.

④ 소방본부는 시·도지사 직속으로 있지만, 화재예방 또는 대형재난과 같이 유사시 소방청장도 소방서장을 지휘할 수 있게 된다.

08. 위 보도자료의 내용과 일치하지 않는 것은?

① 생애주기 서비스는 기존 대비 제공되는 단계가 2개 더 늘어나 출산, 사망, 임신, 아동돌봄 4종이 제공될 예정이다.

② 전자증명서 발급서비스를 통해 주민등록등·초본을 발급받기 위해서는 연말까지 기다려야 한다.

③ 공공 웹사이트 이용 시 개인 컴퓨터에 설치하던 플러그인 프로그램을 더 이상 설치하지 않아도 된다.

④ 대형재난이 발생했을 경우 중앙재난안전대책본부는 본인 요청 없이 통신사업자에게 위치정보 요청을 할 수 있게 될 예정이다.

[09 – 10] 다음 보도자료를 읽고 각 물음에 답하시오.

□ 질병관리청 국립보건연구원은 미세먼지가 심혈관질환 발생 및 사망의 주요 위험인자로 널리 알려져 있어, 이를 효율적으로 예방하고 관리하기 위한 근거 생산을 위해 '심혈관질환 고위험군 특성에 따른 미세먼지 폐해 최소화 모형 개발' 연구를 2019~2020년 동안 지원·수행해왔다고 밝혔다.

□ 규칙적인 신체 활동이 심뇌혈관질환 발생 위험을 감소시키는 것으로 잘 알려져 있으나, 미세먼지가 높은 날 외부에서의 신체 활동이 심뇌혈관질환 발생에 미치는 직접적인 근거는 매우 부족한 실정이다. 그럼에도 불구하고 미세먼지 농도가 높은 날 외부 신체 활동이나 외출 자제를 권고하고 있고, 실제 외부에서의 신체 활동량과 횟수도 크게 감소하고 있다.

□ 그러나 일반 국민들은 여전히 미세먼지가 높은 날 야외 활동이나 운동을 해도 괜찮은지 궁금해하고, 특히 개인의 여러 특성에 따른 맞춤형 예방관리수칙 등의 마련에 대한 요구가 높은 상황이다. 이에 연구진들은 미세먼지(PM10)와 초미세먼지(PM2.5) 각각에 대한 거주 지역 기준의 연평균 농도를 고농도와 저농도로 구분하여, 중강도 이상의 외부 신체 활동 횟수에 따른 심뇌혈관질환 발생 위험에 미치는 효과를 분석·평가하였다. 그 결과, 40세 이상 일반인군에서 중강도 이상 운동을 주 5회 이상 실시한 경우 고농도의 미세먼지 및 초미세먼지 노출에 의해 증가한 심혈관질환 발생 위험도가 크게 감소되는 것을 확인하였다 밝혔다.

□ 본 연구는 국민건강보험공단 100만 명 표본코호트에서 2009~2010년 사이 건강검진을 받은 40세 이상 수검자(총 256,432명) 중 심혈관질환 진단 이력이 있는 환자, 사망자, 추적 탈락, 주요 변수에 누락되거나 손실된 값이 있는 자를 제외한 189,771명을 최종 연구에 포함하여, 에어코리아 미세먼지 자료(2009~2010년)와 연계하여 미세먼지 장·단기 노출에 따른 심혈관질환 발생을 2011~2013년까지 추적 평가하고 폐해 감소 요인을 발굴하고자 하였다. 한편, 개인들마다 생활습관적, 인구학적 특성들에 차이가 있기 때문에 각 특성 차이에 따른 미세먼지 기인 심혈관질환 발생 위험과 운동 효과 차이를 비교·평가하였다.

□ 미세먼지 농도 $55.13\mu g/m^3$와 초미세먼지 농도 $27.86\mu g/m^3$을 기준으로 고농도와 저농도로 대상자를 구분하고, 중증도 이상의 운동 정도에 따라 심혈관질환 발생 위험을 비교·평가한 결과, 저농도와 고농도의 미세먼지에 노출된 각 군에서 중증도 이상 운동을 5회 이상을 한 경우, 심혈관질환(17%, 18%), 뇌졸중(15%, 24%)이 감소하였다. 저농도와 고농도의 초미세먼지에 노출된 각 군에서 중증도 이상 운동을 5회 이상을 한 경우, 심혈관질환(26%, 38%), 뇌졸중(32%, 47%)이 감소하였다. 미세먼지의 농도가 낮을 때 중증도 이상 운동을 주 1~2회 또는 3~4회를 한 각각의 경우에도 뇌졸중이 21%와 25%까지 감소하였으며, 초미세먼지가 저농도일 때 주 1~2회 운동을 한 경우에는 심혈관질환 27%, 뇌졸중은 39%까지 감소하였다. 이는 미세먼지 농도에 상관없이 평소에 운동을 꾸준히 하면 미세먼지에 기인한 심혈관질환의 발생 위험이 감소됨을 보여주는 것으로, 꾸준한 운동 실천의 중요성이 강조되는 결과라 하겠다.

□ 다만, 미세먼지 및 초미세먼지의 농도와 상관없이 대체로 중강도 신체 활동에 의한 심혈관질환 발생 위험 감소 효과가 50세 이상, 비만, 비흡연 및 비음주자에서 특히 높게 나타났다. 이는 각 개인 특성에 따라 운동의 효과에 차이가 있음을 보여주는 것으로 정확한 관리 방안 마련을 위한 추가적인 정밀 연구들이 필요함을 보여주는 것이다.

□ 국립보건연구원 권○○ 원장은 "이번 연구 결과는 연평균 미세먼지가 높은 지역에 사는 사람들에서 신체 활동 실천을 권고할 수 있는 직접적인 근거를 제시한 것"이라고 밝혔다. 그러나 "이번 연구의 결과만으로 미세먼지가 심한 날에도 건강을 위해서 중강도 이상의 외부 신체 활동을 권장하는 것은 아니다."라고 밝히며, "개인 특성 맞춤형 신체 활동 지침 마련을 위한 추가적인 근거 생산 연구를 지속할 것"이라고 밝혔다.

※ 출처: 질병관리청 보도자료

09. 위 보도자료의 내용과 일치하지 않는 것은?

① 미세먼지 농도와 무관하게 중강도 신체 활동에 의한 심혈관질환 발생 위험 감소 효과가 특정 연령대와 생활습관을 가진 사람에게서 특별히 높게 나타났다.

② 미세먼지 장·단기 노출에 따른 심혈관질환 발생 추적 평가는 2009년부터 1년간 심혈관질환 진단 이력이 있는 40세 이상 수검자를 대상으로 진행되었다.

③ 미세먼지와 초미세먼지에 노출되어 중증도 이상 운동을 주 5회 이상 수행했을 때의 심혈관질환과 뇌졸중 감소율은 미세먼지보다 초미세먼지에서 더 높게 나타났다.

④ 미세먼지가 심한 날 야외 신체 활동의 안전성에 대한 의문과 개인의 특성에 따른 맞춤형 예방관리수칙 마련에 대한 국민의 요구가 높다.

10. 위 보도자료의 중심 내용으로 가장 적절한 것은?

① 중강도 이상의 꾸준한 신체 활동은 미세먼지와 초미세먼지에 의한 심혈관질환의 예방에 도움이 된다.

② 연평균 미세먼지가 높은 지역의 거주자는 그렇지 않은 지역 거주자보다 야외 신체 활동을 자제해야 한다.

③ 40세 이상 심혈관질환 고위험군은 미세먼지 농도가 높은 날 외부 신체 활동량 및 횟수를 줄여야 한다.

④ 개인별 생활습관이 심혈관질환 예방 효과에 미치는 영향력을 명시할 추가적인 근거가 마련되어야 한다.

[11 - 13] 다음 글을 읽고 각 물음에 답하시오.

만약 환자가 호흡 곤란, 부기 등 심장 기능 상실을 보인다면 증세와 원인을 정확히 파악하고 치료를 시행한다. 치료에도 불구하고 증상이 악화될 경우에는 다른 사람의 건강한 심장이나 인공 심장을 환자에게 이식하는 심장 이식을 시도하게 된다. 그러나 심장 이식이 필요한 환자 수에 비하여 기증자의 수가 턱없이 부족하기 때문에 심장의 전체 또는 일부의 기능을 대신하는 기계적 순환 장치인 인공 심장에 관한 연구가 1950년대 이후부터 계속되고 있다.

(가) 결국 1963년에 인공 심장 관련 특허를 얻은 윈첼은 인공 심장이 자유롭게 연구되길 바라며 유타 대학교에 인공 심장 특허권을 기증하였고, 과학자 로버트 자빅이 윈첼의 인공 심장을 보완하여 최초의 영구 인공 심장 자빅-7을 개발하였다. 자빅-7은 타원형의 폴리우레탄 재질로 구성되었으며, 심실과 동일하게 입구 밸브에서 출구 밸브까지 혈액을 순환할 수 있게 하는 펌프가 존재하였다. 자빅-7은 1982년 치과의사 바니 클락에게 최초로 이식되었고, 클락은 심장 이식을 받은 후 약 112일 동안 생명을 유지하였다고 한다.

(나) 심실 보조 장치는 보조 심실에 따라 좌심실·우심실·양심실 보조 장치로 분류되며, 그중 심첨부에서 받은 혈액을 펌프를 통해 대동맥으로 보내는 좌심실 보조 장치가 주로 이용된다. 또한, 작동하는 방식에 따라 심실 보조 장치를 박동형과 연속류형으로 분류하기도 한다. 초기에는 생리학적 형태의 박동형 혈류를 보내는 박동형 심실 보조 장치가 사용되었으나, 구성 요소의 내구성이 낮아 교체 빈도가 높으며 장비의 크기와 소음이 크고 연속류형보다 생존율이 낮다는 연구 결과가 있어서 최근에는 연속류형이 사용되는 빈도가 높다.

(다) 오늘날 인공 심장이라고 하면 심장에서 수축 기능을 하는 심실의 제거 여부에 따라 크게 완전 인공 심장과 심실 보조 장치로 구분된다. 심실 보조 장치는 환자의 심장 기능 상태에 따라 일부 심장 기능만을 담당하지만 완전 인공 심장은 환자의 좌심실과 우심실을 없애고 인공 심실을 환자의 심방 및 대혈관에 연결하기 때문에 환자의 혈액 순환이 기계에 온전히 의지하게 된다. 현재 인공 심장은 심장 이식을 위한 중간 단계로 활용되는 경우가 많아서 일반적으로 기계적 순환 보조 장치라고 하면 심실 보조 장치를 의미한다.

(라) 미국의 성우이자 배우 폴 윈첼은 우연히 한 파티에서 하임리히법의 창시자인 의사 헨리 하임리히를 만나서 하임리히가 집도하는 심장 절개 수술에 참관할 기회를 얻게 되었다. 참관을 마친 윈첼이 하임리히에게 잠시라도 심장의 역할을 대행할 수 있는 인공 심장과 같은 것이 있는지 물었고, 인공 심장이 없다는 답변을 들은 윈첼은 본인이 인공 심장을 발명하겠다고 나섰다. 윈첼은 의학 서적과 논문을 독학하고 하임리히에게 의학적 자문을 구하며 연구한 끝에 1956년 인공 심장 시제품을 완성하였다.

11. 윗글에 제시된 (가)~(라)문단을 논리적 순서대로 알맞게 배열한 것은?

① (다) – (나) – (라) – (가)

② (다) – (라) – (가) – (나)

③ (라) – (가) – (다) – (나)

④ (라) – (다) – (나) – (가)

12. 윗글의 내용과 일치하는 것은?

① 우심실 보조 장치는 기본적으로 심첨부에서 받은 혈액을 펌프를 통해 대동맥으로 보내는 데 사용된다.

② 하임리히는 윈첼이 참관한 심장 절개 수술에서 인공 심장을 사용하여 성공적으로 수술을 마무리했다.

③ 완전 인공 심장은 환자의 양쪽 심실을 제거하고 환자의 심방과 대혈관에 인공 심실을 연결한다.

④ 유타 대학교는 인공 심장을 연구하기 위해 막대한 돈을 지불하여 인공 심장 특허권을 구매하였다.

13. 윗글을 통해 추론한 내용으로 가장 적절하지 않은 것은?

① 심장의 기능을 대신하는 기계적 순환 장치인 인공 심장에 관한 연구는 1950년대에 시작되었다.

② 자빅-7에는 심실과 마찬가지로 혈액을 입구 밸브부터 출구 밸브까지 순환하게 하는 펌프가 존재했다.

③ 생리학적 형태의 박동형 혈류를 보내는 박동형 심실 보조 장치는 교체 빈도가 높고 소음이 크다.

④ 윈첼의 질문에서 영감을 얻은 하임리히는 장기간의 연구 끝에 인공 심장 시제품을 개발하였다.

의료급여 행려환자에게 주민등록 등 법률 절차 지원한다

보건복지부(이하 '복지부')는 지방자치단체, 국내 주요 로펌 및 로펌이 설립한 공익법인과 합동으로 의료급여수급자 중 행려환자 100여 명을 대상으로 성본(性本) 창설, 가족관계등록부 창설, 주민등록 등 법률 절차를 지원한다고 밝혔다. 행려환자는 일정한 거소가 없으며 경찰관서에서 무연고자로 확인된 사람 중 의료지원이 필요해 시·군·구청장이 1종 의료급여수급자격을 부여한 사람을 의미한다. 이번 법률지원 대상은 행려환자 중 수차례에 걸친 지문조회 결과 일치된 주민등록 정보가 없거나 출생신고조차 이루어지지 않아 무명(無名) 상태로 지방자치단체의 보호를 받아온 의료급여수급자다. 이들 대부분은 의사능력이 없거나 스스로 거동하기 어려운 장애인, 정신질환자 등이며, 법원에 의한 사망 선고로 주민등록이 말소되었지만 가족과의 관계단절 등의 사유로 주민등록 재등록 절차가 이루어지지 못하고 있는 환자 등을 포함한다. 복지부는 행려환자의 주민등록이 신속하게 이루어질 수 있도록 법률 절차를 지원할 계획이다. (   ) 복지부는 시·군·구청장이 행려환자를 '행정상 관리주소'로 특별 관리할 수 있도록 함으로써 행려환자들이 주민등록 등으로 인한 가족과의 단절 가능성을 차단하도록 했다. 또한, 행려환자에게 의료급여수급자격을 부여한 지방자치단체의 주민센터를 행정상 관리주소로 주민등록 함으로써 특별 관리가 가능하도록 할 계획이다. 가족관계등록부를 창설하거나 사망 선고자의 주민등록을 재등록하기 위해서는 행려환자 주소지를 관할하는 가정법원의 비송사건 절차를 거쳐야 하며, 통상 2~6개월이 소요될 예정이다.

[붙임] 의료급여 행려환자 주민등록 법률 지원(안)

□ 법률 지원 개요
  ○ (지원 내용) 스스로 의사결정 능력이 없는 의료급여 행려환자의 주민등록 창설 또는 재등록을 위한 심판 청구 등 법률 절차 지원
  ○ (지원 기간) 2020년 8월부터 1년간
  ○ (법률 지원 기관) 국내 주요 로펌 및 로펌 설립 공익법인
  ○ (법률 지원 대상(안)) 지자체의 판단으로 주민등록 무등록 상태가 확실하고, 신속한 주민등록으로 복지서비스 수혜 등 실익이 큰 사람을 우선 선정

  > ① 법원에 의해 사망 선고되었으나 생존 중인 사람
  > ② 지문 조회를 3회 이상 실시하였으나 일치된 주민등록 정보가 없어 가족관계등록 무등록자로 확인된 사람
  >   ※ 단, 실종아동 등 데이터베이스 조회 결과 실종아동이 아닌 사람
  > ③ 지문의 멸실로 신원 확인이 불가능한 사람으로 유전자등록 후 3년이 지난 사람
  > ④ 주민등록번호 취득 후 장애등록을 통한 재활치료 등 실익이 큰 사람
  > ⑤ 공공후견인 등의 지정을 통해 지속적인 관리가 시급한 사람

  ○ (관할 지자체) 의료급여 행려환자의 현재 보장 기관

□ 취득 요건 및 절차
  ○ (취득 요건) ① 대한민국 국민일 것, ② 가족관계등록 무등록자일 것, ③ 출생신고의무자가 없거나 출생신고를 기대할 수 없을 것, ④ 생존하고 있을 것, ⑤ 실종아동이 아닐 것
  ○ (취득 절차)
    – 기아의 경우에는 기아 발견의 보고를 받은 시(구)·읍·면의 장이 기아발견조서를 작성하고, 법원의 허가를 얻어 성본 창설 후 이름과 가족관계등록부를 창설 후 주민등록
    – 출생신고를 기대할 수 없는 경우에는 가족관계등록 무등록자 본인이 법원으로부터 가족관계등록부 창설허가를 얻어 시(구)·읍·면에 신고 후 주민등록
    ※ 단, 가족관계등록 무등록자 본인이 의사능력이 없는 경우 관할 지자체가 대리 신청

※ 출처: 보건복지부 보도자료

14. 보건복지상담센터에서 근무하는 귀하는 의료급여 행려환자 주민등록 법률 지원에 대한 안내 업무를 맡았다. 귀하가 위 보도자료를 토대로 문의사항에 대해 답변한 내용으로 가장 적절하지 않은 것은?

① Q: 지문 조회를 5회 실시했지만 일치된 주민등록 정보가 없어서 가족관계등록 무등록자로 확인되었는데, 의료급여 행려환자 주민등록 법률 지원을 받을 수 있을지 문의드립니다.

   A: 데이터베이스 조회 결과 실종아동이 아닐 경우 지원이 가능하며, 지자체의 판단으로 주민등록 무등록 상태가 확실하고 신속한 주민등록으로 복지서비스 수혜 등 실익이 큰 사람이 우선 선정됩니다.

② Q: 저는 법원의 사망 선고로 주민등록이 말소되었으나 주민등록 재등록 절차가 이루어지지 못한 행려환자입니다. 주민등록의 재등록에 일반적으로 얼마만큼의 기간이 소요되는지 확인 부탁드립니다.

   A: 사망 선고자의 주민등록을 재등록하기 위해서는 행려환자 주소지를 관할하는 가정법원의 비송사건 절차를 거쳐야 하기 때문에 통상적으로 약 2~6개월이 소요됩니다.

③ Q: 의료급여 행려환자의 주민등록 창설을 위한 심판 청구를 하려고 합니다. 법률 지원을 어느 기관에서 하는 것인지 구체적으로 알고 싶습니다.

   A: 의료급여 행려환자의 주민등록 창설 혹은 재등록을 위한 심판 청구 등의 법률 절차는 의료급여 행려환자의 현재 보장 기관인 관할 지자체에서 지원합니다.

④ Q: 의사능력이 없는 사람이 출생신고를 기대할 수 없는 상황에서 법원으로부터 가족관계등록부 창설허가를 얻어서 주민등록을 하려면 어떻게 해야 하는지 궁금합니다.

   A: 가족관계등록 무등록자 본인이 법원으로부터 가족관계등록부 창설허가를 얻어 시(구)·읍·면에 신고 후 주민등록을 하는 것이 원칙이지만, 의사능력이 없는 사람은 관할 지자체에서 대리 신청하고 있습니다.

15. 위 보도자료의 빈칸에 들어갈 단어로 가장 적절한 것은?

① 하물며   ② 그런데   ③ 고로   ④ 아울러

[16 – 18] 다음 보도자료를 읽고 각 물음에 답하시오.

□ 보건복지부는 공립요양병원이 양질의 의료서비스를 제공하고, 공공의료기관으로서의 책무성을 도모하는 한편, 지역 내 노인 관련 다양한 공공의료사업을 충실히 수행하도록 유도하기 위한 '2020년 공립요양병원 운영평가' 결과를 발표했다.

□ 공립요양병원 운영평가는 「의료법」에 따른 의료기관 인증평가와는 별개로 실시되며, 2018년 12월 「치매관리법」이 개정·시행되어 치매관리법 시행규칙 부칙에서 2019년 이후의 진료 및 운영실적을 평가토록 함에 따라, 2020년에 32개 공립요양병원을 대상으로 운영평가가 최초로 실시되었다.

□ ㉠평가는 양질의 의료, 공익적 보건의료서비스, 책임 운영의 3개 영역에서 총 63개 항목에 대해 이루어진다. 평가 항목에는 비약물치료(인지치료) 시행 여부, 지역 내 연계협력체계 구축 등 의료기관 인증평가에서는 다루지 않는, 노인성 질환 관련 공공의료기관으로서의 역량 강화를 위한 항목이 다수 포함되어 있다. 또한, 평가 점수(100점 만점) 결과에 따라 최우수(80점 이상), 우수(70점 이상), 보통(60점 이상), 미흡(60점 미만)의 4개 등급으로 구분된다.

□ 2020년 32개 공립요양병원 평가 결과, 전체 평균 점수는 100점 만점에 77점이었다. 등급별로 최우수 병원이 10개소, 우수가 18개소, 보통이 4개소이고 미흡을 받은 병원은 없었다. ㉡병원별로 보면 청풍호노인사랑병원이 89점을 획득하여 32개 병원 중 가장 좋은 평가를 받았고, 그다음으로는 대전광역시립제1병원(87.9점), 경기도노인전문남양주병원(87.5점) 순이었다.

□ 평가분석 결과, 최우수 병원 10개소는 양질의 의료서비스 제공을 위한 의료인력 및 필요 시설 확보 수준이 높을 뿐만 아니라 지역 내 타 기관 연계를 통해 환자와 보호자에게 다양한 서비스를 제공하고 있었다. ㉢하위 순위를 차지한 병원들은 대체적으로 퇴원환자 계획 및 관리 부분이 취약하거나, 직원들의 만족도가 다소 낮은 경향을 보였다.

□ 보건복지부는 공립요양병원 운영평가 결과를 해당 병원과 관할 지방자치단체(이하 '지자체')에 통보하여 미흡한 부분은 개선토록 권고하고, 평가 결과에 따른 다양한 교육과 기술지원을 통해 공립요양병원의 역량을 강화해 나갈 예정이다. ㉣2020년 공립요양병원 운영평가에서 60점 미만의 평가 점수를 받은 병원 2개소는 원인 분석 및 개선 방안 보고서를 해당 지자체에 제출하여야 한다. 또한, 각 지자체에서는 공립요양병원 운영평가 결과를 고려하여 운영 위탁계약 갱신 여부를 결정하게 된다(치매관리법 제16조의3 제5항). 79개 공립요양병원 중 78개 병원이 민간 의료법인이나 지방의료원 등에 위탁 운영 중이며, 치매관리법에 따라 위탁계약은 5년 단위로 체결한다.

□ 한편, 공립요양병원 운영평가는 치매관리법 시행령에 따라 국립중앙의료원(공공보건의료지원센터)이 주관하여 실시하였으며, 연구기관, 학계, 시민단체 등이 현지평가단으로 함께 참여하였다. 평가는 건강보험공단 및 건강보험심사평가원 전산자료, 회계결산서, 공공보건의료 계획서 및 결과보고서 등 진료 및 운영 관련 자료에 대한 조사를 기본으로 하고, 현지조사와 설문 전문기관을 통한 환자보호자 만족도 및 직원 만족도 설문조사를 추가로 실시하였다.

□ 보건복지부 곽○○ 노인정책관은 "공립요양병원의 운영평가를 통해 공립요양병원을 체계적으로 관리하고, 치매 노인성 질환을 가지신 어르신들이 공립요양병원에서 양질의 의료서비스를 받도록 제도적 지원을 강화하겠다."라고 밝히면서, "향후 공립요양병원 운영평가가 지속적으로 실효성을 가질 수 있도록, 평가지표의 효과성을 판단하여 평가항목을 보다 보완·발전시켜 나가겠다."라고 하였다.

※ 출처: 보건복지부 보도자료

16. 위 보도자료의 작성 목적으로 가장 적절한 것은?

① 공립요양병원 운영평가를 실시하는 과정과 구체적인 공립요양병원 운영평가 절차를 설명하기 위함

② 공립요양병원 운영평가의 실효성을 고려하여 평가항목을 보완할 필요성에 대해 설파하기 위함

③ 공립요양병원 운영평가 결과에 따라 정부가 각 공립요양병원에 보내는 개선 권고 세부사항을 안내하기 위함

④ 공립요양병원의 의료서비스 개선을 위한 공립요양병원 운영평가를 소개하고 그 시행 결과와 추후 계획을 알리기 위함

17. 위 보도자료의 내용과 일치하는 것은?

① 공립요양병원 운영평가는 의료기관 인증평가의 일환으로써 공립요양병원의 진료 및 운영실적을 평가한다.

② 운영평가 결과 상위권 병원 10개소는 의료서비스 자원 확보를 위한 지역 내 자원 연계 수준이 우수하다.

③ 공립요양병원 운영평가에는 국립중앙의료원이 지정한 연구기관의 전문가로 구성된 현지평가단이 참여하였다.

④ 지자체는 5년 단위로 체결하는 운영 위탁계약의 갱신 여부를 공립요양병원 운영평가 결과를 고려하여 정한다.

18. 위 보도자료의 논리적 흐름을 고려할 때, ㉠~㉣ 중 삭제되어야 하는 문장은?

① ㉠   ② ㉡   ③ ㉢   ④ ㉣

[19 – 20] 다음 글을 읽고 각 물음에 답하시오.

(가) 급격한 기술 발전은 우리 삶에 많은 편리함을 가져다주었다. 특히 스마트폰의 개발은 인터넷, 쇼핑, 은행 업무 등 일상생활에 필요한 모든 일을 핸드폰 하나만으로도 가능하게 하는 세상을 만들었다. 하지만 한편으로는 개인정보 유출 및 보안 위협과 같은 문제가 발생하게 되었는데, 이로 인해 생체인식기술(Biometrics)이 각광을 받고 있다. 보안기술 분야에서는 발전 가능성이 높아 잠재력이 크다고 여겨지며, 실제로 금융 서비스나 네트워크 보안 등 다양한 분야에서 이미 생체인식기술을 채택하여 활용 중이다.

(나) 생체인식기술로는 지문, 손바닥, 얼굴, 홍채, 음성, 필체, 걸음걸이 등 다양한 요소가 활용되지만, 아직은 지문인식 기술이 가장 흔하다. 손가락의 표피가 손상되어도 그 아래의 진피에서 전과 동일한 지문이 재생되고 일란성 쌍둥이도 지문이 다른 만큼 지문은 개인을 식별하기에 적합한 판별 기준이며, 지문인식이 사용자 편의성이나 비용 측면에서도 강점이 있기 때문이다. 공공 부문부터 의료, 건물 출입 등 다양한 분야에서 지문인식기술이 활용되고 있으며, 특히 모듈 소형화가 가능해 주로 스마트폰의 보안 수단으로 사용된다. 인식 방법에는 여러 가지 기술이 있는데, 이전까지는 지문의 융선을 읽는 정전식이나 카메라로 지문을 스캔하는 광학식이 일반적이었다. 하지만 정전식은 적용되는 디스플레이가 한정적이고, 광학식은 패널의 기본 구조를 뚫고 가야 하므로 손에 물이나 이물이 묻을 경우 인식이 잘 되지 않는다. 이와 같은 문제를 해결하기 위해 등장한 초음파식 지문인식기술은 피부 표피층의 미세한 특징을 스캔하는 방식으로 유리, 알루미늄, 플라스틱 등 패널 구조와 관계없이 투과가 가능해 인식률이 높다.

(다) 최근에는 보안성이 우수한 기술에 관심이 높아지면서 홍채나 정맥을 활용한 생체인식기술도 부상하고 있다. 안구의 각막과 수정체 사이에 존재하는 홍채는 다른 사람과 같을 확률이 10억 분의 1로 매우 희박하고, 고유의 식별 특징이 40가지에 불과한 지문과 비교하면 6.65배나 높다. 게다가 손가락과 같이 외부로 노출되지 않는다는 점에서 위·변조가 매우 어렵다. 손바닥, 손등, 손목 등의 혈관 형태를 활용하는 정맥 역시 이와 같은 이유로 보안성이 뛰어나다. 하지만 홍채나 정맥을 활용하려면 개발 시 비용이 많이 들기 때문에 기업에서는 개발을 꺼리게 된다는 단점이 있다. 이로 인해 지문인식기술의 보안성이 상대적으로 떨어짐에도 불구하고 가성비가 높아 널리 사용된다.

(라) 문제는 유익한 기술의 발전과 동시에 해킹 수준 또한 높아지므로 오늘날 사용되는 생체인식기술의 안전성이 완전히 보장되었다고 보기는 어렵다는 점이다. 사진 기술 및 AI 기술 발달로 손가락이 찍힌 사진에서 지문을 손쉽게 추출하여 범죄에 악용할 수도 있고, 얼굴인식기능이 탑재된 기기의 보안이 안면 사진으로 열리기도 한다. 물론 생체인식기술이 사용 시 편의성도 높고 분실 위험도 낮은 것은 사실이나 외부에 자신의 생체 정보가 노출될 경우 이로 인해 발생하는 문제는 단순히 비밀번호를 해킹당했을 때와 비교할 수 없는 정도이다. 이는 생체 정보의 특성상 변경할 수 없어 도용될 경우 개인의 권리 및 자유 박탈 등 심각한 문제가 초래될 수 있기 때문이다.

19. 윗글을 통해 추론한 내용으로 가장 적절한 것은?

① 손가락의 진피가 손상된 사람의 경우 지문이 이전과 다른 형태로 바뀌었을 가능성이 있다.

② 행동학적 특징으로 개인 식별이 불가능해 개인의 고유한 신체적 특징이 생체인식기술로 활용된다.

③ 지문인식기술 중 초음파식은 손에 물기가 있는 상태에서는 지문이 잘 인식되지 않는다는 단점이 있다.

④ 손목이나 손바닥 등의 정맥을 활용한 생체인식기술은 지문인식기술에 비해 개발 비용은 적게 들지만 보안성은 뛰어나다.

20. 윗글의 논리적 흐름을 고려할 때, 〈보기〉가 들어갈 위치로 적절한 것은?

〈보기〉

　생체인식기술은 앞으로도 자율주행차, 스마트팩토리 등 4차 산업혁명과 떼려야 뗄 수 없는 핵심 분야로 자리 잡을 가능성이 높다. 따라서 단순히 새로운 기술 개발에 힘쓰기보다는 생체 정보의 보호에 관한 제도를 마련하고 지속적인 기술 개발을 통해 보완해나가야 한다.

---

① (가)문단 뒤　　　　② (나)문단 뒤　　　　③ (다)문단 뒤　　　　④ (라)문단 뒤

[21 – 23] 다음은 A 지역과 B 지역의 암 유형 및 지역별 등록 환자 수에 대한 자료이다. 각 물음에 답하시오.

[암 유형 및 지역별 등록 환자 수]

(단위: 명)

구분		2017년	2018년	2019년	2020년	2021년	2022년	2023년
췌장암	A 지역	241	271	268	311	370	402	443
	B 지역	290	320	373	411	417	504	576
후두암	A 지역	425	451	458	470	492	507	519
	B 지역	409	433	456	473	492	522	561
식도암	A 지역	300	330	(가)	372	392	434	463
	B 지역	281	324	358	376	425	(나)	485
피부암	A 지역	876	1,026	1,197	1,382	1,615	1,848	2,040
	B 지역	962	1,133	1,285	1,448	1,642	1,840	2,100

21. 다음 중 자료에 대한 설명으로 옳은 것을 모두 고르면?

> ㉠ 2018~2023년 A 지역과 B 지역 피부암 등록 환자 수의 전년 대비 증감 추이는 매년 서로 같다.
> ㉡ 2018년 A 지역 식도암 등록 환자 수의 전년 대비 증가율은 10%이다.
> ㉢ 2023년 B 지역 후두암과 피부암 등록 환자 수의 합은 2017년 대비 총 1,290명 증가하였다.
> ㉣ 제시된 기간 동안 췌장암 등록 환자 수는 매년 B 지역이 A 지역의 1.2배 이상이다.

① ㉠, ㉢   ② ㉡, ㉣   ③ ㉠, ㉡, ㉢   ④ ㉠, ㉡, ㉢, ㉣

22. 다음 중 자료에 대한 설명으로 옳지 않은 것은?

① 2020년 암 유형별 A 지역과 B 지역 등록 환자 수의 합은 피부암이 췌장암의 4배 이상이다.

② 2020년과 2023년에는 제시된 모든 암 유형별 등록 환자 수가 B 지역이 A 지역보다 많다.

③ 제시된 기간 동안 A 지역과 B 지역 후두암 등록 환자 수가 서로 동일한 해에 B 지역의 식도암 등록 환자 수는 3년 전 대비 101명 증가하였다.

④ 2017년 A 지역 피부암 등록 환자 수 대비 2017년 B 지역 식도암 등록 환자 수의 비율은 0.3 이상이다.

23. 2019년과 2022년 두 해의 A 지역과 B 지역 식도암 등록 환자 수의 총합이 1,574명이고, 2022년 B 지역의 식도암 등록 환자 수가 2019년 A 지역의 식도암 등록 환자 수의 1.3배일 때, 제시된 자료의 (가)와 (나)를 바르게 연결한 것은?

	(가)	(나)
①	330	429
②	330	442
③	340	429
④	340	442

[24 – 25] 다음은 연도별 약국 및 1~2차 의료급여기관 수에 대한 자료이다. 각 물음에 답하시오.

[연도별 약국 및 1~2차 의료급여기관 수]

(단위 : 개소)

구분		2016년	2017년	2018년
합계		89,894	91,503	91,582
약국		21,443	21,738	22,082
1차 기관	소계	64,688	65,926	67,180
	의원	30,292	30,938	31,718
	치과의원	17,023	17,376	17,668
	조산원	28	26	21
	보건의료원	15	15	15
	보건소	241	241	241
	보건지소	1,316	1,315	1,317
	보건진료소	1,905	1,904	1,905
	한의원	13,868	14,111	14,295
2차 기관	소계	3,763	3,839	2,320
	종합병원	316	301	311
	병원	2,942	2,995	1,465
	치과병원	223	231	237
	한방병원	282	312	307

※ 출처 : KOSIS(국민건강보험공단, 의료급여통계)

24. 다음 중 제시된 자료를 바탕으로 만든 그래프로 옳지 않은 것은?

① [연도별 2차 의료급여기관 수]

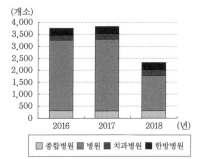

② [2018년 의료급여기관 비중]

③ [연도별 한의원 수]

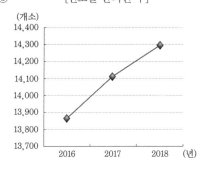

④ [종별 의료급여기관 수]

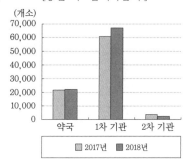

25. 다음 중 자료에 대한 설명으로 옳지 않은 것은?

① 제시된 기간 동안 연도별 전체 의료급여기관 수의 평균은 90,993개소이다.

② 2018년 치과병원 수 대비 치과의원 수의 비율은 전년 대비 감소하였다.

③ 2017년 약국 수의 전년 대비 증가량은 같은 해 한의원 수의 전년 대비 증가량보다 작다.

④ 제시된 기간 동안 1차 의료급여기관 수에서 치과의원 수가 차지하는 비중은 매년 25% 이상이다.

[26 – 27] 다음은 K 국의 연도별 보훈심사 해당자 수 및 비해당자 수에 대한 자료이다. 각 물음에 답하시오.

[연도별 보훈심사 해당자 수]

(단위: 명)

구분		2020년	2021년	2022년	2023년
요건심사 대상자	독립유공자 및 유족	41	35	55	28
	전공사상 군경	2,808	2,822	2,393	2,036
	순직·공상 공무원	37	14	21	5
	고엽제 후유증 환자	185	100	100	64
보상심사 대상자		130	120	195	196

[연도별 보훈심사 비해당자 수]

(단위: 명)

구분		2020년	2021년	2022년	2023년
요건심사 대상자	독립유공자 및 유족	3	9	6	9
	전공사상 군경	6,223	5,253	4,516	3,399
	순직·공상 공무원	123	97	74	59
	고엽제 후유증 환자	217	115	94	62
보상심사 대상자		346	399	314	318

26. 다음 중 자료에 대한 설명으로 옳은 것은?

① 2022~2023년 보상심사 대상자 수는 매년 보훈심사 비해당자가 보훈심사 해당자의 1.8배 이하이다.

② 2023년 고엽제 후유증 환자 수의 전년 대비 감소율은 보훈심사 해당자가 보훈심사 비해당자보다 작다.

③ 제시된 기간 동안 연도별 보훈심사 해당자 중 독립유공자 및 유족 수의 평균은 40.75명이다.

④ 제시된 기간 동안 보훈심사 해당자 중 고엽제 후유증 환자 수의 전년 대비 변화량이 0명인 해에 보훈심사 해당자 중 전공사상 군경 수는 전년 대비 439명 감소하였다.

27. 다음 중 제시된 자료를 바탕으로 만든 그래프로 옳지 않은 것은?

① [보상심사 대상자 수]

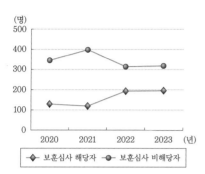

② [보훈심사 비해당자 중 전공사상 군경 수의 전년 대비 감소 인원]

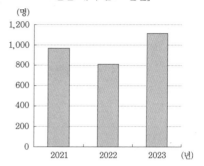

③ [고엽제 후유증 환자 수]

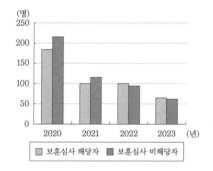

④ [보훈심사 해당자 중 독립유공자 및 유족과 순직·공상 공무원 수의 차이]

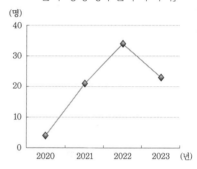

[28 – 30] 다음은 A 지역의 연령대별 남성 및 여성의 인플루엔자 예방접종 조사 결과에 대한 자료이다. 각 물음에 답하시오.

[연령대별 남성 인플루엔자 예방접종률]

(단위: 명, %)

구분	2021년		2022년		2023년	
	응답자 수	예방접종률	응답자 수	예방접종률	응답자 수	예방접종률
1~5세	175	74.3	256	73.1	236	78.5
6~11세	239	52.7	309	50.2	272	59.8
12~14세	133	41.3	134	35.4	124	40.3
15~18세	156	19.3	147	14.9	148	16.1
19~29세	312	14.8	290	12.4	337	13.3
30~39세	272	27.0	437	28.7	381	28.1
40~49세	369	18.2	480	18.9	465	21.9
50~59세	447	21.8	426	28.5	511	25.1

[연령대별 여성 인플루엔자 예방접종률]

(단위: 명, %)

구분	2021년		2022년		2023년	
	응답자 수	예방접종률	응답자 수	예방접종률	응답자 수	예방접종률
1~5세	171	79.2	263	73.6	193	75.9
6~11세	213	60.1	281	61.1	286	61.1
12~14세	106	42.8	119	31.6	108	50.0
15~18세	132	20.4	151	19.5	138	22.0
19~29세	333	18.1	380	17.4	370	18.8
30~39세	426	40.4	602	40.1	476	40.1
40~49세	522	23.3	602	25.1	598	26.4
50~59세	610	33.3	626	37.6	641	35.2

※ 예방접종률(%) = (예방접종자 수 / 응답자 수) × 100

28. 다음 중 자료에 대한 설명으로 옳은 것은?

① 2021년 인플루엔자 예방접종자 중에서 30~39세 남성은 30~39세 여성의 절반 이하이다.

② 2022년 모든 연령대에서 여성의 인플루엔자 예방접종률이 남성보다 높다.

③ 19~29세 여성 인플루엔자 예방접종자 수는 2022년보다 2023년에 더 적다.

④ 2023년 인플루엔자 예방접종에 대한 남성 응답자 수가 가장 많은 연령대의 2023년 여성 예방접종률은 전년 대비 증가하였다.

29. 2023년 6~11세 여성 인플루엔자 예방접종자 수의 2년 전 대비 증가율은 약 얼마인가? (단, 소수점 첫째 자리에서 반올림하여 계산한다.)

① 27% ② 32% ③ 37% ④ 42%

30. 다음 중 제시된 자료를 바탕으로 만든 그래프로 옳은 것은?

① [2021년 남성 응답자 수]

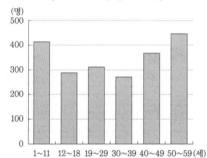

② [50~59세 성별 응답자 수 비중]

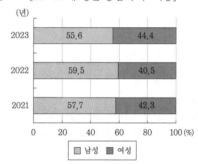

③ [12~14세 남성 인플루엔자 예방접종자 수]

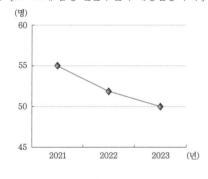

④ [15~18세 성별 응답자 수]

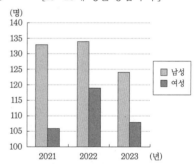

[31 – 33] 다음은 A 국의 원인별 노인 학대 행위 건수에 대한 자료이다. 각 물음에 답하시오.

[원인별 노인 학대 행위 건수]

(단위: 건)

구분	2020년	2021년	2022년	2023년
전체	7,870	8,415	9,591	9,300
개인의 내적 문제	2,670	2,899	3,171	3,260
개인의 외적 문제	1,429	1,496	1,728	1,594
경제적 의존성	869	924	1,157	996
과거 학대받은 경험	134	150	139	130
신체적 의존성	331	352	491	459
알코올 및 약물 복용 장애	951	1,087	1,159	1,259
정신적 의존성	816	953	1,218	1,150
학대 피해 노인 부양 부담	670	546	528	452

31. 다음 중 자료에 대한 설명으로 옳은 것을 모두 고르면?

ㄱ 2020 ~ 2023년 연도별 알코올 및 약물 복용 장애로 인한 노인 학대 행위 건수의 평균은 1,104건이다.
ㄴ 2021년 전체 노인 학대 행위 건수에서 신체적 의존성으로 인한 노인 학대 행위 건수가 차지하는 비중은 5% 미만이다.
ㄷ 제시된 노인 학대 행위 원인 중 2023년 노인 학대 행위 건수가 전년 대비 감소한 원인은 총 7개이다.
ㄹ 2023년 전체 노인 학대 행위 건수는 같은 해 과거 학대받은 경험으로 인한 노인 학대 행위 건수의 70배 이상 이다.

① ㄱ, ㄷ   ② ㄴ, ㄷ   ③ ㄴ, ㄹ   ④ ㄷ, ㄹ

32. 제시된 기간 동안 A 국의 전체 노인 학대 행위 건수가 가장 많은 해에 개인의 외적 문제로 인한 노인 학대 행위 건수의 2년 전 대비 증가율은 약 얼마인가? (단, 소수점 둘째 자리에서 반올림하여 계산한다.)

① 15.5%   ② 18.8%   ③ 20.2%   ④ 20.9%

33. 다음 중 제시된 자료를 바탕으로 만든 그래프로 옳지 않은 것은?

①   [전체 노인 학대 행위 건수]

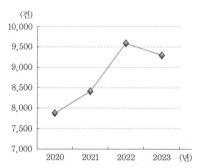

② [경제적 의존성 및 정신적 의존성으로 인한
노인 학대 행위 건수]

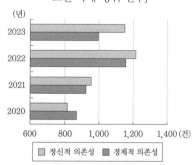

③   [개인의 내적 문제로 인한
노인 학대 행위 건수의 전년 대비 증가량]

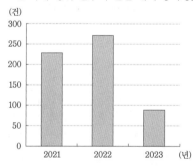

④   [알코올 및 약물 복용 장애로 인한
노인 학대 행위 건수의 전년 대비 증가량]

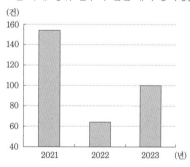

[34 – 36] 다음은 A 국의 2022~2023년 연령대별 건강검진 수검 인원에 대한 자료이다. 각 물음에 답하시오.

[연령대별 건강검진 수검 인원]

(단위: 명)

구분		2022년		2023년	
		남자	여자	남자	여자
내국인	16~19세	497,040	297,607	469,694	286,413
	20~29세	809,306	237,017	729,930	226,017
	30~39세	309,667	83,031	311,135	85,734
	40~49세	239,557	63,998	260,254	71,849
	50~59세	98,995	23,567	116,474	29,906
	60세 이상	18,118	3,618	21,745	4,750
외국인	16~19세	31,594	27,192	26,611	17,603
	20~29세	49,963	23,535	44,376	17,281
	30~39세	26,338	8,890	26,919	7,400
	40~49세	18,686	5,842	20,833	5,510
	50~59세	6,577	1,794	7,465	1,800
	60세 이상	981	267	1,130	263

34. 다음 중 자료에 대한 설명으로 옳은 것은?

① 2023년 40세 이상 외국인의 남자 건강검진 수검 인원은 29,528명이다

② 2023년 30~39세 내국인의 전체 건강검진 수검 인원은 전년 대비 4,171명 증가하였다.

③ 2022년 16~19세 남자 건강검진 수검 인원은 내국인이 외국인의 16배 이상이다.

④ 2022년 외국인의 건강검진 수검 인원이 가장 많은 연령대는 남자와 여자가 서로 동일하다.

35. 2023년 20~29세 내국인의 건강검진 수검 인원에서 남자가 차지하는 비중과 같은 해 20~29세 외국인의 건강검진 수검 인원에서 남자가 차지하는 비중의 차이는 약 얼마인가? (단, 소수점 둘째 자리에서 반올림하여 계산한다.)

① 4.4%p   ② 5.8%p   ③ 7.5%p   ④ 9.3%p

36. 2023년 50~59세 외국인의 전체 건강검진 수검 인원의 전년 대비 증가율은 약 얼마인가? (단, 소수점 첫째 자리에서 반올림하여 계산한다.)

① 11%   ② 13%   ③ 15%   ④ 17%

[37 – 38] 다음은 2017~2018년 의료기관별 간호사 수에 대한 자료이다. 각 물음에 답하시오.

[2017년 의료기관별 간호사 수]

(단위 : 명)

구분	1분기	2분기	3분기	4분기
상급종합병원	46,072	46,229	46,786	47,131
종합병원	60,980	61,598	61,578	61,544
병원	29,085	29,339	29,582	29,620
요양병원	23,596	24,090	24,457	24,436
의원	14,466	14,502	14,524	14,566
한의원	1,054	1,046	1,020	1,008
보건소	2,659	2,659	2,658	2,658

[2018년 의료기관별 간호사 수]

(단위 : 명)

구분	1분기	2분기	3분기	4분기
상급종합병원	46,055	47,045	47,333	47,623
종합병원	64,238	64,969	65,175	65,682
병원	30,157	30,417	30,734	31,041
요양병원	25,140	26,027	26,799	27,021
의원	14,651	14,743	14,770	15,149
한의원	1,865	983	976	967
보건소	1,001	2,658	2,658	2,656

[2017~2018년 분기별 전체 간호사 수]

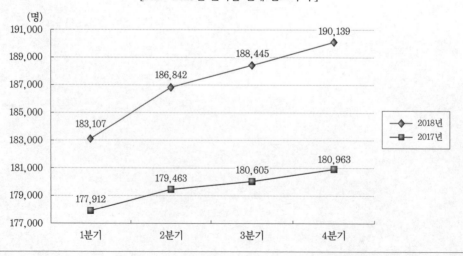

※ 출처 : KOSIS(국민건강보험공단, 건강보험통계)

37. 다음 중 자료에 대한 설명으로 옳은 것은?

① 2018년 1분기 간호사 수가 전분기 대비 감소한 의료기관은 총 3가지이다.

② 2017년 3분기 전체 간호사 중 요양병원 간호사가 차지하는 비중은 12% 미만이다.

③ 2018년 2분기 종합병원 간호사 수의 전년 동분기 대비 증가율은 약 5.5%이다.

④ 2017년 2~4분기에 요양병원과 의원의 간호사 수의 전분기 대비 증감 추이는 같다.

38. 2018년 4분기 간호사 수의 전년 동분기 대비 증가 인원은 종합병원이 상급종합병원의 약 몇 배인가? (단, 소수점 둘째 자리에서 반올림하여 계산한다.)

① 8.4배　　　　② 8.6배　　　　③ 8.8배　　　　④ 9.0배

[39 – 40] 다음은 공공의료기관 기능별 기관 수 및 병상 수에 대한 자료이다. 각 물음에 답하시오.

[공공의료기관 기능별 기관 수 및 병상 수]

(단위: 개)

구분			A 지역	B 지역	C 지역	D 지역	E 지역	F 지역
2022년	일반진료	기관 수	28	13	26	19	17	9
		병상 수	10,250	4,840	9,230	9,250	8,875	2,880
	특수질환	기관 수	18	5	9	9	7	8
		병상 수	1,270	680	2,580	2,350	1,680	1,875
	노인병원	기관 수	23	11	15	21	16	22
		병상 수	3,880	2,908	3,785	4,860	4,865	4,785
2023년	일반진료	기관 수	32	13	29	23	18	9
		병상 수	12,095	5,445	10,353	10,545	10,295	3,240
	특수질환	기관 수	18	4	11	8	8	5
		병상 수	1,143	646	2,838	2,115	1,890	1,500
	노인병원	기관 수	22	12	15	23	18	22
		병상 수	3,686	3,135	4,124	5,589	5,221	5,024

※ 제시된 지역의 공공의료기관은 일반진료 중심 의료기관, 특수질환 중심 의료기관, 노인병원으로만 구성됨

39. 다음 중 자료에 대한 설명으로 옳은 것은?

① 2022년 B 지역과 F 지역의 공공의료기관 전체 기관 수 합계는 A 지역의 공공의료기관 전체 기관 수보다 크다.

② 2023년 노인병원 병상 수의 전년 대비 증가량은 C 지역이 E 지역보다 크다.

③ 2023년 C 지역의 일반진료 중심 의료기관 1개당 병상 수는 전년 대비 증가하였다.

④ 2022년 D 지역의 공공의료기관 전체 병상 수에서 노인병원 병상 수가 차지하는 비중은 30% 이상이다.

40. 제시된 지역 중 2023년 공공의료기관 전체 기관 수가 가장 많은 지역의 2023년 일반진료 중심 의료기관 병상 수의 전년 대비 증가율은?

① 12%   ② 14%   ③ 16%   ④ 18%

[41 – 43] 다음은 영유아 건강검진 안내문이다. 각 물음에 답하시오.

[영유아 건강검진 안내문]

1. 목적
   - 영유아의 성장발달 과정을 추적 및 관리하고, 보호자에게 적절한 교육 프로그램을 제공하여 영유아의 건강증진을 도모하기 위함

2. 건강검진 시기

구분	일반검진	구분	구강검진
1차	생후 4~6개월	1차	생후 18~29개월
2차	생후 9~12개월	2차	생후 42~53개월
3차	생후 18~24개월	3차	생후 54~65개월
4차	생후 30~36개월		
5차	생후 42~48개월	–	–
6차	생후 54~60개월		
7차	생후 66~71개월		

   ※ 1) 출생일을 기준으로 검진 시기가 적용되며, 차별로 검진 시기가 시작되는 월의 출생일부터 종료되는 월의 출생일 이전일까지가 검진 가능 기간에 해당함
      예) 2021년 1월 10일에 출생한 영유아의 경우, 2021년 5월 10일부터 2021년 7월 9일까지가 1차 일반검진 가능 기간에 해당함
      2) 회차별로 검진 가능 기간 내에 1회에 한하여 검진을 받을 수 있으며, 일반검진과 구강검진은 각 지정병원에서 별도로 실시함

3. 검진 비용 및 부담

구분	1차	2차	3차	4차	5차	6차	7차
일반검진 비용	25,980원	33,900원	32,570원	32,570원	32,570원	32,570원	32,570원
구분	1차	2차	3차	–			
구강검진 비용	14,290원	14,290원	14,290원	–			

   ※ 1) 건강보험 가입자는 국민건강보험공단에서 전액 부담하며, 의료급여 수급권자는 국가 및 지자체에서 전액 부담함(단, 검진 가능 기간 외에 검진을 받는 경우 해당 검진은 본인(보호자) 부담)
      2) 검진 횟수를 초과하여 검진을 받은 경우 해당 검진 비용은 지원 기관에서 환수함

4. 일반검진 항목
   - 문진 및 진찰

검진 항목	1차	2차	3차	4차	5차	6차	7차
손전등 검사	해당	해당	해당	해당	해당	해당	해당
시각 문진	해당	해당	해당	해당	해당	해당	해당
시력 검사	–	–	–	해당	해당	해당	해당
청각 문진	해당	해당	해당	해당	해당	–	–

– 신체 계측

검진 항목	1차	2차	3차	4차	5차	6차	7차
키	해당	해당	해당	해당	해당	해당	해당
몸무게	해당	해당	해당	해당	해당	해당	해당
머리둘레	해당	해당	해당	해당	해당	해당	해당
체질량 지수	–	–	–	해당	해당	해당	해당

– 발달평가 및 상담

검진 항목	1차	2차	3차	4차	5차	6차	7차
발달평가 및 상담	–	해당	해당	해당	해당	해당	해당

– 건강교육 및 상담

검진 항목	1차	2차	3차	4차	5차	6차	7차
안전사고 예방	해당	해당	해당	해당	해당	해당	해당
영양문진	해당	해당	해당	해당	해당	해당	해당
영아돌연사증후군 예방	해당	–	–	–	–	–	–
구강 문진	–	해당	–	–	–	–	–
대소변 가리기	–	–	해당	–	–	–	–
전자미디어노출	–	–	–	해당	–	–	–
정서 및 사회성	–	–	–	–	해당	–	–
개인위생	–	–	–	–	–	해당	–
취학 전 준비	–	–	–	–	–	–	해당

5. 구강검진 항목

검진 항목	1차	2차	3차
진찰 및 상담	해당	해당	해당
치아검사	해당	해당	해당

41. 위 안내문을 근거로 판단한 내용으로 옳지 않은 것은?

① 생후 8개월인 영유아가 1차 일반검진을 받으려면 보호자가 비용을 부담해야 한다.

② 구강검진은 1차부터 3차까지 모두 동일한 항목으로 실시된다.

③ 건강보험 가입자의 경우, 시력 검사와 체질량 지수 검진에서 보호자가 비용을 부담하지 않는 영유아의 검진 시기는 생후 30개월 이후부터이다.

④ 6차 일반검진을 2회 받은 의료급여 수급권자 영유아의 경우, 국민건강보험공단으로부터 1회 비용이 환수된다.

42. A~D 4명의 영유아를 대상으로 각자 해당하는 시기의 건강검진을 실시했을 때, 받아야 할 검진 항목의 개수 가 가장 많은 영유아는?

① 생후 33개월인 A

② 생후 45개월인 B

③ 생후 20개월인 C

④ 생후 58개월인 D

43. 다음은 건강보험 가입자인 최희성 씨 자녀의 영유아 건강검진 수검 내역이다. 이 자료를 토대로 공단 부담 비용과 본인 부담 비용을 바르게 나열한 것은? (단, 최희성 씨의 자녀는 2018년 1월 2일생이다.)

[최희성 씨 자녀의 영유아 건강검진 수검 내역]

검진 종류	검진 일자	검진 기관명
1차 일반검진	2018-05-14	○○의원
2차 일반검진	2019-02-01	△△소아과
3차 일반검진	2019-12-19	○○의원
1차 구강검진	2020-04-15	★★치과의원
4차 일반검진	2020-11-26	△△소아과

	공단 부담 비용	본인 부담 비용
①	125,020원	14,290원
②	106,740원	32,570원
③	105,410원	33,900원
④	99,040원	40,270원

[44 – 45] 다음은 장기요양 급여 서비스 이용 안내문과 관련 자료이다. 각 물음에 답하시오.

[장기요양 급여 서비스 이용 안내문]

1. 사업 목적
- 요양 등급에 해당하는 노인 인구에게 국가 차원에서 '재가급여' 또는 '시설급여'를 제공해주기 위함
  ※ 단, 요양 등급은 사전 인정 신청에 따른 등급 판정 결과를 기준으로 함

2. 이용방법
- 주소지 관할 시장·군수·구청장(또는 읍면동 사무소)에 요양 시설 입소 또는 재가 서비스 이용 신청
  ※ 단, 기초생활수급 노인 및 기타 의료급여 수급권자가 시군구에 사전 신청 없이 장기요양 급여 서비스를 이용하는 경우 서비스 이용 비용은 수급자가 전액 부담하여야 함

3. 급여 종류 및 내용
1) 재가급여
   ① 방문 요양: 요양 보호사가 가정을 방문하여 신체수발, 가사지원 등의 요양 서비스 제공
   ② 방문 목욕: 방문 목욕 차량으로 가정을 방문하여 목욕 서비스 제공
   ③ 방문 간호: 간호사 등이 '방문간호지시서'에 따라 가정을 방문하여 간호 서비스 제공
2) 시설급여
   ① 노인요양시설: 치매·중풍 등 질환 노인에게 급식·요양 기타 일상생활에 필요한 편의 제공
   ② 노인요양 공동생활가정: 치매·중풍 등 질환 노인에게 가정과 같은 주거여건에서 급식·요양 기타 일상생활에 필요한 편의 제공
3) 특별 현금급여
   ① 가족요양비: 도서·벽지 등 장기요양기관이 현저히 부족한 지역, 천재지변이나 그 밖에 이와 유사한 사유, 신체·정신 또는 성격 등으로 인하여 가족 등으로부터 수발을 받아야 하는 수급자에게 매월 15만 원의 현금을 제공

4. 유의사항
1) 재가급여, 시설급여, 특별 현금급여 중 한 가지만 이용 가능
2) 가족요양비 지원 수급자가 재가급여나 시설급여를 이용할 경우 가족요양비 중단
3) 방문 요양, 방문 목욕, 방문 간호의 경우 동일 시간 2가지 이상 혜택 제공 불가
4) 수급자의 가족을 위한 행위, 수급자 또는 그 가족의 생업을 지원하는 행위, 그 밖에 수급자의 일상생활에 지장이 없는 행위 등은 「노인장기요양보험법」상 급여에 해당되지 않음

[붙임] 요양 등급별 재가급여 월 한도액

등급	월 한도액(원)
1등급	2,069,900
2등급	1,869,600
3등급	1,455,800
4등급	1,341,800
5등급	1,151,600

※ 재가급여는 월 한도액 범위 안에서 제공함

44. 위 안내문을 근거로 판단한 내용으로 옳은 것은?

① 방문 간호는 재가급여의 한 종류로, 간호사가 가사지원과 같은 요양 서비스를 제공한다.

② 기초생활수급자는 시군구에 장기요양 급여 서비스를 미리 신청하지 않아도 된다.

③ 수급자 본인이 아닌 가족의 생업을 지원하는 것도 「노인장기요양보험법」상 급여에 포함된다.

④ 특별 현금급여를 받고 있다가 방문 요양 서비스를 신청할 경우 현금 지원은 중단된다.

45. 다음은 방문 간호 이용 시간별 급여비용에 대한 정보이다. 요양 등급이 2등급인 재가급여 수급자가 1개월 동안 방문 간호 서비스만을 이용할 때, 방문 간호 총 급여비용이 재가급여 월 한도액을 초과하지 않는 경우는?

[방문 간호 이용 시간별 급여비용]

이용 시간	방문당 급여비용(원)
15분 이상~30분 미만	40,760
30분 이상~60분 미만	51,110
60분 이상	61,490

① 30분 25회, 50분 5회, 80분 10회의 서비스를 이용한 경우

② 20분 30회, 60분 10회의 서비스를 이용한 경우

③ 25분 20회, 45분 30회의 서비스를 이용한 경우

④ 40분 40회의 서비스를 이용한 경우

[46 – 47] 다음은 신제품 프리뷰 행사를 진행할 예정인 □□의료기기 업체의 회의록이다. 각 물음에 답하시오.

회의록					
회의 일시	20XX년 2월 3일(월) 16:00~17:00	회의 장소	제2회의실	작성자	이민정 주임

참석자	– 총무팀: 권정아 팀장, 박채은 대리 – 디자인팀: 나수정 대리, 고윤아 주임 – 기획팀: 박정은 팀장, 이민정 주임 – 홍보팀: 김수현 팀장, 윤하나 대리 – 영업팀: 강수환 팀장, 김예슬 대리

회의 내용

1. 신제품 프리뷰 행사 관련 결정사항

1) 2월 5주 차 일정

24일(월)	25일(화)	26일(수)	27일(목)	28일(금)
	부스 인원 배치			신제품 프리뷰 행사
입간판 1개 제작		팸플릿 10개 제작		
신제품 체험 프로그램 기획				
	제품 시연 준비			
제품 프레젠테이션 준비				

2) 팀별 담당 업무

팀명	담당 업무
총무팀	– 부스 배치에 필요한 인원수 확인 – 부스 배치가 가능한 인원 명단 작성
디자인팀	– 참가자들을 위한 부스 홍보용 입간판 제작 – 참가자들을 위한 부스 배치용 팸플릿 제작
기획팀	– 참가자들을 대상으로 하는 신제품 체험 프로그램 기획 보고서 작성
홍보팀	– 프리뷰를 위한 신제품 준비 – 신제품 시연 진행(시연자 사전 결정 필요)
영업팀	– 제품 프레젠테이션용 파워포인트 제작 – 제품 프레젠테이션 진행(발표자 사전 결정 필요)

※ 제품 시연은 대리급 이상, 제품 프레젠테이션은 팀장급 이상이어야 함

2. 신제품 프리뷰 행사 부스 진행 일정

1) 일시: 2월 28일(금) 10:00~17:00
2) 장소: 부산 벡스코 전시 1홀
3) 프로그램 일정

시간	프로그램명
10:00~12:00	신제품 시연
13:00~15:00	제품 프레젠테이션
15:00~17:00	신제품 체험

참고 사항	– 부스 참가비		

<table>
<tr><td rowspan="8">참고 사항</td><td colspan="3">– 부스 참가비</td></tr>
</table>

– 부스 참가비

구분	가격
A 부스	시간당 50만 원 (단, 부스 미사용 시간에는 참가비를 지불하지 않아도 됨)
B 부스	1일 250만 원

※ 부스 결정 후 2/10(월)까지 벡스코 담당자에게 이메일로 참가 신청서 송부

– 업체별 입간판 및 팸플릿 1개당 제작비

업체	입간판	팸플릿	기타
가	11만 원	0.2만 원	입간판 1개당 팸플릿 1개 무료
나	8만 원	0.5만 원	팸플릿 5개당 팸플릿 1개 무료
다	12만 원	0.3만 원	15만 원 이상 주문 시 총 제작비 15% 할인
라	10만 원	0.4만 원	팸플릿 10개 이상 주문 시 입간판 제작비 10% 할인

추후 진행 업무

담당 업무	담당자	기한
신제품 프리뷰 행사 진행 부스 결정 및 비용 편성	박정은 팀장	2월 7일(금)
부스 참가 신청서 이메일 송부	박채은 대리	2월 10일(월)

46. 위 회의록을 근거로 판단한 내용으로 옳지 않은 것은?

① 행사를 B 부스에서 진행하는 것이 A 부스에서 진행하는 것보다 50만 원 더 저렴하다.

② 신제품 프리뷰를 위한 제품 시연을 담당할 수 있는 인원은 총 1명이다.

③ 박채은 대리는 부스 참가 신청서를 신제품 프리뷰 행사일 18일 전까지 전달해야 한다.

④ 디자인팀과 기획팀의 업무는 동시에 시작되나 디자인팀의 담당 업무가 이틀 더 늦게 끝난다.

47. □□의료기기 업체에서 신제품 프리뷰 행사를 위한 입간판과 팸플릿을 제작하려고 할 때, 다음 중 가장 저렴한 비용으로 제작할 수 있는 업체는?

① 가 업체　　　　② 나 업체　　　　③ 다 업체　　　　④ 라 업체

[48 – 49] 다음은 국가유공자 및 유족 등록 안내문과 지원 내용에 대한 자료이다. 각 물음에 답하시오.

[국가유공자 및 유족 등록 안내]

1. **신청대상**
   - 국가유공자 대상 요건을 만족하는 본인 혹은 국가유공자 유족이 되고자 하시는 분

2. **접수처**
   - 주소지 관할 국가보훈처 보상과

3. **처리기간**
   - 전몰·전상군경, 순직·공상군경, 순직·공상공무원, 4·19혁명 부상·사망자 등은 20일이 소요되며, 무공·보국수훈자 및 4·19혁명 공로자에 한하여 14일이 소요됨
     ※ 전공사상 당시 소속하였던 기관(각군본부 등) 및 보훈심사위원회의 심의기간과 상이자의 신체검사 소요기간은 처리기간에 포함되지 않음

4. **구비서류**
   - 본인: 등록신청서, 병적증명서나 전역증(군인이 아닌 경우 경력증명서), 가족관계기록사항에 관한 증명서, 입양관계증명서, 주민등록표등본, 반명함판 사진
   - 유족: 등록신청서, 병적증명서나 전역증(군인이 아닌 경우 경력증명서), 고인의 제적등본(사망일자 확인), 신청인의 가족관계기록사항에 관한 증명서, 입양관계증명서, 혼인관계증명서(배우자인 경우), 신청인의 반명함판 사진

[붙임] 국가유공자 및 유족 지원 내용

(단위: 천 원)

구분		상해 수준	보상금	중상이부가수당
상이자	본인	1급 1항	3,073	2,305
		1급 2항	2,898	1,594
		1급 3항	2,774	971
		2급	2,466	–
		3급	2,305	–
		4급	1,934	–
		5급	1,602	–
		6급 1항	1,462	–
		6급 2항	1,346	–
		6급 3항	903	–
		7급	482	–

유족	배우자	전몰/순직	1,619	–
		상이 1~5급	1,404	–
		6급	515	
	부모	전몰/순직	1,590	–
		상이 1~5급	1,381	–
		6급	488	–
	미성년 (성년장애) 자녀	전몰/순직	1,877	–
		상이 1~5급	1,629	–
		상이 6급	744	–

※ 출처: 국가보훈처

48. 위 안내문을 토대로 판단한 내용으로 옳지 않은 것은?

① 무공수훈자가 국가유공자 등록신청을 할 경우 처리기간은 20일이 소요된다.

② 국가유공자 등록신청은 신청자의 주소지 관할 국가보훈처 보상과에 접수한다.

③ 국가유공자 유족 등록이 된 전몰군경의 배우자는 1,619천 원의 보상금을 수령할 수 있다.

④ 국가유공자 유족 등록 신청을 할 경우 신청인의 반명함판 사진을 준비해야 한다.

49. 다음은 국가유공자 혹은 국가유공자의 유족인 A~D의 정보이다. 각자 지원받을 수 있는 보상금과 중상이부가수당을 합한 보상금 총액에 대한 설명으로 옳은 것은?

구분	신청자	상해 수준
A	유족, 부모	2급
B	본인	5급
C	본인	1급 2항
D	유족, 미성년자녀	7급

① A가 지원받을 수 있는 보상금의 총액은 2,466천 원이다.

② B가 지원받을 수 있는 보상금의 총액은 1,404천 원이다.

③ C가 지원받을 수 있는 보상금의 총액은 4,492천 원이다.

④ D가 지원받을 수 있는 보상금의 총액은 482천 원이다.

[50 – 52] 다음 보도자료를 읽고 각 물음에 답하시오.

국민건강보험공단(이하 공단)은 건강생활 실천 지원금제 시범 지역을 기존 10개에서 2023년 12월 28일부터 109개로 확대 운영하고 있다고 밝혔다. 건강생활 실천 지원금제란 스스로 건강관리를 하는 국민에게 건강생활 실천 과정과 건강 개선 정도를 평가해 재정적 인센티브를 제공하는 제도다. 참여 유형은 일반건강검진 결과 건강위험 그룹에 속하는 사람을 대상으로 하는 예방형과 일차 의료 만성질환 관리 사업 참여 중인 고혈압·당뇨병 환자를 대상으로 하는 관리형이 있다. 참여 기간은 예방형의 경우 참여 신청을 한 다음 날부터 2년, 관리형의 경우 1년으로 한다. 공단 모바일 앱이나 홈페이지를 통해 참여 신청하거나 지사에 방문하여 참여 신청할 수 있다.

참여 유형 중 예방형의 상세 사항은 다음과 같다. 참여 대상은 참여 신청일에 시범 지역에 거주하는 만 20세 이상 만 64세 이하인 일반건강검진 수검자 중 건강 상태가 위험 범위에 속하는 사람이다. 즉, BMI $25kg/m^2$ 이상이면서 혈압 $120/80mmHg$ 이상 또는 공복혈당 $100mg/dL$ 이상인 경우이어야 한다. 일반건강검진을 받은 날부터 6개월 이내에 신청해야 하며, 6개월 이내에 2회 이상의 검진을 받은 경우에는 최근에 받은 검진을 기준으로 신청해야 한다.

예방형의 포인트 적립은 참여 포인트, 실천 포인트, 개선 포인트 총 3가지로 구분된다. 먼저 참여 포인트는 시범 사업에 참여한 경우에 5,000점을 받는 것을 의미한다. 참여 기간이 종료된 후 재 참여하는 경우에도 참여 포인트를 받을 수 있지만, 참여 기간이 종료되기 전에 참여 중단한 후 재 참여하는 경우에는 받을 수 없다. 다음으로, 걷거나 건강관리 프로그램 이수와 같은 건강생활 실천 정도가 기준에 부합하는 경우 실천 포인트를 받을 수 있다. 걷기에 대한 포인트는 10,000보 이상은 일당 100점, 9,000보 이상 10,000보 미만은 일당 90점, 8,000보 이상 9,000보 미만은 일당 80점, 7,000보 이상 8,000보 미만은 일당 70점, 6,000보 이상 7,000보 미만은 일당 60점, 5,000보 이상 6,000보 미만은 일당 50점이 적립되며 연간 적립 한도는 35,000점이다.

건강관리 프로그램 이수에 대한 포인트는 대면 프로그램의 경우 회당 1,000점, 비대면 프로그램의 경우 회당 500점을 받을 수 있지만 1년에 15,000점을 넘을 수는 없다. 다만, 건강관리 프로그램은 같은 주에 여러 번의 프로그램을 이수해도 주 1회만 인정되며, 숙박 프로그램에 참여하는 경우 1박당 1회 참여로 인정받을 수 있다. 마지막으로 개선 포인트는 참여 종료일 6개월 전부터 참여 종료일까지 사이에 받은 일반 건강검진 결과를 확인하여 참여 신청 당시 체중, 혈압, 공복혈당의 건강 상태가 위험 범위에 해당한 항목 중 한 항목 이상이 안전 범위로 개선된 경우 15,000점을 받을 수 있다. 즉, BMI $25kg/m^2$ 미만, 혈압 $120/80mmHg$ 미만, 공복혈당 $100mg/dL$ 미만인 경우이어야 한다. 그렇지만 개선 포인트를 적립한 후 해당 기간에 다시 검진을 받더라도 추가로 개선 포인트를 적립할 수 없다.

포인트의 유효 기간은 참여 시작일부터 참여 종료일 후 1년이 되는 날까지이며 해당 기간 내 사용하지 않은 포인트는 소멸된다. 참여자는 해당 적립 포인트가 10,000점 이상인 경우 포인트를 현금화하여 사용할 수 있으며, 1점당 1원으로 환산한 금액을 공단이 지정한 온라인 매장에서 사용할 수 있다.

보건복지부 건강정책국장은 "인센티브를 확대해 제공함에 따라 더욱 많은 국민들이 자기 주도적으로 건강을 관리하기를 바라며 내년 하반기에는 사업을 전국으로 확대하고 인센티브로 지급되는 포인트를 동네의원 등에서도 사용할 수 있도록 개선해 나갈 예정"이라고 밝혔다.

※ 출처: 국민건강보험공단 보도자료

50. 위 보도자료를 토대로 판단한 내용으로 옳은 것은?

① 건강생활 실천 지원금제 시범 사업이 시행되는 지역에 거주하는 만 20세에서 만 64세의 사람은 모두 예방형에 참여할 수 있다.

② 건강생활 실천 지원금제 예방형으로 참여한 사람이 1년간 매일 10,000보를 걷는다면 연간 35,000점의 실천 포인트를 받게 된다.

③ 건강생활 실천 지원금제에 참여하던 중 중단했던 사람이더라도 추후 다시 참여하는 경우 참여 포인트를 받을 수 있다.

④ 건강생활 실천 지원금제 포인트를 10,000점 이상 적립했다면 동네의원에서 진료 시 포인트 1점당 1원에 해당하는 금액을 진료비로 사용할 수 있다.

51. 다음 중 위 보도자료를 잘못 이해한 사람은?

> A: 같은 주 수요일부터 금요일까지 2박 3일간 대면 프로그램을 이수했을 때 받을 수 있는 실천 포인트는 2,000점이야.
> B: 건강생활 실천 지원금제 예방형 참가자의 혈압 수치가 참여 시작일로부터 6개월 내에 안전 범위로 개선되었다면 개선 포인트로 15,000점을 받을 수 있어.
> C: 일반건강검진 결과 BMI 23kg/m², 혈압 110/70mmHg, 공복혈당 105mg/dL인 사람의 경우 건강생활 실천 지원금제의 예방형 참가 자격을 충족하지 않아.
> D: 건강생활 실천 지원금제에 예방형으로 참여한 사람이 받을 수 있는 최대 포인트는 120,000점이야.

① A   ② B   ③ C   ④ D

52. 위 보도자료를 근거로 판단할 때, 건강생활 실천 지원금제의 시범 사업에 예방형으로 참여 및 이수를 완료한 갑, 을, 병, 정 중 가장 많은 포인트를 받은 사람의 포인트 총점은? (단, 갑~정은 같은 주에 교육을 2번 이상 이수하지 않았다.)

구분		갑	을	병	정
신청 시 제출한 건강검진 결과	BMI	28kg/m²	26kg/m²	26kg/m²	27kg/m²
	혈압	120/80mmHg	120/80mmHg	110/70mmHg	110/70mmHg
	공복혈당	90mg/dL	110mg/dL	110mg/dL	110mg/dL
참여 종료일 건강검진 결과	BMI	26kg/m²	25kg/m²	25kg/m²	26kg/m²
	혈압	120/80mmHg	110/70mmHg	110/70mmHg	110/70mmHg
	공복혈당	90mg/dL	110mg/dL	100mg/dL	90mg/dL
일당 걸음 수		9,500보	8,000보	10,000보	7,500보
대면 교육 이수 횟수		7회	2회	3회	2회
비대면 교육 이수 횟수		9회	12회	13회	16회

① 81,400점 ② 86,400점 ③ 87,500점 ④ 99,500점

[53 – 55] 다음은 신혼부부 임대주택 입주자 모집 공고문이다. 각 물음에 답하시오.

[신혼부부 임대주택 입주자 모집 공고]

1. 모집 일정

구분	입주자 모집 공고	온라인 신청 접수	서류 심사 대상자 발표	서류 제출	입주자 순번 발표	계약 체결 (순번 도래 시)	입주
일정	06. 22.(화)	07. 02.(금) ~07. 08.(목)	07. 12.(월)	07. 15.(목) ~07. 20.(화)	09. 03.(금)	개별 통보	계약일로부터 60일 이내

※ 상기 일정은 진행상황에 따라 변동될 수 있으며, 방문 서류 제출 시 주말에는 서류를 접수할 수 없음

2. 공급 대상 주택 수
- 총 1,649호

3. 임대기간 및 임대조건

구분	내용
임대기간	기본 2년이며, 입주자격 유지 시 2년 단위의 재계약이 최대 9회 가능함
임대조건	시중 시세의 30~40% 수준의 임대보증금 및 임대료 ※ 국민기초생활보장법 제7조에 따른 생계·주거·의료급여 중 어느 하나에 해당하는 급여를 받는 수급자, 한부모 가족, 차상위계층은 시중 시세의 30%, 그 외에는 시중 시세 40%의 임대보증금 및 임대료의 조건임

4. 입주자격
- 공고일 현재 무주택세대구성원으로서 신혼부부 임대주택 I 소득 및 자산기준을 충족하며, 아래 중 하나에 해당하는 경우
  - ① 신혼부부: 공고일 현재 혼인신고일이 7년 이내인 사람
  - ② 예비신혼부부: 공고일 현재 혼인 예정인 사람으로서 입주일 전일까지 혼인신고를 하는 사람
  - ③ 한부모가족: 공고일 현재 만 6세 이하 자녀를 둔 모자가족 또는 부자가족
  - ④ 유자녀 혼인가구: 공고일 현재 만 6세 이하 자녀가 있는 혼인가구
  - ※ 배우자가 국내 거주하지 않는 재외국민이거나 외국인 등록을 하지 않은 외국인(국내거소신고를 하지 않은 외국 국적 동포 포함)인 경우 그와 혼인관계에 있는 국민은 공급 신청이 불가함

5. 입주순위

구분	자격 요건
1순위	자녀가 있는 신혼부부, 자녀가 있는 예비신혼부부, 한부모가족(만 6세 이하 자녀) ※ 자녀는 태아를 포함한 민법상 미성년인 자녀에 한함
2순위	자녀가 없는 신혼부부, 자녀가 없는 예비신혼부부
3순위	유자녀 혼인가구(만 6세 이하 자녀)

6. 신청 방법

구분	내용
청약신청	• 신혼부부 매입임대 청약은 인터넷 또는 모바일로 신청 가능 • 청약신청 기간 중 24시간 신청이 가능함(단, 시작일과 마감일 제외) • 인터넷 청약 시스템을 이용할 경우, 공동인증서(개인용) 발급을 신청 접수일 이전까지 미리 완료하여야 함
서류 제출 대상자 발표	• 서류 제출 대상자는 청약센터 > 인터넷 청약 > 청약결과 조회 > 서류 제출 대상자 조회에서 확인 가능
대상자 서류 접수	• 대상자로 선정된 사람은 서류 제출 기한 내 해당 서류를 제출하여야 하며, 미제출 시 입주자 선정에서 제외됨 • 현장 접수 외 우편 접수를 받을 수 있으나, 서류 제출 기한 내 우체국 소인이 찍힌 등기우편에 한하여 인정됨
순번 발표	• 입주자 순번은 청약센터 > 인터넷 청약 > 청약결과 조회 > 당첨/낙찰자 조회에 게시하며, 전화로도 확인할 수 있음
계약 체결	• 입주자 순번 발표 후 선택 가능한 주택과 주택열람에 관한 계약 체결 안내문을 순차적으로 발송할 예정임 • 입주자 순번(주택을 지정할 수 있는 순번) 발표 후 해당 동(건물)의 공급 가능한 주택을 개방하고 순번에 따라 희망하는 주택을 지정하여 계약 체결하는 방식으로 진행됨

[붙임 1] 신혼부부 임대주택 I 소득·자산기준

소득기준	자산기준
전년도 도시근로자 가구당 월평균소득의 70% 이하 (배우자 소득이 있는 경우 90% 이하)	국민임대 자산기준 충족 (총자산 29,200만 원, 자동차 3,496만 원 이하)

[붙임 2] 전년도 도시근로자 가구당 월평균소득 금액

구분	1인 가구	2인 가구	3인 가구	4인 가구	5인 가구	6인 가구
월평균소득의 70%	2,692,468원	3,650,028원	4,368,364원	4,965,944원	4,965,944원	5,175,553원
월평균소득의 90%	3,290,794원	4,562,535원	5,616,468원	6,384,785원	6,384,785원	6,654,282원

53. 위 공고문을 토대로 판단한 내용으로 옳지 않은 것은?

① 공고일을 기준으로 만 5세의 자녀가 있는 한부모가족은 같은 나이의 자녀를 둔 유자녀 혼인가구에 비해 입주 순위가 높다.

② 선택 가능한 주택과 주택열람과 관련된 계약 체결 안내문은 계약 대상 입주자의 순번 발표 후 차례대로 전송된다.

③ 신혼부부 임대주택의 입주자격을 모두 갖춘 입주자가 입주자격을 계속해서 유지한다면 임대기간은 최대 18년까지 가능하다.

④ 무주택세대구성원이고, 신혼부부 임대주택 I 소득 및 자산기준을 충족하는 사람이 해당 연도 9월 3일에 혼인신고를 할 예정이라면 해당 공고에 지원할 수 있다.

54. 위 공고문을 근거로 판단할 때, 신혼부부 임대주택I 소득기준을 충족하지 않는 사람은?

① 월평균소득이 480만 원이고, 가족 구성원으로 본인 외 어머니, 아버지, 만 5세 자녀 1명이 있는 한부모가족 A 씨

② 월평균소득이 420만 원이고, 가족 구성원으로 본인 외 남편만 있는 맞벌이 가정의 B 씨

③ 월평균소득이 450만 원이고, 가족 구성원으로 본인 외 아내와 만 6세 자녀 1명이 있는 외벌이 가정의 C 씨

④ 월평균소득이 480만 원이고, 가족 구성원으로 본인 외 어머니, 아버지, 만 3세 쌍둥이 자녀 2명이 있는 한부모가족 D 씨

55. 차상위계층인 갑이 신혼부부 임대주택 입주 대상자에 선정되었고, 갑이 선택할 수 있는 임대주택의 정보는 다음과 같다. 갑이 임대보증금이 가장 저렴한 주택을 선택하였을 때, 갑이 내야 할 임대보증금의 금액은?

[임대주택 정보]

구분	A 주택	B 주택	C 주택
시중 시세 기준 임대보증금	6,300만 원	5,800만 원	7,000만 원
시중 시세 기준 임대료	30만 원	35만 원	28만 원

① 1,740만 원   ② 2,100만 원   ③ 2,320만 원   ④ 2,800만 원

[56 – 57] 다음은 출산 지원 제도 안내문이다. 각 물음에 답하시오.

[출산 지원 제도 안내]

1. 지원 대상
   – 지원 내역별 세부 요건을 충족한 자

2. 지원 세부 내용
   1) 예방접종 지원

지원 대상	만 12세 이하 영유아
지원 내용	국가필수 예방접종 지원 ※ 결핵(BCG), B형 간염, 디프테리아, 파상풍, 백일해, 소아마비, 뇌수막염, 폐렴구균, MMR, 수두, 일본 　뇌염, 자궁경부암, 인플루엔자, A형 간염 예방접종에 한함
신청 방법	위탁의료기관, 보건소
구비 서류	예방접종 수첩

   2) 유축기 대여 및 대여비 지원

지원 대상	출산 후 1개월 이내 산모
지원 내용	유축기 본체 30일 대여 또는 30일 대여비 지원(20,000원 한도 내)
신청 방법	보건소
구비 서류	유축기 대여 신청서, 주민등록등본, 출생증명서

   3) 기저귀 구입비 지원

지원 대상	만 2세 미만의 영아를 둔 다음의 가구 – 기초생활보장 가구 – 기준중위소득 80% 이하의 다자녀 가구
지원 내용	매월 64,000원 지원
신청 방법	복지 사이트, 보건소, 주민센터
구비 서류	지원 신청서, 신분증, 주민등록등본, 건강보험 자격확인서, 건강보험료 납부확인서(최근 3개월분)

   4) 산후조리비 지원

지원 대상	신고기간 내에 출생신고를 하는 부모
지원 내용	출생아 1인당 50만 원 지원 ※ 다태아의 경우 출생아 수에 비례하여 50만 원 배수로 지급
신청 방법	주민센터
구비 서류	신분증

   ※ 출생신고 기간은 출생한 날로부터 1개월 이내이며, 기간 내 신고하지 않으면 과태료를 부과함

56. 위 안내문을 근거로 판단한 내용으로 옳은 것은?

① 기초생활보장 가구는 출산 지원 제도 4개 중 기저귀 구입비 지원만 신청할 수 있다.

② 유축기 대여 지원과 기저귀 구입비 지원을 신청하기 위해 필요한 서류는 총 7가지이다.

③ 보건소에서는 예방접종 지원, 유축기 대여 및 대여비 지원의 신청이 가능하며 기저귀 구입비 지원 신청은 할 수 없다.

④ 10세 미만의 유아는 예방접종 수첩만 소지하면 위탁의료기관에서 A형 간염, 뇌수막염, 수막구균 예방접종을 지원받을 수 있다.

57. 위 안내문을 근거로 판단할 때, 신청한 출산 지원 제도의 지원을 모두 받지 못하는 사람은?

① 기초생활보장 가구에 해당하고 만 1세의 자녀가 있어 위탁의료기관에서 예방접종 지원을, 주민센터에서 기저귀 구입비 지원을 신청한 갑

② 출산한 지 25일이 되는 날 보건소에서 만 9세 자녀의 예방접종 지원과 유축기 대여비 지원을 신청한 을

③ 자녀가 만 1세의 영아 1명뿐이고 소득이 기준중위소득 80% 이하에 해당하여 복지 사이트를 통해 기저귀 구입비 지원을 신청한 병

④ 쌍둥이를 출산한 지 20일이 되는 날 출산한 쌍둥이의 출생신고를 하면서 주민센터에서 산후조리비를 신청한 정

[58 - 60] 다음은 외국인 근로자의 장기요양보험 가입제외 신청 안내문과 관련 자료이다. 각 물음에 답하시오.

[외국인 근로자 장기요양보험 가입제외 신청 안내]

1. 개요
– 일시 한국 체류 후 본국 귀환 예정인 경우 혹은 장기요양보험 혜택을 받고자 하는 의사가 없는 경우의 외국인 근로자에게 장기요양보험 공제액의 납부를 면제해주기 위함

2. 신청대상
– 직장가입자인 외국인 중 D-3, E-9, H-2에 해당하는 취업비자 소지자

3. 신청방법
– 신청하고자 하는 대상자가 '외국인 근로자 장기요양보험 가입제외 신청서'를 작성하여 고용주에게 제출하며, 고용주가 외국인 근로자 장기요양보험 가입제외 신청서에 외국인등록증 사본을 첨부하여 관할 국민건강보험공단에 제출하여 신청함

4. 지원 안내
– 관련 서류를 국민건강보험공단에 제출한 날을 가입제외 신청일로 보며, 신청일 이후 부과되는 보험료부터 면제가 적용됨

※ 예외적으로 직장가입자 자격취득 신고일로부터 14일 이내에 관련 서류 제출 시 자격취득일부터 보험료 면제가 적용됨

5. 참고사항
– 직장가입자가 장기요양보험에서 제외된 경우, 그 직장가입자의 피부양자도 장기요양보험에서 제외됨
– 가입제외된 자는 직장가입자 유지기간 동안은 장기요양보험을 재가입할 수 없음. 다만, 체류자격이 D-3, E-9, H-2 이외의 체류자격으로 변경 시 공단에 장기요양보험 재가입을 신청해야 함
– 장기요양보험만 가입제외되며, 건강보험의 가입은 계속 유지됨

[붙임 1] 외국인 취업비자 종류

구분	목적	내용
C-4	단기취업	체류기간 90일 이하
D-3	기술연수	국내 산업체 연수활동
E-1	교수비자	전문대학 이상의 교육기관에서 교육 및 연구지도
E-2	회화지도	학원 혹은 학교의 원어민 강사
E-6	예술흥행	음악, 미술 등 문화 예술활동 및 연예활동
E-7	특정활동	전문기술, 과학, 건축, 홍보, 제조 등 전문분야의 전문가
E-9	비전문취업	중소기업 단순 노무
E-10	선원취업	내항선원, 어선원, 순항여객선원 등의 선원취업
F-4	재외동포	재외동포 비자, 전문기술에 관련한 업종
H-2	방문취업	건설, 제조 등 단순 노무(재외동포 비자)

[붙임 2] 직장가입자 건강보험료 및 장기요양보험료

구분	전체 보험료율	가입자부담 보험료율	사용자부담 보험료율
건강보험료율	6.86%	3.43%	3.43%
장기요양보험료율	11.52%	5.76%	5.76%

※ 1) 건강보험료(월): 보수월액 × 건강보험료율, 장기요양보험료(월): 전체 건강보험료 × 장기요양보험료율
  2) 건강보험료와 장기요양보험료 모두 원 단위 이하 절사함

58. 위 안내문을 토대로 판단한 내용으로 옳지 않은 것은?

① 직장가입자인 외국인 근로자가 장기요양보험 공제액 납부가 면제되면 그의 피부양자도 장기요양보험 공제액 납부가 면제된다.

② 외국인 근로자가 장기요양보험 가입제외 신청서를 작성하여 관할 국민건강보험공단에 제출하면 장기요양보험 가입제외 신청이 된다.

③ 장기요양보험 가입제외 신청을 한 외국인 근로자도 건강보험의 가입은 계속 유지된다.

④ 직장가입자 자격취득 신고일로부터 일주일 뒤 장기요양보험 가입제외 신청을 한 외국인 근로자는 자격취득일부터 보험료 면제가 적용된다.

59. 다음은 외국인 근로자 갑~정의 보수월액 및 취업비자 정보이다. 장기요양보험 가입제외 신청대상에 해당하는 근로자는 모두 장기요양보험에서 제외된 상태라고 할 때, 각자 본인이 부담해야 하는 월 건강보험료와 장기요양보험료에 대한 설명으로 옳은 것은?

구분	총 보수월액	취업비자
갑	2,250,000원	D-3
을	1,590,000원	F-4
병	1,880,000원	H-2
정	2,130,000원	E-2

① 갑의 경우 본인이 부담해야 하는 월 건강보험료는 77,170원이고, 장기요양보험료는 17,780원이다.

② 을의 경우 본인이 부담해야 하는 월 건강보험료는 54,530원이고, 장기요양보험료는 12,560원이다.

③ 병의 경우 본인이 부담해야 하는 월 건강보험료는 64,480원이고, 장기요양보험료는 7,420원이다.

④ 정의 경우 본인이 부담해야 하는 월 건강보험료는 73,050원이고, 장기요양보험료는 8,410원이다.

60. 다음 외국인 근로자가 모두 직장가입자일 때, 외국인 근로자 장기요양보험 가입제외 신청 대상자에 해당하지 않는 외국인 근로자는?

① 중소기업에서의 단순 노무 업무를 하기 위해 취업비자를 발급받은 외국인 근로자

② 전문대학에서의 연구지도 활동을 하기 위해 취업비자를 발급받은 외국인 근로자

③ 제조 관련 업종에서의 단순 노무 업무를 하기 위해 취업비자를 발급받은 재외동포 근로자

④ 산업 설비를 외국에 수출하는 국내 산업체에서의 연수활동을 하기 위해 취업비자를 발급받은 외국인 근로자

약점 보완 해설집 p.4

01. 다음 중 국민건강보험법상 부당이득의 징수에 대한 설명으로 옳은 것의 개수는?

> ㉠ 요양기관의 거짓 진단으로 보험급여가 실시되더라도 국민건강보험공단은 이들에게 이미 지급한 부당이득에 대한 징수금을 내게 할 수 없다.
> ㉡ 요양기관이 가입자나 피부양자로부터 속임수로 요양급여비용을 받은 경우 국민건강보험공단은 해당 요양기관으로부터 부당이득에 대한 요양급여비용을 징수하여 가입자나 피부양자에게 지체 없이 지급하여야 한다.
> ㉢ 국민건강보험공단은 속임수로 보험급여를 받은 보조기기 판매업자에 대하여 부당이득에 대한 보험급여나 보험급여비용에 상당하는 금액을 징수해야 한다.
> ㉣ 국민건강보험공단은 부당한 방법으로 보험급여를 받은 사람과 같은 세대에 속한 가입자에게 부당한 방법으로 보험급여를 받은 사람과 연대하여 부당이득에 대한 징수금을 내게 할 수 있다.
> ㉤ 「약사법」을 위반하여 개설·운영하는 약국이 부당한 방법으로 보험급여비용을 받은 경우에는 해당 요양기관을 개설한 자에게 그 요양기관과 연대하여 부당이득에 대한 징수금을 납부하게 할 수 있다.

① 2개   ② 3개   ③ 4개   ④ 5개

02. 다음 중 국민건강보험법상 과징금에 대해 바르게 설명한 사람을 모두 고르면?

> • 갑: 요양기관에 대하여 업무정지 처분을 할 경우 해당 요양기관 이용자에게 심한 불편을 준다고 인정되면 보건복지부장관은 업무정지 처분을 갈음하여 과징금을 부과·징수할 수 있어.
> • 을: 이때 과징금 액수는 요양기관이 속임수나 그 밖의 부당한 방법으로 보험자·가입자 및 피부양자에게 부담하게 한 요양급여비용의 3배 이하의 금액으로 부과되지.
> • 병: 이렇게 징수한 과징금은 국민건강보험공단이 요양급여비용으로 지급하는 자금, 응급의료기금의 지원, 재난적의료비 지원사업에 대한 지원 용도로만 사용할 수 있어.

① 갑, 을   ② 갑, 병   ③ 을, 병   ④ 갑, 을, 병

03. 다음 중 국민건강보험법상 건강보험분쟁조정위원회에 대한 설명으로 옳은 것의 개수는?

> ㉠ 건강보험분쟁조정위원회의 최대 공무원 위원은 29명이다.
> ㉡ 사무국 구성 및 운영 등에 필요한 사항은 대통령령으로 정한다.
> ㉢ 건강보험분쟁조정위원회 회의의 의결은 최소 3명 이상 찬성해야 한다.
> ㉣ 심판청구를 심리·의결하기 위하여 국민건강보험공단에 건강보험분쟁조정위원회를 둔다.

① 1개   ② 2개   ③ 3개   ④ 4개

04. 다음 제시된 업무를 관장하는 주체로 옳은 것은?

> • 요양급여의 적정성 평가
> • 건강보험과 관련하여 보건복지부장관이 필요하다고 인정한 업무
> • 심사기준 및 평가기준의 개발
> • 요양급여비용의 심사

① 보건복지부　　　　② 진료심사평가위원회　　③ 건강보험심사평가원　　④ 국민건강보험공단

05. 다음 중 국민건강보험법상 요양급여비용의 산정에 대한 설명으로 옳지 않은 것은?

① 요양급여비용은 국민건강보험공단의 이사장과 대통령령으로 정하는 의약계를 대표하는 사람들의 계약으로 정한다.

② 요양급여비용의 계약이 체결되면 그 계약은 국민건강보험공단과 각 요양기관 사이에 체결된 것으로 본다.

③ 요양급여비용의 계약기간은 2년이며, 요양급여비용이 정해지면 보건복지부장관은 그 요양급여비용의 명세를 지체 없이 고시해야 한다.

④ 약제·치료재료에 대한 요양급여비용은 요양기관의 약제·치료재료 구입금액 등을 고려하여 대통령령으로 정하는 바에 따라 달리 산정할 수 있다.

06. 다음 중 국민건강보험법상 보수 외 소득(보수월액의 산정에 포함된 보수를 제외한 직장가입자의 소득)이 대통령령으로 정하는 금액을 초과하는 경우에 부과되는 소득월액의 계산식은?

① 보수월액 – 대통령령으로 정하는 금액

② 보험료부과점수 × 보험료부과점수당 금액

③ (연간 소득 – 대통령령으로 정하는 금액) × 1 / 12

④ (연간 보수 외 소득 – 대통령령으로 정하는 금액) × 1 / 12

07. 다음 중 국민건강보험법상 요양비에 대한 설명으로 옳지 않은 것은?

① 준요양기관의 요양비 지급 청구, 공단의 적정성 심사 등에 필요한 사항은 보건복지부령으로 정한다.

② 준요양기관은 보건복지부장관이 정하는 요양비 명세서나 요양 명세를 적은 영수증을 국민건강보험공단에 제출하여야 한다.

③ 준요양기관은 요양을 받은 가입자나 피부양자의 위임이 있는 경우 공단에 요양비의 지급을 직접 청구할 수 있다.

④ 요양기관이 아닌 장소에서 출산한 경우 요양급여에 상당하는 금액을 보건복지부령으로 정하는 바에 따라 가입자나 피부양자에게 요양비로 지급한다.

08. 다음 중 국민건강보험법상 가입자의 자격 취득 시기에 해당하는 것의 개수는?

┌───┐
│ ㉠ 수급권자이었던 사람은 그 대상자에서 제외된 날   │
│ ㉡ 유공자등 의료보호대상자이었던 사람은 그 대상자에서 제외된 날   │
│ ㉢ 직장가입자의 피부양자이었던 사람은 그 자격을 잃은 다음 날   │
│ ㉣ 보험자에게 건강보험의 적용을 신청한 유공자등 의료보호대상자는 그 신청한 다음 날 │
└───┘

① 1개   ② 2개   ③ 3개   ④ 4개

09. 다음 중 국민건강보험법상 국민건강보험공단 업무의 위탁에 대한 설명으로 옳지 않은 것은?

① 국민건강보험공단은 보험급여비용의 지급에 관한 업무를 금융기관에 위탁할 수 있다.

② 국민건강보험공단은 보험료의 수납 또는 보험료납부 확인 관련 업무를 체신관서에 위탁할 수 있다.

③ 국민건강보험공단은 보험료 징수 업무의 일부를 사회보험 업무를 수행하는 법인에 위탁할 수 있다.

④ 국민건강보험공단은 산업재해보상보험료의 수납 또는 납부 확인에 관한 업무를 금융기관에 위탁할 수 있다.

10. 다음 중 국민건강보험법상 건강보험증에 대한 설명으로 옳은 것은?

① 가입자가 요양급여를 받을 때에 천재지변과 같은 부득이한 사유가 있을 경우 건강보험증을 요양기관에 제출하지 않을 수 있다.

② 가입자가 국내에 거주하지 않게 된 날의 다음 날까지는 기존에 사용하던 건강보험증을 통해 보험급여를 받을 수 있다.

③ 부득이한 사유가 있을 경우 타인의 건강보험증을 대여하여 보험급여를 받을 수 있다.

④ 국민건강보험공단은 가입자 본인이 신청하는 경우에만 건강보험증을 발급해야 한다.

11. 다음 중 국민건강보험법상 임원에 대한 설명으로 옳지 않은 것을 모두 고르면?

> ㉠ 이사장의 임기는 3년, 이사와 감사의 임기는 각각 1년으로 한다.
> ㉡ 상임이사는 보건복지부장관의 추천 절차를 거쳐 이사장이 임명한다.
> ㉢ 감사는 임원추천위원회가 복수로 추천한 사람 중에서 기획재정부장관의 제청으로 대통령이 임명한다.
> ㉣ 비상임이사에는 대통령령으로 정하는 바에 따라 추천하는 관계 공무원 3명이 포함된다.

① ㉠   ② ㉢   ③ ㉠, ㉡   ④ ㉢, ㉣

12. 다음 중 국민건강보험법상 보험료의 부담 및 제2차 납부의무에 대한 설명으로 옳은 것을 모두 고르면?

> ㉠ 직장가입자의 보수 외 소득월액보험료는 직장가입자가 부담한다.
> ㉡ 지역가입자의 보험료는 그 가입자가 속한 세대의 세대주만 납부의무를 부담한다.
> ㉢ 직장가입자가 교직원인 경우 사용자가 부담액 전부를 부담할 수 없으면 그 부족액을 학교에 속하는 회계에서 부담하게 할 수 있다.
> ㉣ 사업이 양도·양수된 경우 양도일 이전에 양도인에게 납부의무가 부과된 보험료, 연체금, 체납처분비를 양도인의 재산으로 충당하고도 부족한 경우 그 부족액에 대해서는 사업의 양수인이 양수한 재산의 가액을 한도로 제2차 납부의무를 진다.

① ㉠, ㉢   ② ㉡, ㉣   ③ ㉠, ㉢, ㉣   ④ ㉡, ㉢, ㉣

13. 다음 중 국민건강보험법상 국민건강보험공단이 가입자와 피부양자에 대하여 질병의 조기 발견과 그에 따른 요양급여를 하기 위하여 실시하는 건강검진의 종류 및 대상에 대한 설명으로 옳은 것을 모두 고르면?

> ㉠ 영유아건강검진은 6세 미만의 가입자 및 피부양자를 대상으로 한다.
> ㉡ 일반건강검진은 직장가입자, 세대주인 지역가입자, 18세 이상인 피부양자를 대상으로 한다.
> ㉢ 암검진은 「암관리법」에 따른 암의 종류별 검진주기와 연령 기준 등에 해당하는 사람을 대상으로 한다.

① ㉠, ㉡   ② ㉠, ㉢   ③ ㉡, ㉢   ④ ㉠, ㉡, ㉢

14. 다음 중 국민건강보험법상 재정운영위원회를 구성하는 위원에 대한 설명으로 옳지 않은 것은?

① 재정운영위원회의 위원은 보건복지부장관이 임명하거나 위촉한다.
② 재정운영위원회의 위원에는 노동조합과 사용자단체에서 추천하는 각 5명의 위원이 포함된다.
③ 원칙적으로 공무원인 위원을 포함한 재정운영위원회 위원의 임기는 2년으로 한다.
④ 재정운영위원회는 직장가입자, 지역가입자, 공익을 대표하는 위원 각 10명씩으로 구성한다.

15. 다음은 국민건강보험법 제110조(실업자에 대한 특례)의 일부이다. 이에 대한 설명으로 옳지 않은 것은?

> 제110조(실업자에 대한 특례)
> ① 사용관계가 끝난 사람 중 직장가입자로서의 자격을 유지한 기간이 보건복지부령으로 정하는 기간 동안 통산 1년 이상인 사람은 지역가입자가 된 이후 최초로 제79조에 따라 지역가입자 보험료를 고지받은 날부터 그 납부기한에서 2개월이 지나기 이전까지 국민건강보험공단에 직장가입자로서의 자격을 유지할 것을 신청할 수 있다.
> ② 제1항에 따라 국민건강보험공단에 신청한 가입자(이하 "임의계속가입자"라 한다)는 제9조에도 불구하고 대통령령으로 정하는 기간 동안 직장가입자의 자격을 유지한다.

① 임의계속가입자의 보험료는 보건복지부장관이 정하여 고시하는 바에 따라 그 일부를 경감할 수 있다.
② 임의계속가입자의 보수월액은 보수월액보험료가 산정된 최근 12개월간 보수월액의 평균 금액으로 한다.
③ 임의계속가입자의 신청 방법·절차 등에 필요한 사항은 보건복지부령으로 정한다.
④ 제1항에 따른 신청 후 최초로 내야 할 직장가입자 보험료를 그 납부기한부터 1개월이 지난 날까지 내지 않는 경우에는 직장가입자 자격을 유지할 수 없다.

16. 다음 중 국민건강보험법상 이의신청 및 심판청구 등에 대한 설명으로 옳지 않은 것을 모두 고르면?

> ⊙ 이의신청에 대한 결정에 불복하는 경우 심판청구만 할 수 있다.
> ⓛ 이의신청은 처분이 있음을 안 날부터 90일 이내에 문서로 제기해야 하며 정당한 사유로 그 기간 내 이의신청을 할 수 없었음을 소명한 경우에는 처분이 있은 날부터 180일 이내에만 제기할 수 있다.
> ⓒ 심판청구를 하려는 자는 처분을 한 국민건강보험공단이나 건강보험심사평가원 또는 건강보험분쟁조정위원회에 심판청구서를 제출해야 한다.
> ⓔ 국민건강보험공단은 요양급여비용 및 요양급여의 적정성 평가 등에 관한 건강보험심사평가원의 처분에 이의가 있는 경우 건강보험심사평가원에 이의신청을 할 수 있다.

① ⊙, ⓛ   ② ⊙, ⓔ   ③ ⓛ, ⓒ   ④ ⓒ, ⓔ

17. 다음 중 국민건강보험법상 국민건강보험공단의 재정 및 회계에 대한 설명으로 옳지 않은 것은?

① 건강보험사업 및 징수위탁근거법의 위탁에 따른 국민연금사업·고용보험사업·산업재해보상보험사업·임금채권보장사업에 관한 회계를 국민건강보험공단의 다른 회계와 구분하여 각각 회계 처리해야 한다.

② 회계연도마다 예산안을 편성하여 이사회의 의결을 거친 후 보건복지부장관의 승인을 받아야 하며, 예산을 변경하는 경우도 동일한 절차를 거쳐야 한다.

③ 지출할 현금이 부족한 경우에 차입할 수 있지만, 1년 이상 장기로 차입하려면 대통령의 승인을 받아야 한다.

④ 재난적의료비 지원사업에 사용되는 비용에 충당하기 위하여 매년 예산의 범위에서 출연할 수 있다.

18. 다음 중 국민건강보험법상 보험료등(가입자가 내야 하는 보험료와 그 밖에 이 법에 따른 징수금)의 독촉 및 체납처분에 대해 바르게 설명한 사람을 모두 고르면?

> • 수근: 국민건강보험공단은 보험료등을 내야 하는 자가 보험료등을 내지 않으면 기한을 정하여 독촉할 수 있어.
> • 우경: 이 경우 직장가입자의 사용자가 2명 이상인 경우 또는 지역가입자의 세대가 2명 이상으로 구성된 경우에는 그중 1명에게 한 보험료등의 독촉은 해당 사업장의 다른 사용자 또는 세대 구성원인 다른 지역가입자 모두에게 효력이 있어.
> • 미주: 독촉할 때에는 1개월 이상 3개월 이내의 납부기한을 정하여 독촉장을 발부해야 한다고 해.
> • 양희: 독촉을 받은 자가 그 납부기한까지 보험료등을 내지 않으면 보건복지부장관의 승인을 받아 국세 체납처분의 예에 따라 이를 징수할 수 있어.
> • 가영: 법인 해산 등 긴급히 체납처분을 할 필요가 있는 경우로서 대통령령으로 정하는 경우를 제외하고는, 체납처분을 하기 전에 보험료등의 체납 내역, 압류 가능한 재산의 종류, 압류 예정 사실 및 「국세징수법」에 따른 소액금융재산에 대한 압류금지 사실 등이 포함된 통보서를 발송해야 해.

① 수근, 미주, 가영
② 우경, 미주, 양희
③ 수근, 우경, 양희, 가영
④ 수근, 우경, 미주, 양희, 가영

19. 다음 중 국민건강보험법상 보고와 검사에 대한 설명으로 옳지 않은 것은?

① 보건복지부장관은 세대원에게 가입자의 이동·보수·소득을 보고하거나 관계 서류를 제출하도록 명할 수 있다.
② 보건복지부장관은 요양급여비용의 심사청구를 대행하는 단체에 필요한 자료를 제출하도록 명할 수 있다.
③ 보건복지부장관은 약제에 대한 요양급여의 적용 정지를 위해 필요한 경우 의약품공급자에게 편익 제공으로 의약품 판매 질서를 위반한 행위에 대한 보고를 명할 수 있다.
④ 보건복지부장관은 요양기관에 보험급여에 관한 보고 또는 서류 제출을 명하거나 소속 공무원이 관계인에게 질문하게 할 수 있다.

20. 다음 중 국민건강보험법상 국민건강보험공단의 업무에 해당하는 것을 모두 고르면?

> ㉠ 의료시설의 운영
> ㉡ 보험급여비용의 지급
> ㉢ 요양급여비용의 심사
> ㉣ 가입자 및 피부양자의 자격 관리
> ㉤ 건강보험에 관한 조사연구 및 국제협력

① ㉠, ㉡   ② ㉢, ㉣, ㉤   ③ ㉠, ㉡, ㉣, ㉤   ④ ㉠, ㉡, ㉢, ㉣, ㉤

약점 보완 해설집 p.16

01. 다음은 노인장기요양보험법상 국가의 부담에 대한 내용이다. 빈칸에 들어갈 말로 적절한 것은?

> 국가와 지방자치단체는 대통령령으로 정하는 바에 따라 의료급여수급권자의 장기요양급여비용, 의사소견서 발급비용, 방문간호지시서 발급비용 중 국민건강보험공단이 부담하여야 할 비용 및 관리운영비의 (　　　)을/를 부담한다.

① 100분의 20　　　　② 100분의 50　　　　③ 일부　　　　④ 전액

02. 다음은 노인장기요양보험법상 방문간호지시서 발급비용의 산정 등에 대한 내용이다. 빈칸에 들어갈 말로 적절한 것은?

> 제42조(방문간호지시서 발급비용의 산정 등)
> 장기요양요원인 간호사 등이 의사, 한의사 또는 치과의사의 방문간호지시서를 발급하는데 사용되는 비용, 비용부담방법 및 비용 청구·지급절차 등에 관하여 필요한 사항은 (　　　)으로 정한다.

① 대통령령　　　　② 보건복지부령　　　　③ 시·군·구청장의 명　　　　④ 국민건강보험공단의 명

03. 다음 중 노인장기요양보험법상 수급권의 보호, 벌칙 적용에서 공무원 의제, 소액처리에 대한 설명으로 옳은 것의 개수는?

> ⊙ 국민건강보험공단은 소액 처리 대상에서 제외되는 건강보험료와 통합하여 징수 또는 반환해야 할 장기요양보험료가 1건당 1,000원 미만인 경우에는 그 금액을 징수 또는 반환하지 않는다.
> ⓒ 장기요양급여를 받을 권리는 양도하거나 담보로 제공할 수 없다.
> ⓒ 장기요양위원회의 위원 중 공무원이 아닌 사람은 「형법」 제129조의 규정을 적용할 때에는 공무원으로 본다.
> ⓔ 특별현금급여수급계좌의 예금에 관한 채권은 압류할 수 있다.

① 0개　　　　② 1개　　　　③ 2개　　　　④ 3개

04. 다음 중 노인장기요양보험법상 재심사청구에 대한 설명으로 옳지 않은 것을 모두 고르면?

> ㉠ 재심사청구 사항에 대한 재심사위원회의 재심사를 거친 뒤, 「행정심판법」에 따른 행정심판을 청구할 수 있다.
> ㉡ 심사청구에 대한 결정에 불복하는 사람은 그 결정통지를 받은 날부터 120일 이내에 재심사를 청구할 수 있다.
> ㉢ 재심사위원회는 보건복지부장관 소속으로 두고, 위원장 1인을 포함한 20인 이내의 위원으로 구성한다.
> ㉣ 재심사위원회의 구성·운영, 그 밖에 필요한 사항은 보건복지부령으로 정한다.

① ㉠
② ㉢
③ ㉡, ㉣
④ ㉠, ㉡, ㉣

05. 다음 중 노인장기요양보험법상 장기요양급여 제공의 기본원칙에 대해 잘못 말한 사람은?

① 갑: 노인 등의 가족들이 가지고 있는 욕구도 고려하여 장기요양급여를 제공할 필요가 있어.

② 을: 장기요양급여는 노인 등이 가족과 함께 생활하면서 가정에서 장기요양을 받는 경우 시설급여를 우선적으로 지급해야 해.

③ 병: 노인 등이 본인의 의사와 능력에 따라 최대한 자립적으로 일상생활을 수행할 수 있도록 장기요양급여를 지급해야 해.

④ 정: 장기요양급여는 노인 등의 심신상태나 건강 등이 악화되지 않도록 의료서비스와 연계해야 하는군.

06. 다음은 직장가입자의 보험료액 산정 기준이다. 국내에서 근로자로 업무에 종사하고 있는 직장가입자 A의 보수월액이 250만 원이고 보수 외 소득은 없을 때, A가 납부해야 하는 장기요양보험료는? (단, 문제에 제시된 조건만 고려하며, 장기요양보험료는 원 단위 절사하여 계산한다.)

[직장가입자의 보험료액 산정 기준]

1. 개요

「국민건강보험법」 제69조 제4항 및 제5항에 따라 직장가입자의 보험료액은 아래와 같이 보수월액보험료와 보수 외 소득월액보험료를 산정한 금액으로 한다.

2. 보험료액 산정 방법

1) 보수월액보험료

  – 직장가입자가 지급받는 보수를 기준으로 하여 산정한 보수월액에 건강보험료율을 곱하여 얻은 금액

2) 보수 외 소득월액보험료

  – 보수월액의 산정에 포함된 보수를 제외한 직장가입자의 소득이 대통령령으로 정하는 금액(연간 2,000만 원)을 초과하는 경우 다음의 계산식에 따라 산정한 보수 외 소득월액에 건강보험료율을 곱하여 얻은 금액

  $$보수 외 소득월액 = (연간 보수 외 소득 - 대통령령으로 정하는 금액) \times 1/12$$

3. 직장가입자 보험료율

건강보험료율	장기요양보험료율
1만분의 709	100만분의 9,182

※ 장기요양보험료는 직장가입자와 사업주가 각각 그 보험료율을 100분의 50씩 부담함

---

① 8,540원   ② 11,470원   ③ 17,090원   ④ 166,750원

07. 다음 중 노인장기요양보험법상 국가 및 지방자치단체의 책무 등에 대한 설명으로 옳지 않은 것은?

① 국가 및 지방자치단체는 지역의 특성에 맞는 장기요양사업의 표준을 개발·보급할 수 있다.

② 국가 및 지방자치단체는 노인이 일상생활을 혼자서 수행할 수 있는 온전한 심신상태를 유지하는 데 필요한 사업을 실시해야 한다.

③ 국가 및 지방자치단체는 장기요양요원의 처우를 개선하고 복지를 증진하며 지위를 향상시키기 위해 적극적으로 노력해야 한다.

④ 국가 및 지방자치단체는 장기요양급여가 원활히 제공될 수 있도록 국민건강보험공단에 필요한 행정적 또는 재정적 지원을 해야 한다.

08. 다음은 노인장기요양보험법상 심사청구에 대한 내용이다. 각 빈칸에 들어갈 숫자로 적절한 것은?

> 장기요양인정·장기요양등급·장기요양급여·부당이득·장기요양급여비용 또는 장기요양보험료 등에 관한 국민건강보험공단의 처분에 이의가 있는 자는 국민건강보험공단에 심사청구를 할 수 있다. 이에 따른 심사청구는 그 처분이 있음을 안 날부터 (㉠)일 이내에 문서로 하여야 하며, 처분이 있은 날부터 (㉡)일을 경과하면 이를 제기하지 못한다. 다만, 정당한 사유로 그 기간에 심사청구를 할 수 없었음을 증명하면 그 기간이 지난 후에도 심사청구를 할 수 있다.

	㉠	㉡			㉠	㉡
①	60	90		②	60	180
③	90	90		④	90	180

09. 다음 중 노인장기요양보험법상 수급자 또는 장기요양기관이 장기요양급여를 제공받거나 제공할 경우 요구하거나 제공해서는 안 되는 급여외행위에 해당하지 않는 것은?

① 수급자 및 그 가족의 가사활동을 지원하는 행위

② 수급자의 일상생활에 지장이 없는 행위

③ 수급자 또는 그 가족의 생업을 지원하는 행위

④ 수급자의 가족만을 위한 행위

10. 다음은 노인장기요양보험법상 장기요양기관 지정의 유효기간에 대한 내용이다. 빈칸에 들어갈 말로 적절한 것은?

> **제32조의3(장기요양기관 지정의 유효기간)**
> 제31조에 따른 장기요양기관 지정의 유효기간은 지정을 받은 날부터 (   )으로 한다.

① 1년　　　　　　　② 3년　　　　　　　③ 5년　　　　　　　④ 6년

11. 다음 중 노인장기요양보험법상 특별자치시장·특별자치도지사·시장·군수·구청장이 장기요양기관을 지정하려는 경우 검토해야 하는 사항에 해당하지 않는 것은?

① 장기요양기관을 운영하려는 자 및 그 기관에 종사하려는 자가 「국민건강보험법」에 따라 받은 행정처분의 내용

② 장기요양기관을 운영하려는 자의 장기요양급여 제공 이력

③ 장기요양기관을 지정받고자 하는 지역의 노인인구수 및 장기요양급여 수요 등 지역 특성

④ 장기요양기관의 운영 계획

12. 다음 중 노인장기요양보험법상 장기요양급여의 종류에 대해 잘못 말한 사람은?

① 甲: 장기요양급여를 제공 가능한 장기요양기관의 종류와 기준은 대통령령으로 정하게 되어 있어.

② 乙: 시설급여는 장기요양기관에 장기간 입소한 수급자가 받을 수 있는 장기요양급여야.

③ 丙: 장기요양급여의 제공 기준, 절차, 방법, 범위는 보건복지부령으로 정하는군.

④ 丁: 특별현금급여는 가족요양비와 특례요양비 총 2가지로 구성돼.

13. 다음 중 노인장기요양보험법상 전자문서의 사용에 대한 설명으로 옳은 것을 모두 고르면?

⊙ 정보통신망 및 정보통신서비스 시설이 열악한 지역 등 보건복지부장관이 정하는 지역의 경우 전자문서·전자매체 또는 전자문서교환방식을 이용하지 않을 수 있다.

ⓒ 장기요양사업에 관련된 각종 서류의 기록, 관리 및 보관은 보건복지부령으로 정하는 바에 따라 전자문서로 한다.

ⓒ 국민건강보험공단 및 장기요양기관은 장기요양기관의 지정신청, 재가·시설 급여비용의 청구 및 지급, 장기요양기관의 재무·회계정보 처리 등에 대하여 전산매체 또는 전자문서교환방식을 이용해야 한다.

① ⊙, ⓒ　　　② ⊙, ⓒ　　　③ ⓒ, ⓒ　　　④ ⊙, ⓒ, ⓒ

14. 다음은 노인장기요양보험법상 위반사실 등의 공표에 대한 내용이다. 각 빈칸에 들어갈 숫자로 적절한 것은?

> 특별자치시장·특별자치도지사·시장·군수·구청장은 장기요양기관이 거짓으로 재가·시설 급여비용을 청구하였다는 이유로 장기요양기관 지정의 취소 및 업무정지, 과징금 등의 처분이 확정된 경우로서 다음 각 호의 어느 하나에 해당하는 경우에는 위반사실, 처분내용, 장기요양기관의 명칭·주소, 장기요양기관의 장의 성명, 그 밖에 다른 장기요양기관과의 구별에 필요한 사항으로서 대통령령으로 정하는 사항을 공표하여야 한다. 다만, 장기요양기관의 폐업 등으로 공표의 실효성이 없는 경우에는 그러하지 아니하다.
> 1. 거짓으로 청구한 금액이 (㉠)만 원 이상인 경우
> 2. 거짓으로 청구한 금액이 장기요양급여비용 총액의 100분의 (㉡) 이상인 경우

	㉠	㉡		㉠	㉡
①	1,000	10	②	1,000	20
③	2,000	10	④	2,000	20

15. 다음 중 노인장기요양보험법상 장기요양신청 등을 대리할 수 있는 사람에 해당하지 않는 것은? (단, 장기요양급여를 받고자 하는 자 또는 수급자가 신체적·정신적인 사유로 장기요양인정의 신청 등을 직접 수행할 수 없는 것으로 가정한다.)

① 본인의 가족이나 친족

② 사회복지전담공무원

③ 시장·군수·구청장이 지정하는 자

④ 보건복지부장관이 지정하는 자

16. 다음 중 노인장기요양보험법상 본인부담금에 대해 잘못 말한 사람은?

① A: 「의료급여법」 제3조 제1항 제1호에 따른 수급자가 아니라면, 장기요양급여를 받는 수급자는 대통령령으로 정하는 바에 따라 비용의 일부를 본인이 부담해야 해.

② B: 수급자가 장기요양인정서에 기재된 장기요양급여의 종류 및 내용과 다르게 선택하여 장기요양급여를 받은 경우 그 차액은 수급자가 부담하지.

③ C: 장기요양급여의 월 한도액을 초과하는 장기요양급여에 대해서도 수급자 본인이 전부 부담하게 돼.

④ D: 천재지변 등 보건복지부령으로 정하는 사유로 인하여 생계가 곤란한 자에 대해서는 해당 장기요양급여비용의 60% 범위에서 본인부담금을 감경할 수 있어.

17. 다음은 노인장기요양보험법상 장기요양등급판정기간에 대한 일부 내용이다. 빈칸에 공통으로 들어갈 말로 적절한 것은?

> 등급판정위원회는 신청인이 신청서를 제출한 날부터 (   ) 이내에 장기요양등급판정을 완료하여야 한다. 다만, 신청인에 대한 정밀조사가 필요한 경우 등 기간 이내에 등급판정을 완료할 수 없는 부득이한 사유가 있는 경우 (   ) 이내의 범위에서 이를 연장할 수 있다.

① 10일   ② 20일   ③ 30일   ④ 40일

18. 다음은 노인장기요양보험법상 보험 가입에 관한 내용이다. 각 빈칸에 들어갈 말로 적절하지 않은 것은?

> 제35조의5(보험 가입)
> ① 장기요양기관은 종사자가 장기요양급여를 제공하는 과정에서 발생할 수 있는 (㉠) 등 법률상 손해를 배상하는 보험(이하 "전문인 배상책임보험"이라 한다)에 가입할 수 있다.
> ② (㉡)은 장기요양기관이 전문인 배상책임보험에 가입하지 않은 경우 그 기간 동안 제38조에 따라 해당 장기요양기관에 지급하는 장기요양급여비용의 (㉢)를 감액할 수 있다.
> ③ 제2항에 따른 장기요양급여비용의 감액 기준 등에 관하여 필요한 사항은 (㉣)으로 정한다.

① ㉠: 수급자의 상해   ② ㉡: 국민건강보험공단

③ ㉢: 전부   ④ ㉣: 보건복지부령

19. 다음 중 노인장기요양보험법상 장기요양기관 지정 시 결격사유에 해당하지 않는 것은?

① 법인의 대표자가 마약류에 중독된 경우

② 법인의 대표자가 금고 이상의 실형을 선고받고 그 집행이 종료된 날로부터 3년이 경과된 경우

③ 법인의 대표자가 파산선고를 받은 뒤에 복권된 경우

④ 법인의 대표자가 전문의로부터 별도의 인정을 받지 않은 정신질환자인 경우

20. 다음 중 노인장기요양보험법상 장기요양기관의 의무에 대한 설명으로 옳지 않은 것은?

① 장기요양기관은 수급자로부터 장기요양급여신청을 받은 때 입소정원에 여유가 없는 경우 장기요양급여의 제공을 거부할 수 있다.

② 장기요양기관의 장은 장기요양급여를 제공한 수급자의 요청이 있는 경우에만 장기요양급여비용에 대한 명세서를 교부하며, 그러하지 아니한 경우 장기요양급여비용에 대한 명세서를 교부하지 않을 수 있다.

③ 장기요양기관의 장은 장기요양급여 제공에 관한 자료를 기록·관리해야 하며, 장기요양기관의 장 및 그 종사자는 장기요양급여 제공에 관한 자료를 거짓으로 작성해서는 안 된다.

④ 누구든지 영리를 목적으로 금전, 물품, 노무, 향응, 그 밖의 이익을 제공하거나 제공할 것을 약속하는 방법으로 수급자를 장기요양기관에 소개, 알선 또는 유인하는 행위 및 이를 조장하는 행위를 해서는 안 된다.

약점 보완 해설집 p.21

해커스잡

실전모의고사 1회

NCS 직업기초능력

번호					번호				
1	①	②	③	④	21	①	②	③	④
2	①	②	③	④	22	①	②	③	④
3	①	②	③	④	23	①	②	③	④
4	①	②	③	④	24	①	②	③	④
5	①	②	③	④	25	①	②	③	④
6	①	②	③	④	26	①	②	③	④
7	①	②	③	④	27	①	②	③	④
8	①	②	③	④	28	①	②	③	④
9	①	②	③	④	29	①	②	③	④
10	①	②	③	④	30	①	②	③	④
11	①	②	③	④	31	①	②	③	④
12	①	②	③	④	32	①	②	③	④
13	①	②	③	④	33	①	②	③	④
14	①	②	③	④	34	①	②	③	④
15	①	②	③	④	35	①	②	③	④
16	①	②	③	④	36	①	②	③	④
17	①	②	③	④	37	①	②	③	④
18	①	②	③	④	38	①	②	③	④
19	①	②	③	④	39	①	②	③	④
20	①	②	③	④	40	①	②	③	④

직무시험(법률)

번호					번호				
41	①	②	③	④	1	①	②	③	④
42	①	②	③	④	2	①	②	③	④
43	①	②	③	④	3	①	②	③	④
44	①	②	③	④	4	①	②	③	④
45	①	②	③	④	5	①	②	③	④
46	①	②	③	④	6	①	②	③	④
47	①	②	③	④	7	①	②	③	④
48	①	②	③	④	8	①	②	③	④
49	①	②	③	④	9	①	②	③	④
50	①	②	③	④	10	①	②	③	④
51	①	②	③	④	11	①	②	③	④
52	①	②	③	④	12	①	②	③	④
53	①	②	③	④	13	①	②	③	④
54	①	②	③	④	14	①	②	③	④
55	①	②	③	④	15	①	②	③	④
56	①	②	③	④	16	①	②	③	④
57	①	②	③	④	17	①	②	③	④
58	①	②	③	④	18	①	②	③	④
59	①	②	③	④	19	①	②	③	④
60	①	②	③	④	20	①	②	③	④

성명

수험번호

⓪	①	②	③	④	⑤	⑥	⑦	⑧	⑨
⓪	①	②	③	④	⑤	⑥	⑦	⑧	⑨
⓪	①	②	③	④	⑤	⑥	⑦	⑧	⑨
⓪	①	②	③	④	⑤	⑥	⑦	⑧	⑨
⓪	①	②	③	④	⑤	⑥	⑦	⑧	⑨
⓪	①	②	③	④	⑤	⑥	⑦	⑧	⑨

응시분야

감독관 확인

해커스

국민건강보험공단

NCS+법률

FINAL

봉투모의고사

실전모의고사

2회

(NCS+법률)

해커스

실전모의고사
2회
(NCS + 법률)

문제 풀이 시작과 종료 시각을 정한 후, 실전처럼 모의고사를 풀어보세요.

- NCS 직업기초능력   시   분 ~   시   분 (총 60문항/60분)

- 직무시험(법률)   시   분 ~   시   분 (총 20문항/20분)

□ 시험 유의사항

[1] 국민건강보험공단 필기시험은 NCS 직업기초능력을 60분 이내에 풀고 난 뒤 직무시험(법률)을 20분 동안 풀어야 하며, 직렬별 시험 구성은 다음과 같습니다.
- 행정직/건강직/기술직: NCS 직업기초능력(의사소통·수리·문제해결능력) 60문항 + 직무시험(국민건강보험법) 20문항
- 요양직: NCS 직업기초능력(의사소통·수리·문제해결능력) 60문항 + 직무시험(노인장기요양보험법) 20문항
- 전산직: NCS 직업기초능력(의사소통·수리·문제해결·전산개발 기초능력) 50문항 + 직무시험(국민건강보험법) 20문항

[2] 본 실전모의고사는 NCS 직업기초능력 60문항과 국민건강보험법 20문항, 노인장기요양보험법 20문항으로 구성되어 있습니다. 따라서 NCS 직업기초능력 60문항을 풀이하고 난 뒤 지원 직렬에 맞는 직무시험(법률) 20문항을 풀이하시기 바랍니다.

※ 직무시험(법률)은 다음 법령을 토대로 구성되었으므로 실제 시험과 출제 기준이 다를 수 있습니다. 따라서 채용공고를 통해 출제 기준을 확인한 후 실제 시험에 대비하시기 바랍니다.
- 국민건강보험법: 법제처 법률 제20324호, 2024. 2. 20. (2024. 8. 21. 시행법령 기준)
- 노인장기요양보험법: 법제처 법률 제20213호, 2024. 2. 6. (2025. 2. 7. 시행법령 기준)

[3] 본 실전모의고사 마지막 페이지에 있는 OMR 답안지와 해커스ONE 애플리케이션의 학습 타이머를 이용하여 실전처럼 모의고사를 풀어보시기 바랍니다.

[01 – 03] 다음 글을 읽고 각 물음에 답하시오.

(가) 사람의 몸에 자라는 약 500만 개의 털은 모두 일정한 생장기가 지나면 퇴행기를 거쳐 휴지기에 들어가 빠지고 다시 새롭게 나는 성장 주기를 반복한다. 이 중 한 달에 약 1cm씩 자라는 머리카락은 일생 동안 모낭 1개에서 평균 20회 탈모와 새로운 모발 생성 과정을 반복한다. 한국인은 평균 약 100만 가닥의 머리카락을 가지고 있으며 하루에 약 50~100가닥이 자연스럽게 빠진다. ㉠그러나 하루 평균 100가닥 이상이 빠질 경우 의학적 측면에서 탈모의 전조 증상이 시작됐다고 할 수 있다. 일반적으로 사람의 모발은 생장기 모발 85%, 퇴행기 모발 5%, 휴지기 모발 10%가 균형을 이루고 있다고 보는데, 이 균형을 잃었을 때 의학적으로 탈모로 진단받게 된다.

(나) 탈모는 임상적으로 흉터를 동반하는 반흔성 탈모와 흉터가 동반되지 않는 비반흔성 탈모로 구분된다. 루푸스에 의한 탈모, 독발성 모낭염에 의한 탈모, 화상이나 외상에 의한 탈모 등이 포함되는 반흔성 탈모는 탈모 진행 과정에서 모낭 자체가 파괴되어 모발이 재생되지 않는 증상을 말한다. 반면, 비반흔성 탈모는 모낭이 유지되면서 발생하는 탈모로, 증상 부위가 사라진 이후에는 모발이 재생되기도 하며, 안드로겐성 탈모, 원형 탈모, 휴지기 탈모 등이 대표적이다. ㉡유발되는 원인 또한 탈모의 임상적 구분에 영향을 미치므로 발생 원인에 따른 적절한 치료를 위해서는 전문가의 구체적인 진단을 받는 것이 좋다.

(다) 다만, 탈모는 발생 원인에 따라서도 매우 여러 개의 유형으로 분류되는 것이 일반적이다. 발생 유형은 다양하지만, 그중에서도 남성형 탈모와 여성형 탈모의 발생 빈도가 높다. 남성 호르몬인 안드로겐의 영향을 크게 받아 안드로겐 탈모라고도 불리는 남성형 탈모는 20대 후반이나 30대에 모발이 점점 가늘어지며 진행된다. 사람의 털은 남성 호르몬의 영향을 많이 받는데, 남성 호르몬은 신체의 털 성장을 도우면서도 머리카락과 같은 특정 부위의 털은 빠지게 하는 양면성을 갖는다. ㉢남성 호르몬은 남성뿐만 아니라 여성에게서도 분비되며, 수치를 증대시키기 위해서는 체력이 저하되지 않도록 관리하는 것이 중요하다.

(라) 이와 달리 여성형 탈모는 이마 위의 모발선은 유지되면서 머리 중심부의 모발이 가늘어지고 머리숱이 적어지는 증상이 나타난다. 여성은 남성 호르몬인 안드로겐보다 여성 호르몬인 에스트로겐을 월등히 많이 가지고 있어서 탈모의 정도가 남성보다 약하게 나타나기 때문에 남성형 탈모와 같이 이마가 벗겨지거나 대머리가 되는 경우는 흔치 않다. ㉣그러나 출산을 했거나 폐경기의 여성은 에스트로겐 농도가 낮아지기도 하는데, 이 경우 모발의 퇴행기와 휴지기가 동시에 진행되면서 급격한 탈모가 발생하게 된다. 여성의 산후 탈모 증세는 시간이 흐름에 따라 대부분 회복이 되지만 관리 소홀이나 스트레스 등의 영향으로 영구 탈모로 진행될 가능성이 있으므로 빠른 회복을 위한 적절한 관리가 필요하다.

01. 윗글을 읽고 각 문단의 내용을 요약한 것으로 옳지 않은 것은?

　① (가): 모발의 성장 주기와 특성에 따른 탈모 진단의 기준

　② (나): 흉터 동반 여부에 따른 탈모의 구분 및 비교

　③ (다): 남성 호르몬이 남성형 탈모 발생에 미친 영향

　④ (라): 여성 호르몬 분비를 억제할 수 있는 방안

02. 윗글의 내용과 일치하지 않는 것은?

　① 원형 탈모는 탈모가 진행되는 과정에서 모낭이 파괴되기 때문에 모발 재생의 가능성이 희박하다.

　② 한국인의 경우 머리카락이 하루에 대략 50~100가닥이 빠지더라도 탈모가 시작됐다고 보지 않는다.

　③ 안드로겐보다 에스트로겐의 분비량이 많을수록 탈모의 증상 발현 정도가 약하게 나타난다.

　④ 안드로겐 탈모는 20대 후반이나 30대에 모발이 점차 가늘어지는 증상이 나타나며 탈모가 진행된다.

03. 윗글의 논리적 흐름을 고려할 때, ㉠~㉣ 중 삭제되어야 하는 문장은?

　① ㉠　　　　　　　　② ㉡　　　　　　　　③ ㉢　　　　　　　　④ ㉣

[04 – 05] 다음 보도자료를 읽고 각 물음에 답하시오.

☐ 외화보험은 보험료의 납입과 보험금의 지급이 모두 외국통화로 이루어지는 상품으로, 현재 달러·위안화보험이 판매되고 있습니다. 저금리가 장기화됨에 따라 고수익 상품에 투자하고자 하는 심리(환율 상승 기대감)와 보험사의 신규 수익원 창출 유인이 맞물려 외화보험의 판매규모가 증가하고 있습니다. 특히 2017년(3,230억) 대비 2019년(9,690억) 판매액이 3배 가까이 증가하고 2020년 상반기 판매액(7,575억)이 2019년 전체 판매액(9,690억)의 78%에 달하는 등 외화보험의 판매가 가파른 상승세를 보이고 있습니다.

☐ 외화보험은 보험료와 보험금이 원화 환산 시점 환율에 따라 변동되고, 일부 상품의 경우에는 투자대상 해외채권 수익률을 기초로 만기환급금 적립이율이 결정되는 등 상품구조가 복잡합니다. 게다가 환율·금리 변동 시 피해가 고스란히 소비자에게로 전가될 수 있어, 상품 설명 및 판매 시 보험사의 각별한 주의가 필요합니다. 일례로 환율 상승 시 납입 보험료가 증가하고 환율 하락 시 수령 보험금이 감소하며, 해외 금리 하락 시 보험료 적립이율이 낮아져 만기환급금이 감소할 수 있습니다. 그럼에도 일부 보험사에서 환율·금리 변동위험에 대한 설명을 소홀히 하거나, 인터넷 블로그 등에서 외화보험을 환테크 상품으로 소개하는 등의 사례가 발생하고 있습니다.

☐ 이에 금융당국은 향후 금융시장 변동성이 확대될 경우 외화보험 불완전판매에 따른 소비자 피해가 증가할 것으로 판단하여 소비자 피해를 선제적으로 예방하고, 소비자가 관련 상품 특성에 대한 정확한 이해를 기반으로 자신의 가입 목적에 맞는 보험상품을 가입할 수 있도록 소비자 경보(주의 단계)를 발령하고자 합니다. 이에 따라 소비자가 외화보험 가입 시 주의해야 할 핵심사항 4가지는 다음과 같습니다.

> [1] (상품특성) 외화보험은 기본적으로 환테크 상품이 아닙니다.
> 최근 일부 보험설계사의 인터넷 블로그 등에서 외화보험 상품을 환차익을 실현할 수 있는 재테크 수단으로 소개하고 있습니다. 그러나 외화보험은 보험가입자가 미래에 발생할 수 있는 위험에 대비하여 보험료를 납입하고, 추후 보험금을 지급받는 약정으로 보험료의 납입과 보험금의 지급이 외화로 이루어진다는 점 외에는 원화 보험상품과 동일한 성격을 지니고 있습니다. 외화보험은 보험금 지급 시점이 특정되어 있어 계약해지 외에는 환율 변동에 능동적으로 대처할 방안이 없고, 해지 시 환급금액이 원금보다 적을 가능성이 있다는 점을 유념해야 합니다.
>
> [2] (환위험) 환율 변동 시 납입 보험료·만기보험금이 달라짐으로써 피해가 발생할 수 있습니다.
> 외화보험은 보험료 납입과 보험금 지급이 모두 외화로 이루어지므로 당시 환율에 따라 보험료·보험금 원화가치가 달라질 수 있습니다. 특히, 보험기간 중 환율이 상승하면 가입자의 보험료 부담이 확대되고, 보험금 수령시점에 환율이 하락하면 보험금의 원화가치가 하락할 수 있다는 점을 감안해야 합니다.
>
> [3] (금리위험) 해외 금리수준에 따라 만기보험금 등이 변동될 수 있습니다.
> 보험은 향후 발생할 보험금 지급 등에 대비하여 납입되는 보험료 중 일부를 준비금으로 적립하는데, 이때 보험료에 부과하는 적립이율의 구조에 따라 금리연동형과 금리확정형으로 분류됩니다. 외화보험 중 금리연동형 상품은 투자대상 해외채권의 수익률을 반영하여 주기적으로 적립이율이 변동되어 만기보험금의 규모가 달라질 수 있습니다. 외화보험의 보험기간이 장기(5년 또는 10년 이상)임을 고려할 때 향후 지급되는 만기보험금이 현재 예상되는 수준보다 감소할 수 있음을 유념해야 합니다.
>
> [4] (적합성 판단) 65세 이상 고령 고객은 외화보험이 자신에게 적합한 금융상품인지 지정인 등의 도움을 받아 명확하게 판단해야 합니다.
> 65세 이상 고령 고객은 다른 금융소비자 계층에 비해 외화보험의 특성과 위험요인을 이해하는 데 어려움을 겪을 가능성이 높습니다. 이에 현재 시행 중인 '지정인 알림 서비스 제도' 등을 적극 활용하여, 외화보험이 본인에게 적합한 금융상품인지를 지정인 등과 다시 한번 판단할 필요가 있습니다.
>
> ※ 지정인 알림 서비스 제도: 65세 이상 고령 고객이 금융상품 가입 시 본인에게 적합한 금융상품인지 판단할 수 있도록 지정인에게 가입 사실을 안내하는 제도로, 월보험료 5만 원 이하 소액보험은 제외됨

□ 금융당국은 외화보험 판매 증가에 따른 소비자 피해 확산 가능성을 면밀히 점검하여 소비자 보호에 만전을 기할 예정입니다. 외화보험 판매 보험사(설계사 포함)가 금번 소비자 경보발령 내용을 소비자에게 충분히 설명할 수 있도록 지도하는 한편, 현장검사 등을 통해 외화보험 판매과정에서 위법행위가 의심 또는 적발되는 보험사에 대해서는 엄중 제재할 계획입니다.

※ 출처: 금융위원회 보도자료

04. 위 보도자료의 중심 내용으로 가장 적절한 것은?

① 금융당국은 외화보험 판매 증가에 따른 소비자 피해가 증가하지 않도록 위법행위가 적발된 보험사에 대한 처벌을 강화해야 한다.

② 환율 및 금리 변동으로 화폐가치가 변화하여 소비자가 입게 될 피해를 최소화할 수 있는 제도가 마련되어야 한다.

③ 외화보험 판매 시 보험사는 소비자 경보발령 내용을 소비자에게 충분히 설명하고, 소비자는 이를 숙지하여 가입 목적에 맞는 상품에 가입해야 한다.

④ 외화보험에 가입하기 전에 소비자가 상품 적합성을 스스로 판단할 수 있도록 모든 소비자에게 금융교육을 실시해야 한다.

05. 위 보도자료의 내용과 일치하는 것은?

① 지정인 알림 서비스 제도는 모든 금융소비자를 대상으로 외화보험의 적합성 판단 기준을 제시한다.

② 외화보험은 환테크를 위한 상품이 아닐뿐더러 보험금 지급 시점이 지정되어 있어 환율 변동에 취약하다.

③ 금리연동형 외화보험은 투자 해외채권의 고정 수익률을 반영하여 일정 수준의 만기보험금을 보장한다.

④ 2020년 상반기 외화보험 판매건수는 2019년 상반기 대비 약 78% 증가하며 높은 성장세를 보이고 있다.

(가) 빠른 걷기만큼이나 올바르게 걷기도 중요하다. 걷기 자세와 발의 동작, 걸음걸이, 팔 동작 등은 걷는 속도나 에너지 넘치게 걸을 수 있는 능력을 크게 좌우한다. 바른 자세로 걸으면 심호흡이 가능하고 어깨와 목의 긴장을 풀어주며 허리나 골반의 통증을 방지할 수 있다는 점을 기억하고 올바른 자세를 유지해야 한다. 이에 앞서 걷기 전에는 충분한 준비 운동을 하고 걸은 후에는 정리 운동을, 그리고 걷기 시작할 때는 5분 정도 천천히 걷다가 속도를 높이고 걷기를 끝낼 때는 서서히 속도를 늦추는 것이 좋다.

(나) 건강을 지킬 수 있는 대표적인 신체 활동에 해당하는 걷기는 우울증 위험을 감소시키고 수면의 질을 향상시켜 정신 건강의 증진에도 기여하고 인지 기능 향상에도 큰 도움이 된다. 아울러 규칙적인 걷기로 신체 활동량이 늘어나면 성인병 예방과 치료 및 체지방률의 감소에 뛰어난 효과가 있으며, 유방·대장·방광·자궁내막·식도·신장·폐·위암 등 8대 암과 심장병·뇌졸중·치매·당뇨병 등 질환 발병 위험의 감소 효과도 있다.

(다) 이처럼 올바른 걷기 자세를 지키기만 한다면 걷기 운동은 여느 운동처럼 정해진 공간이 아닌, 일상생활 속에서도 충분히 할 수 있다. 가령 버스나 지하철을 이용하는 직장인은 출퇴근 시 한두 정거장 미리 내려서 걷고, 에스컬레이터보다는 계단을 이용하면 충분하다. 마찬가지로 아파트에서도 엘리베이터보다는 계단을 이용하면 된다. 또한 마트에서 장을 볼 때도 30분 이내의 거리는 가능한 한 걸어서 이동하며, 점심시간 동안 주 1~2회 주변의 산책로를 걷거나 가까운 산에 오르는 것도 좋다.

(라) 걷기는 특별한 장비나 경제적인 비용 없이 누구나 할 수 있는 '가장 안전한' 유산소 운동이다. 또한 운동을 처음 시작하는 사람은 물론 노약자, 임산부 그리고 건강이 좋지 않은 사람 등 거의 모든 이들이 할 수 있는 운동이다. 특히 걷기는 충분한 운동을 하기 어려울 때에도 누구든지, 언제, 어디서나 일상생활 속에서 실천할 수 있는 신체 활동이다.

(마) 이에 보건복지부와 한국건강증진개발원은 국민들이 정신적·신체적 건강을 지키는 신체 활동을 꾸준히 할 수 있도록 '한국인을 위한 걷기 지침'을 마련하여 공개했다. 먼저 성인에게 필요한 걷기양은 1주일에 최소 빠르게 걷기 150분을 권장하며, 이때의 활동은 중강도 수준으로 걸으면서 대화는 가능하나 노래는 어려운 상태다. 혹은 걸으면서 대화가 불가능한 수준인 고강도 신체 활동의 매우 빠르게 걷기 75분을 권장하는데, 빠르게 걷기와 매우 빠르게 걷기를 혼합할 경우 매우 빠르게 걷기 1분이 빠르게 걷기 2분임을 인지하고 걸으면 된다.

※ 출처: 대한민국 정책브리핑

06. 윗글을 논리적 순서대로 알맞게 배열한 것은?

① (나) - (라) - (다) - (마) - (가)

② (나) - (마) - (라) - (가) - (다)

③ (라) - (나) - (마) - (가) - (다)

④ (라) - (다) - (나) - (마) - (가)

07. 윗글의 내용과 일치하는 것은?

① 걷기는 대부분의 사람이 쉽게 시작할 수 있는 운동이지만 노약자는 관절에 무리가 갈 수 있으므로 지양해야 한다.

② 심호흡을 하며 어깨와 목의 긴장을 유지하면서 올바른 자세로 걸으면 허리나 골반의 통증을 방지할 수 있다.

③ 성인에게 필요한 걷기양은 대화나 노래를 하기 어려운 수준으로 1주일에 빠르게 걷기 150분 이상을 권장한다.

④ 걷기가 수면의 질에 미치는 효과는 정신 건강과 인지 기능에도 긍정적인 영향을 준다.

(가) 다낭성 난소 증후군이란 혈중 황체 자극 호르몬이 비정상적으로 높아지거나 정상 범위의 난포자극호르몬이 분비됨에 따라 발생하는 내분비계 질환이다. 유럽·미국 생식 내분비학회 연합에서는 무월경과 희발월경으로 나타나는 무배란, 임상적 고안드로젠 혈증이나 생화학적 고안드로젠 혈증, 커진 난소의 가장자리를 따라 10여 개의 작은 난포가 염주 모양으로 발생한 상태, 이 세 가지 양상 중 두 가지 이상의 증상이 확인되면 다낭성 난소 증후군으로 진단하고 있다. 발생 원인은 명확하게 밝혀지지 않았으나, 일반적으로 가임기 여성에게서 흔하게 나타나고 발병률은 5~10%가량이다.

(나) 다낭성 난소 증후군 환자의 60~85% 정도는 배란 장애를 겪는데, 희발배란과 무배란이 대다수이고 일부는 기능성 자궁 출혈이 나타나기도 한다. 한편, 남성 호르몬인 안드로젠이 과다하게 분비될 경우 젊은 여성에게서는 다모증이나 여드름이 발현될 수 있으며, 이보다 나이가 있는 여성에게서는 탈모증 등이 유발되기도 한다. 그중 다모증은 가장 흔하지만, 인종 간 발현 빈도에 차이가 있어 우리나라를 포함하여 동양인은 다른 인종에 비해 발생 빈도가 매우 낮은 편이다.

(다) 다낭성 난소 증후군의 치료는 환자에게 나타난 증상에 따라 비수술적 치료 또는 수술적 치료를 시행하게 되며 생리불순, 자궁내막증식증 및 자궁내막암 발생 위험, 불임, 제2형 당뇨의 발생 위험 등을 고려하여 알맞은 치료법을 결정하게 된다. 비수술적 치료를 진행할 경우 가장 먼저 체중 감량이 요구된다. 전체 체중의 약 2~5%만 줄어들어도 대사와 생식 기능이 빠르게 호전되기 때문이다.

(라) 수술적 치료로는 전기소작술, 레이저 기화술, 복강경 토대의 난소 절제, 난소 천공술 등이 행해진다. 수술하고 나면 항체 형성 호르몬 농도가 정상 수치로 되돌아오며, 안드로젠 수치와 인슐린 저항성도 낮아지는 효과를 볼 수 있다. 특히 수술적 치료는 배란유도제인 클로미펜으로 치료 효과를 보지 못하는 환자의 2차 치료로써 권고된다. 수술하고 난 뒤의 1년 내 임신율은 50~80%이며, 난자의 질과 자궁내막의 감수성이 증대되어 임신 이후 자연 유산율이 낮아질 수 있다. 다만, 합병증 발생 가능성도 있는데, 자궁 부속기의 유착, 난소 예비력 손상 등의 증상이 나타날 수 있다.

08. 윗글을 통해 추론한 내용으로 가장 적절하지 않은 것은?

① 다낭성 난소 증후군 환자 중 클로미펜의 치료 효과가 미미할 경우 수술적 치료가 행해질 수 있다.

② 다낭성 난소 증후군 증상으로 나타나는 다모증은 서양인보다 동양인에게서 더 자주 발생한다.

③ 무배란과 생화학적 고안드로젠 혈증이 모두 확인된 환자의 경우 다낭성 난소 증후군으로 진단될 수 있다.

④ 레이저 기화술을 받은 다낭성 증후군 환자는 안드로젠 수치가 낮아질 수 있다.

09. 윗글의 내용과 일치하지 않는 것은?

① 체중 감량은 다낭성 난소 증후군에 대한 비수술적 치료 시 가장 먼저 행해지는 방법이다.

② 다낭성 난소 증후군은 100명 중 5~10명꼴로 나타나며, 가임기 여성의 발병이 흔한 편이다.

③ 자궁 부속기 유착, 난소 예비력 손상 증상은 다낭성 난소 증후군의 수술적 치료로 인한 합병증이다.

④ 다낭성 난소 증후군이 나타난 환자의 대부분은 기능성 자궁 출혈 증상을 겪게 된다.

10. 윗글의 논리적 흐름을 고려할 때, 〈보기〉가 들어갈 위치로 적절한 것은?

〈보기〉

　그뿐 아니라 경구 피임약을 통해 혈중 호르몬 이상을 교정하거나 다모증 치료 시 미용적인 방법을 활용하기도 한다. 다만, 내과적인 치료는 반응이 빠르지 않아 즉각적인 치료 효과를 보기는 어렵다.

① (가)문단 뒤　　　　② (나)문단 뒤　　　　③ (다)문단 뒤　　　　④ (라)문단 뒤

[11 – 13] 다음 보도자료를 읽고 각 물음에 답하시오.

보건복지부는 「재난적 의료비 지원에 관한 법률」 제7조에 따라 '재난적 의료비 지원 정책심의위원회'를 개최했다고 밝혔다. 서면으로 진행된 회의에는 보건복지부, 건강보험공단, 의료계, 환자·소비자단체, 사회복지 전문가, 공익대표 등 위원 총 13명이 전원 참여했다. 이번 위원회에서는 저소득층 등의 의료 안전망을 강화하기 위해 재난적 의료비 신청이 가능한 의료비 본인부담 기준금액 인하, 기초생활수급자·차상위계층의 입원 중 지원 신청 기한 완화, 희소·긴급 의료 기기 비용에 대한 지원 등을 의결했다.

재난적 의료비 지원 대상자는 기준 중위소득 100% 이하를 중심으로 지원 대상자가 속한 가구의 재산합산액이 5억 4000만 원 미만이어야 한다. 지원 대상 질환은 입원의 경우 모든 질환이 해당되며, 외래는 암, 뇌혈관 질환, 희귀 질환, 중증 난치 질환, 중증 화상 질환을 포함하는 중증 질환이 대상이 된다. 이번 재난적 의료비 지원은 예비급여, 선별급여 등 본인부담 상한제 적용을 받지 않는 항목이 지원 범위에 포함되며, 비급여 항목도 해당되나 미용이나 성형, 특실 및 1인실 이용료, 도수 치료 등은 제외된다. 또한, 현재 입원 중인 환자가 지원을 신청할 경우 현행 퇴원 7일 전까지 신청해야 하는 기한을 퇴원 3일 전까지로 완화하였다. 이달부터는 희귀·난치 질환 치료에 필수적이나 지원 범위에서 제외되었던 혈관용 스텐트, 카테터 삽입기 등 희소·긴급 의료기기 구입비가 지원 범위에 포함된다.

또한, 지원 대상자 선정 기준인 의료비 부담 기준금액을 인하해 의료 안전망 역할을 더욱 강화할 예정이다. 질병이나 부상 등으로 인한 치료 및 재활 과정에서 연 소득의 15% 수준의 과도한 의료비가 발생할 경우 의료비 본인부담금의 50%를 연간 3,000만 원 이내로 지원할 예정이다. (   ) 기초생활수급자와 차상위계층의 경우에는 재난적 의료비를 지원받을 수 있는 기준이 변경되었다. 기초생활수급자의 경우 기존 치료를 위해 본인이 부담해야 하는 의료비가 100만 원을 초과해야 의료비 지원을 받을 수 있었던 것에서 80만 원만 초과하면 의료비 지원을 받을 수 있도록 기준이 변경되었으며, 기준 중위소득 50% 이하의 차상위계층도 의료비 본인부담금이 이전에는 200만 원을 초과해야 했던 것에서 160만 원 초과로 그 기준이 변경되었다.

재난적 의료비 신청을 희망하는 환자 또는 대리인은 환자의 퇴원일 및 최종 진료일의 다음 날부터 180일 이내에 국민건강보험공단 지사에 직접 방문하여 지급 신청을 해야 한다. 부득이한 경우 우편 접수도 가능하지만, 온라인 신청은 불가능하다. 또한 입원 중 지원 대상 기준을 충족할 경우 치료를 담당하고 있는 의료기관이 대신하여 신청할 수 있는데, 이때는 환자의 퇴원일 7일 전까지 지급 및 지원 대상자 확인 신청을 해야 한다. 다만, 민간보험 가입자나 사망자, 개별 심사 대상자는 입원 중 신청이 불가능하다. 신청 시 구비해야 하는 신분증을 첨부한 재난적 의료비 지급 신청서, 가족관계증명서는 각각 관련 기관에서 발급받아야 하며, 진단서 및 입·퇴원 확인서, 진료비 계산서 영수증, 진료비 영수증에 대한 전체 세부 내역서 등은 진료 중인 병원에 문의하여 도움받을 수 있다.

한편, 보건복지부 관계자는 "이번 의료비 지원 기준 인하 등의 재난적 의료비 지원 확대를 통해 의료 안전망을 더욱 촘촘히 해 힘든 시기 국민들의 갑작스러운 의료비 부담을 덜어줄 수 있도록 정부도 계속 노력하겠다."라고 밝혔다.

※ 출처: 보건복지부 보도자료

11. 위 보도자료를 읽고 이해한 내용으로 가장 적절한 것은?

① 중증 질환에 해당하지 않더라도 외래 진료를 받을 경우 재난적 의료비 지원 사업의 혜택을 받을 수 있다.

② 중증 질환자의 특실 이용이나 입원 중 받는 도수 치료는 재난적 의료비 지원 항목에서 제외된다.

③ 재난적 의료비 신청은 국민건강보험공단 지사에 직접 방문해 신청하는 것이 원칙이지만, 부득이한 경우에 한해 온라인으로 신청할 수 있다.

④ 기초생활수급자에 해당하는 사람의 경우 본인부담 의료비가 100만 원을 초과해야 재난적 의료비 지원을 받을 수 있다.

12. 위 보도자료의 빈칸에 들어갈 단어로 가장 적절한 것은?

① 그뿐 아니라   ② 그리하여   ③ 그런데   ④ 이를테면

13. 국민건강보험공단에서 근무하는 이 사원은 위의 보도자료를 토대로 재난적 의료비 지원 사업 시행에 대한 안내문을 작성한 후 상사에게 검토를 요청하였다. 이 사원이 작성한 안내문이 다음과 같을 때, 상사가 이 사원에게 전달할 피드백으로 가장 적절하지 않은 것은?

[재난적 의료비 지원 사업 시행 안내]

1. **재난적 의료비 지원**
   – 과도한 의료비 지출로 경제적 어려움을 겪는 가구의 의료비 부담 완화를 위해 「재난적 의료비 지원에 관한 법률」에 근거를 두고 의료비를 지원함으로써 의료 안전망을 강화하고자 함

2. **지원 대상**
   – 질환, 소득, 재산, 의료비 부담 수준 기준이 충족된 자
   ① 대상 질환: (입원) 모든 질환, (외래) 중증 질환
      ※ 중증 질환: 암, 뇌혈관 질환, 희귀 질환, 중증 난치 질환, 중증 화상 질환
   ② 소득 기준: 기준 중위소득 100% 이하 대상
   ③ 재산 기준: 지원 대상자가 속한 가구의 재산합산액이 5억 4천만 원 미만
   ④ 의료비 기준: 연 소득 대비 의료비 부담액이 15% 초과 시 의료비 본인부담금의 50%를 지원(연간 3,000만 원 이내)
      ※ 1) 기초생활수급자 지원 기준: 본인부담 의료비 80만 원 초과 시
         2) 차상위계층(중위소득 50% 이하 가구) 지원 기준: 본인부담 의료비 160만 원 초과 시
   ⑤ 제출 서류: 재난적 의료비 지급 신청서(신분증 첨부), 가족관계증명서, 진단서 및 입·퇴원 확인서, 진료비 계산서 영수증, 진료비 영수증에 대한 전체 세부 내역서 등

3. **지원 방법 및 제출 서류**
   – 퇴원일 및 최종 진료일의 다음 날부터 180일 이내에 환자, 대리인 등이 국민건강보험공단 지사에 직접 방문하여 신청 가능(단, 부득이한 경우에 한해 우편으로 접수할 수 있지만, 온라인 신청은 불가능함)
   – 다만, 입원 중인 사람을 대신하여 환자가 치료 중에 있는 의료기관이 신청할 수 있으며, 이 경우에는 퇴원 3일 전까지 지급 및 지원 대상자 확인 신청 가능

4. **지원 범위**
   – 예비급여, 선별급여 등 본인부담 상한제 적용을 받지 않는 항목 및 비급여 항목 포함
      ※ 일부 항목은 재난적 의료비 지원에서 제외됨

---

① '지원 대상' 항목과 관련 없는 내용이 포함되어 있으므로 '제출 서류'는 '지원 방법 및 제출 서류'의 하위 내용으로 분류해 주세요.

② '지원 범위' 항목에 재난적 의료비 지원이 되지 않는 사항이 누락되어 있으므로 혈관용 스텐트, 카테터 삽입기 등 희소·긴급 의료기기 구입비는 재난적 의료비로 지원받을 수 없음을 명시해 주세요.

③ 각 항목은 하위 내용을 포괄할 수 있어야 하므로 재난적 의료비 지원 사업의 시행 목적이 드러나 있는 '재난적 의료비 지원' 항목은 '재난적 의료비 지원 사업 시행 목적'으로 수정해 주세요.

④ '지원 방법 및 제출 서류' 항목에 틀린 내용이 있으므로 입원 중인 사람을 대신하여 환자가 치료 중에 있는 의료기관이 신청할 경우 퇴원 7일 전까지 지급 및 지원 대상자 확인 신청이 가능하다고 고쳐 주세요.

[14 – 15] 다음 글을 읽고 각 물음에 답하시오.

라임병은 숲이나 덤불 등에서 서식하는 진드기가 옮기는 세균성 감염증을 말한다. 일반적으로 진드기는 사슴 또는 작은 설치류의 몸에 붙어 다니는데, 그중 보렐리아(Borrelia)균에 감염되어 있는 진드기가 사람을 물면 라임병에 걸리게 된다. 이 병은 1976년 미국 코네티컷주 라임에서 집단 발병하게 된 사례로 인해 '라임병'이라고 불리게 되었는데, 날씨가 따뜻할 때 잘 발현된다는 특징이 있으며 북아메리카지역과 유럽에서 흔하게 나타난다.

임상 경과는 3단계로 나누어 볼 수 있다. 먼저 감염 초기 국소 부위에만 감염되었을 때는 물린 부위에 황소 눈처럼 가장자리가 붉고 가운데는 연한 모양으로 나타나는 이동 홍반을 확인할 수 있다. 피부는 붉어지거나 튀어나온 양상을 띠게 된다. 여드름과 흡사하기도 하여 처음 증상이 나타났을 때 방치하는 사람들이 많은데, 감염 후 수일에서 수주가 지난 후에는 보렐리아균이 혈액을 타고 여러 곳으로 퍼지는 파종성 감염이 이루어진다. 이 경우 피부 병변의 개수도 늘어나고 심한 두통, 경부강직, 발열, 오한 등의 증상이 나타난다. 근육통과 관절통이 가장 흔하며, 전신의 림프절 또는 비장이 커지거나 인후통, 마른기침, 결막염 등이 나타나기도 한다. 일부는 보렐리아균이 신경계를 침범하여 뇌수막염, 뇌염과 질환을 유발하기도 하고, 심장을 침범하게 되면 부정맥이 발생할 수도 있다. 감염 이후 수개월이 지나게 되면 근골격계 증상과 통증이 주가 되는데, 무릎 관절과 같이 크기가 큰 관절이 감염되어 관절염이 나타날 수 있다. 이외에도 기억장애, 수면장애 등을 유발할 수 있으며, 척수근의 통증을 일으키기도 한다.

치료에는 항생제가 효과적이기 때문에 어른에게는 주로 테트라시클린을 처방하고, 어린이에게는 페니실린을 사용한다. 감염 초기에 라임병으로 진단받았다면 대부분 완전히 회복되지만, 어떤 약제를 쓰더라도 치료에 실패할 수도 있다. 특히 다른 질환과 함께 발병하거나 면역이 저하된 환자라면 합병증이 발생할 가능성도 있다. 그 경우 항생제를 활용하여 치료했더라도 피곤감, 근골격계 통증, 신경계 증상이 수년 동안 지속적으로 나타날 수 있으며, 드물긴 하지만 사망에 이르는 경우도 있다. 예방접종 등을 통해 방지할 수 있는 질병이 아니므로 사실상 진드기에게 물리지 않도록 개인이 주의하는 방법을 최선으로 볼 수 있다. 진드기가 많이 서식하는 지역을 가지 않는 것이 좋겠지만, 숲이나 덤불 등을 지날 때는 방충제를 사용하거나 진드기가 피부에 닿거나 침투하지 못하도록 소매가 긴 셔츠를 입고 긴 바지를 양말 안에 넣어 입어야 한다.

14. 윗글의 중심 내용으로 가장 적절한 것은?

① 진드기의 보렐리아균은 성인에게는 치명적이지 않으나 어린이에게는 장애 등 후유증이 유발될 수 있으므로 각별히 주의해야 한다.

② 북아메리카와 유럽 등지에서 흔히 나타나는 라임병은 항생제로 모두 치료 가능하여 크게 걱정하지 않아도 된다.

③ 라임병은 진행 정도에 따라 치명적인 질병이 되기도 하므로 감염 초기 빠르게 진단받는 것이 무엇보다 중요하다.

④ 보렐리아균에 감염된 진드기에 물려 걸리는 라임병은 사전 예방이 어려운 질병이므로 숲이나 덤불을 지날 때 개인 수칙을 잘 지켜야 한다.

15. 윗글의 내용과 일치하지 않는 것은?

① 보렐리아균은 사람의 신경계에 침입하거나 심장까지 침투할 수도 있다.

② 미국 코네티컷주의 라임에서 집단 발병이 나타난 이후 라임병이라 명명되었다.

③ 라임병 환자가 어린이일 경우 항생제로 테트라시클린을 처방하는 것이 일반적이다.

④ 면역력이 저하되어 있는 환자가 라임병에 걸리면 합병증이 나타날 수도 있다.

[16 – 18] 다음 글을 읽고 각 물음에 답하시오.

신체의 면역 반응 중 후천 면역은 면역 기억이라는 독특한 특징을 갖는다. 후천 면역은 과거에 인체에 침투했던 병원균에 대한 정보를 기억했다가 미래에 동일한 병원균에 의해 감염될 경우 기억 작용을 통해 면역 반응을 끌어낼 수 있다. 이처럼 질병 예방에 탁월한 도움이 되는 기억 작용은 티 림프구와 비 림프구에서 일어나는데, 림프구의 기억 작용을 활용하여 인공적으로 면역력을 향상시키는 항원을 '백신(Vaccine)'이라고 한다.

사(死)백신은 기본적으로 질병의 원인인 병원균을 배양하여 채취한 뒤, 포르말린 등의 약품으로 병원균을 죽이거나 불활성화한 비병원성 항원을 주입한다. 불활성화 백신이라고도 불리는 사백신은 질병을 유발하는 병원균을 없애되 항원의 특성을 유지하여 만든 백신이기 때문에 증식의 위험이 없어서 안전성이 높고 부작용이 적다는 장점이 있다. 그러나 개발하는 데 생산비가 많이 들 뿐만 아니라 면역의 지속기간이 짧아서 효과가 지속되기 위해서는 추가 접종이 필요하다.

병원균을 죽이는 사백신과 달리 생(生)백신은 인체에 문제가 되지 않을 정도로 병원균의 독성을 약하게 만든 백신을 말하는데, 접종 시 면역 반응을 유발하기 위해 항원을 지니고 살아 있는 세균이나 바이러스의 부유액을 대상에게 주입한다. 생백신은 사백신에 비해 생산비가 저렴하고 지속기간이 길며, 소량으로도 면역 능력을 형성할 수 있어 효과가 뛰어나다. 이외에도 병원균 자체가 아닌 병을 직접적으로 일으키는 독소를 비활성화하여 만든 톡소이드 백신, 예방하고자 하는 목표 병원균과 비슷하거나 병원성이 낮은 병원균을 이용한 이종 백신 등 다양한 백신 개발방법이 있다.

백신을 개발하려면 병원균이 세포 속에서 작용하는 메커니즘을 필수적으로 알아야 하며, 과학 이론을 실제 상황에 적용하는 과정에서도 엄청난 돈과 시간, 노력을 필요로 한다. 또한, 백신이 완성된 이후에도 반복적인 임상 시험을 통해 백신이 실제로 효과가 있다는 사실을 증명해야 한다. 다시 말해 하나의 백신을 개발하기 위해서는 막대한 자원과 수많은 사람의 노력이 요구된다. (   ) 병원균이 변이하여 힘들게 만든 백신이 쓸모없게 되는 경우도 있고, 부작용으로 인해 상용되지 못하는 경우도 많다.

결국 효율적인 백신 개발을 위해서는 개발 과정을 단축할 수 있는 방법을 찾아내야 한다. 이를 위해 오늘날 백신의 제조에는 유전공학적 수단이 적극적으로 활용되고 있다. 실제로 병원균 내부에 감염을 예방할 수 있는 DNA를 인공적으로 주입하여 생백신으로 이용하는 방법 등에 대한 연구가 활발하게 진행되고 있다. 추가로 병원균이 언제 어떻게 변이할지 알 수 없기 때문에 우리 몸의 항원에 대한 면역 기억이 어떠한 구조로 실현되는 것인지에 관한 연구도 시행되어야 한다.

16. 윗글을 통해 추론한 내용으로 가장 적절하지 않은 것은?

① 백신이 완성된 이후의 임상 시험은 백신의 실효성을 입증하려는 목적으로 진행되기도 한다.

② 포르말린과 같은 약품으로 질병의 원인으로 여겨지는 병원균을 죽이거나 불활성화할 수 있다.

③ 병원균에 DNA를 인공적으로 주입하여 사백신으로 활용하는 방법에 대한 연구가 추진되고 있다.

④ 항원을 가지고 살아 있는 바이러스의 부유액을 대상에게 주입하여 면역 반응을 일으키기도 한다.

17. 윗글의 빈칸에 들어갈 단어로 가장 적절한 것은?

① 그럼에도   ② 그래서   ③ 게다가   ④ 그러면

18. 윗글의 내용과 일치하는 것은?

① 신체의 항원에 대한 심층적인 연구를 통해 병원균의 변이 시기를 예측할 수 있는 방안이 마련되었다.

② 백신은 티 림프구와 비 림프구의 기억 작용을 이용하여 인위적으로 면역력을 높이는 항원을 의미한다.

③ 불활성화 백신은 항원의 특성을 제거하여 증식의 위험이 없기 때문에 부작용이 적다는 특징을 갖는다.

④ 예방하려는 목표 병원균과 유사하거나 병원성이 낮은 병원균으로 개발하는 백신은 톡소이드 백신이다.

[19 – 20] 다음 글을 읽고 각 물음에 답하시오.

(가) 먼지만큼 작은 칼슘 부스러기인 이석은 본래 전정 기관 중 난형낭이라는 곳에 위치한다. 그러나 각종 원인에 의해 이석이 제 위치를 벗어나 몸의 방향과 평형을 느끼게 하는 반고리관으로 잘못 들어가서, 반고리관 내부의 액체를 타고 떠다니거나 잘못 붙으면 몸의 자세를 느끼는 신경을 지나치게 자극하게 된다. ㉠이로 인해 몸을 움직이거나 고개를 돌릴 때 심한 어지럼증이 유발되는 이석증이 발생한다. 이석증의 정식 명칭은 양성 발작성 체위성 현훈으로, 특정한 체위를 취했을 때 환자의 의지와 관계없이 안구가 떨려서 초점을 유지할 수 없는 안진이 나타나는지 관찰하는 체위 안진 검사로 진단한다.

(나) 이석증은 머리의 움직임과 크게 관련되어 있어서 대개 아침에 일어나거나 돌아누울 때, 천장을 보거나 바닥을 볼 때 회전성 어지럼증과 평형 장애를 갑자기 느끼게 되는 경우가 많으며, 구토, 두통, 식은땀, 가슴 두근거림 등의 증상이 동반된다. ㉡이때 어지럼증은 경미한 정도부터 공포를 느끼게 하는 정도까지 다양하게 나타나며, 어지럼증이 나는 동안에는 균형을 잡기 힘들어 쓰러지거나 일어나지 못하기도 한다. 어지럼증은 일반적으로 1분 이내로 짧게 지속되고 가만히 있으면 빠른 시간 내에 증상이 사라지지만, 어지럼증이 멎은 이후에도 머리가 아프고 울렁거리는 느낌과 구역질이 오랫동안 지속될 수 있다.

(다) 이석증은 그 원인을 파악할 수 없는 환자가 가장 많으며, 두부 외상, 전정 신경염, 귀 수술, 비이과적 수술, 과도한 스트레스 등이 원인으로 작용하는 것으로 분석된다. 원인을 파악할 수 없는 환자는 60대가 가장 많고, 감염은 40~50대가 많으며 외상은 20~60대에 분포되어 있다. ㉢이석증은 40대 이상의 여성에게서 가장 많이 발생하는 것으로 알려져 있다. 이는 노화 과정에서 내이의 허혈(虛血)로 인해 이석이 불완전하게 만들어지기 쉽고, 이석 기관의 퇴행성 변화로 유동성 석회화 물질이 생기기 쉽기 때문인 것으로 추정된다.

(라) 이석증은 대부분 별도의 치료 없이도 수주 내에 증상이 호전되지만, 환자의 불편이 상당히 심하며 빠르게 진단과 치료를 받으면 증상이 곧장 완화되기 때문에 조기 치료가 권장된다. 보편적으로 이석증은 환자의 고개 위치를 바꿔가며 이석을 원위치로 이동시키는 이석 치환술이라는 물리치료를 통해 치료하며, 1~2회 시행으로 70~90%가 치료되지만 상황에 따라 3번 이상 치료를 반복하고, 증상이 심하면 약물 치료를 병행하기도 한다. ㉣이때 60대 이상의 환자에게는 청력 검사나, 영상의학 검사 등을 시행하여 원인을 정확하게 파악한 후 치료법을 결정하게 된다. 증상을 유발하는 반고리관의 위치에 따라 이석 치환술의 방법이 상이하여 병원을 방문하지 않고 환자가 임의로 머리를 흔들면 증상이 더 악화될 수 있으므로 이석증 증상이 나타난다면 의사와 상담을 통해 조치를 취해야 한다.

19. 윗글을 읽고 각 문단의 내용을 요약한 것으로 적절하지 않은 것은?

① (가): 이석의 부유로 발생하는 이석증의 진단 방법

② (나): 이석증의 증상 중 주되게 나타나는 어지럼증의 특성

③ (다): 이석증의 발병 원인에 따라 증상을 완화시키는 방법

④ (라): 이석증의 치료법과 치료 시 주의사항

20. 윗글의 논리적 흐름을 고려할 때, ㉠~㉣ 중 삭제되어야 하는 문장은?

① ㉠   ② ㉡   ③ ㉢   ④ ㉣

[21 - 23] 다음은 K 국의 연도별 매출액 1~10위 건강기능식품에 대한 자료이다. 각 물음에 답하시오.

[연도별 매출액 1~10위 건강기능식품]

(단위: 억 원)

구분	2020년		2021년		2022년		2023년	
	식품	매출액	식품	매출액	식품	매출액	식품	매출액
1위	홍삼	6,943	홍삼	9,900	홍삼	10,358	홍삼	11,096
2위	개별인정제품	3,195	개별인정제품	2,357	개별인정제품	2,450	개별인정제품	3,226
3위	비타민 및 무기질	2,079	프로바이오틱스	1,903	비타민 및 무기질	2,259	프로바이오틱스	2,994
4위	프로바이오틱스	1,579	비타민 및 무기질	1,843	프로바이오틱스	2,174	비타민 및 무기질	2,484
5위	밀크씨슬 추출물	(가)	밀크씨슬 추출물	1,095	밀크씨슬 추출물	1,042	밀크씨슬 추출물	823
6위	알로에	560	EPA 및 DHA 함유 유지	698	EPA 및 DHA 함유 유지	(나)	EPA 및 DHA 함유 유지	755
7위	EPA 및 DHA 함유 유지	485	알로에	475	알로에	527	마리골드꽃 추출물	478
8위	인삼	307	인삼	351	루테인	357	알로에	423
9위	가르시니아 캄보지아 추출물	275	루테인	309	가르시니아 캄보지아 추출물	293	식이섬유	205
10위	식이섬유	261	식이섬유	274	식이섬유	207	가르시니아 캄보지아 추출물	175

21. 다음 제시된 조건을 모두 고려하였을 때, (가), (나)를 바르게 연결한 것은?

> • 2021년 밀크씨슬추출물의 매출액은 전년 대비 46% 증가하였다.
> • 제시된 기간 동안 연도별 EPA 및 DHA 함유 유지 매출액의 평균은 2022년 EPA 및 DHA 함유 유지 매출액과 같다.

	(가)	(나)
①	730	646
②	730	671
③	750	646
④	750	671

22. 다음 중 자료에 대한 설명으로 옳은 것은?

① 제시된 기간 동안 개별인정제품 매출액과 가르시니아 캄보지아추출물 매출액의 전년 대비 증감 추이는 매년 서로 동일하다.

② 2021년 홍삼 매출액 대비 인삼 매출액 비율은 전년 대비 증가하였다.

③ 홍삼 매출액이 처음으로 10,000억 원을 넘은 해에 홍삼과 비타민 및 무기질의 매출액 차이는 8,199억 원이다.

④ 제시된 기간 동안 비타민 및 무기질 매출액의 총합이 프로바이오틱스 매출액의 총합보다 크다.

23. 2021년 가르시니아 캄보지아추출물 매출액이 전년 대비 24% 감소하였다면, 제시된 기간 동안 연도별 가르시니아 캄보지아추출물 매출액의 평균은?

① 217억 원　　　　② 223억 원　　　　③ 238억 원　　　　④ 245억 원

[24 – 25] 다음은 A 국의 연령대별 장애인 구직자 및 취업자 수에 대한 자료이다. 각 물음에 답하시오.

[연령대별 장애인 구직자 및 취업자 수]

(단위: 명)

구분		1분기		2분기		3분기		4분기	
		구직자 수	취업자 수	구직자 수	취업자 수	구직자 수	취업자 수	구직자 수	취업자 수
2022년	15~19세	931	332	675	570	650	315	768	409
	20대	3,868	1,694	3,289	2,096	3,359	1,964	3,743	2,281
	30대	2,810	1,169	2,338	1,359	2,566	1,299	2,805	1,465
	40대	2,904	1,215	2,292	1,237	2,587	1,267	3,015	1,344
	50대	3,085	1,298	2,450	1,334	2,826	1,321	3,314	1,402
	60세 이상	2,547	1,186	1,892	1,601	2,362	1,586	2,856	1,575
2023년	15~19세	1,033	524	656	530	881	412	820	612
	20대	4,202	2,180	3,785	2,343	3,634	2,465	3,730	2,806
	30대	2,945	1,536	2,692	1,590	2,634	1,534	2,690	1,621
	40대	3,046	1,585	2,735	1,496	2,678	1,360	2,765	1,516
	50대	3,568	1,840	3,016	1,698	3,090	1,572	3,333	1,576
	60세 이상	3,200	1,634	2,687	1,776	2,600	1,671	3,016	1,602

※ 1) 취업률(%) = (취업자 수 / 구직자 수) × 100
2) 15세 미만의 장애인 구직자 및 취업자는 없음

24. 다음 중 자료에 대한 설명으로 옳은 것은?

① 2022년 4분기 장애인 전체 취업자 수는 총 8,476명이다.

② 2022년과 2023년 50대 이상 장애인의 구직자 수가 가장 많은 분기는 동일하다.

③ 2023년 3분기 40대 장애인의 취업률은 전년 동분기 40대 장애인의 취업률보다 낮다.

④ 2023년 2분기 연령대별 장애인 구직자 수는 전년 동분기 대비 모든 연령대에서 증가하였다.

25. 다음 중 제시된 자료를 바탕으로 만든 그래프로 옳지 않은 것은?

① [2022년 20대 이하 장애인의 취업자 수]

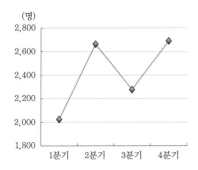

② [2023년 40대 장애인 구직자 수의 전년 동분기 대비 증감량]

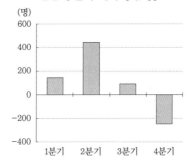

③ [2022년 2분기 연령대별 장애인 취업자 수]

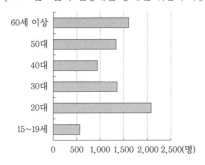

④ [2023년 30대 장애인의 취업률]

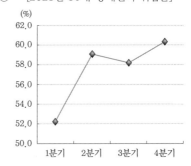

[26 – 28] 다음은 Q 지역의 성 및 연령대별 고용 형태에 따른 비중에 대한 자료이다. 각 물음에 답하시오.

[성 및 연령대별 고용 형태 비중]

(단위: %)

구분		2022년			2023년		
		정규직	무기계약직	계약직	정규직	무기계약직	계약직
전체		94.7	1.6	3.7	91.8	3.6	4.6
성	남성	94.9	1.8	3.3	91.7	4.0	4.3
	여성	94.3	1.3	4.4	92.0	3.0	5.0
연령대	20대	94.4	1.7	3.9	92.1	4.0	3.9
	30대	96.1	1.2	2.7	93.1	3.4	3.5
	40대	95.2	1.9	2.9	91.9	3.7	4.4
	50대	91.5	1.2	7.3	90.1	2.7	7.2
	60대 이상	77.8	6.7	15.5	60.1	9.6	30.3

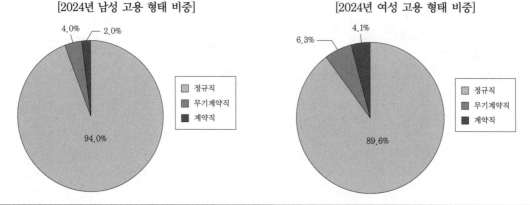

[2024년 남성 고용 형태 비중]

4.0% 2.0%
94.0%
정규직
무기계약직
계약직

[2024년 여성 고용 형태 비중]

6.3% 4.1%
89.6%
정규직
무기계약직
계약직

26. 다음 중 자료에 대한 설명으로 옳지 않은 것은?

① 2023년 40대 정규직 비중은 전년 대비 감소하였고 무기계약직과 계약직 비중은 전년 대비 증가하였다.

② 2023년 남성 무기계약직 비중의 전년 대비 증가량은 2023년 여성 무기계약직 비중의 전년 대비 증가량보다 0.5%p 더 많다.

③ 제시된 연령대 중 2023년에 계약직 비중이 전년 대비 증가한 연령대는 총 3개이다.

④ 2022년 남성 정규직 비중과 여성 정규직 비중의 차이보다 2023년 남성 정규직 비중과 여성 정규직 비중의 차이가 더 크다.

27. Q 지역의 2024년 남성과 여성 인구수가 각각 50만 명으로 동일하다고 할 때, 2024년 남성 정규직 인구수와 여성 정규직 인구수의 차이는 약 얼마인가? (단, 인구수는 천의 자리에서 반올림하여 계산한다.)

① 1만 명　　　　② 2만 명　　　　③ 3만 명　　　　④ 4만 명

28. 다음 중 제시된 자료를 바탕으로 만든 연령대별 2023년 무기계약직 비중의 전년 대비 증가율을 나타낸 그래프로 옳은 것은?

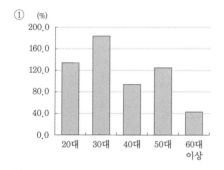

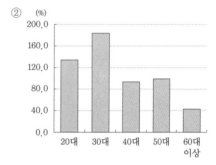

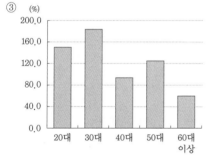

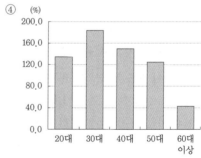

[29 – 31] 다음은 A 지역의 의료기관별 수술 인원 및 진료비에 대한 자료이다. 각 물음에 답하시오.

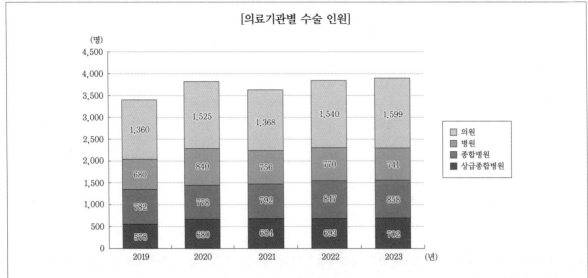

[의료기관별 수술 인원]

[의료기관별 수술 1인당 진료비]

(단위: 천 원)

구분	2019년	2020년	2021년	2022년	2023년
상급종합병원	5,670	6,250	6,980	6,780	7,700
종합병원	4,590	4,840	5,370	5,600	5,600
병원	2,160	2,470	2,660	2,750	2,800
의원	1,080	1,390	1,420	1,450	1,400

※ 1) 의료기관은 상급종합병원, 종합병원, 병원, 의원으로만 구성됨
　 2) 수술 1인당 진료비 = 전체 진료비 / 수술 인원

29. 다음 중 자료에 대한 설명으로 옳지 않은 것은?

① 제시된 기간 동안 수술 1인당 진료비는 매년 종합병원이 의원의 3.5배 이상이다.

② 상급종합병원의 전체 진료비는 2021년이 2022년보다 크다.

③ 2020년 이후 의원의 수술 인원의 전년 대비 증가 인원이 가장 많은 해는 2022년이다.

④ 제시된 기간 동안 전체 수술 인원이 전년 대비 감소한 해에 전체 의료기관의 수술 1인당 진료비의 합에서 상급종합병원이 차지하는 비중은 40% 이상이다.

30. 제시된 기간 중 전체 수술 인원이 두 번째로 많은 해에 종합병원 수술 1인당 진료비의 전년 대비 증가율은 약 얼마인가? (단, 소수점 둘째 자리에서 반올림하여 계산한다.)

① 3.2%   ② 4.3%   ③ 7.6%   ④ 8.6%

31. 다음 중 제시된 자료를 바탕으로 만든 그래프로 옳은 것은?

① [2019년 수술 인원의 의료기관별 구성비]

② [2021년 수술 인원의 의료기관별 구성비]

③ [2022년 수술 인원의 의료기관별 구성비]

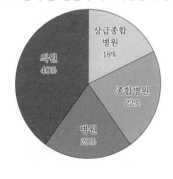

④ [2023년 수술 인원의 의료기관별 구성비]

[32 ~ 33] 다음은 우리나라 연도별 헌혈 현황 및 헌혈률에 대한 자료이다. 각 물음에 답하시오.

[우리나라 연도별 헌혈 현황]

구분	2015년	2016년	2017년	2018년	2019년
헌혈 실적(건)	3,082,918	2,866,330	2,928,670	2,883,270	2,791,092
총인구(명)	50,617,045	50,801,405	( )	51,635,256	51,849,861
헌혈 가능 인구(명)	38,728,606	36,757,735	39,399,676	39,460,309	39,427,567
헌혈자(명)	1,668,424	1,596,294	1,545,022	1,479,867	1,423,610

※ 1) 헌혈 실적은 헌혈자의 중복 헌혈을 모두 포함한 연간 총 채혈 건수임
   2) 헌혈 가능 인구는 만 16세에서 만 69세의 인구임

[우리나라 연도별 헌혈률]

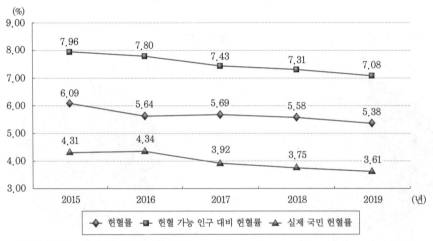

※ 1) 헌혈률(%) = (헌혈 실적 / 총인구) × 100
   2) 헌혈 가능 인구 대비 헌혈률(%) = (헌혈 실적 / 헌혈 가능 인구) × 100
   3) 실제 국민 헌혈률(%) = (헌혈자 / 헌혈 가능 인구) × 100

※ 출처: KOSIS(대한적십자사, 혈액정보통계)

32. 다음 중 자료에 대한 설명으로 옳지 않은 것은?

① 2018년 헌혈이 가능하지 않은 인구는 12,174,947명이다.

② 제시된 기간 중 실제 국민 헌혈률이 가장 높은 해에 총인구에서 헌혈자가 차지하는 비중은 약 3%이다.

③ 헌혈자 1인당 헌혈 실적은 2015년보다 2019년에 더 적다.

④ 2016년 이후 헌혈 가능 인구 대비 헌혈률은 매년 전년 대비 감소하였다.

33. 2017년 총인구와 2019년 총인구의 차이는 약 얼마인가? (단, 소수점 첫째 자리에서 반올림하여 계산한다.)

① 240,726명　　　② 379,386명　　　③ 514,271명　　　④ 661,280명

[34 – 36] 다음은 A 국의 특수교육자를 대상으로 조사한 약물 복용 현황에 대한 자료이다. 각 물음에 답하시오.

[2023년 약물 복용 이유별 특수교육자 수]

(단위: 명)

구분		경련 진정 및 예방	과잉행동 개선 및 예방	질병 치료	우울증 및 조울증 예방
전체		9,368	9,200	5,132	1,050
성별	남자	5,928	7,034	3,090	476
	여자	3,440	2,166	2,042	574
학교 과정별	유치원	346	126	241	24
	초등학교	3,743	4,108	1,792	242
	중학교	2,550	2,743	1,532	278
	고등학교	2,729	2,223	1,567	506
학교 유형별	특수학교	4,883	3,220	1,096	294
	일반학교	4,485	5,980	4,036	756
장애 유형별	시각장애	156	50	226	13
	청각장애	55	72	108	22
	정신지체	5,087	5,193	2,035	736
	지체장애	2,983	170	872	46
	정서·행동장애	83	877	134	56
	자폐성장애	622	( )	294	131
	의사소통장애	44	245	39	14
	학습장애	64	176	123	16
	건강장애	109	32	1,148	8
	발달지체	165	269	153	8

※ 1) 약물 복용 이유는 경련의 진정 및 예방, 과잉행동 개선 및 예방, 질병 치료, 우울증 및 조울증 예방으로만 구분됨
　 2) 특수교육자는 모두 약물을 복용하고, 특수교육자 한 명당 약물 복용 이유는 한 가지뿐임

[연도별 전체 약물 복용 특수교육자 구성비]

(단위: %)

구분	2020년	2021년	2022년	2023년
남자	66.8	66.4	68.0	70.0
여자	33.2	33.6	32.0	30.0

34. 다음 중 자료에 대한 설명으로 옳은 것은?

① 2023년 초등학생 특수교육자 중 경련 진정 및 예방을 위해 약물을 복용하는 특수교육자의 비중은 약 38%이다.

② 2023년 시각장애나 청각장애를 갖고 있는 특수교육자 중 질병 치료를 위해 약물을 복용하는 특수교육자 수는 344명이다.

③ 2023년 우울증 및 조울증 예방을 위해 약물을 복용하는 여자 고등학생 특수교육자는 최소 20명 이상이다.

④ 2020년부터 2023년까지 매년 약물 복용 특수교육자 구성비는 남자가 여자의 2배 이상이다.

35. 2023년 과잉행동 개선 및 예방을 위해 약물을 복용하는 전체 특수교육자 수에서 자폐성장애를 가진 특수교육자 수가 차지하는 비중은?

① 21%   ② 23%   ③ 25%   ④ 27%

36. 2021년 이후 전체 약물 복용 특수교육자 수가 매년 전년 대비 10% 증가했을 때, 2022년 남자 약물 복용 특수교육자 수는?

① 15,300명   ② 15,850명   ③ 16,528명   ④ 17,325명

[37 – 38] 다음은 A 지역의 에너지적정비율(AMDR)에 따른 지방 섭취 인구 비율에 대한 자료이다. 각 물음에 답하시오.

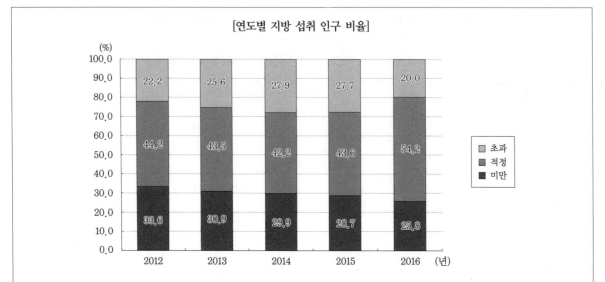

[연도별 지방 섭취 인구 비율]

[연령별 지방 섭취 인구 비율]

(단위 : %)

구분	2012년			2013년			2014년			2015년			2016년		
	미만	적정	초과	미만	적정	초과	미만	적정	초과	미만	적정	초과	미만	적정	초과
1~2세	36.0	59.5	4.5	33.3	56.0	10.7	39.7	50.0	10.3	37.0	54.9	8.1	31.7	60.5	7.8
3~5세	20.3	65.8	13.9	11.1	70.5	18.4	13.5	70.8	15.7	13.7	78.6	7.7	13.2	72.8	14.0
6~11세	19.2	64.2	16.6	14.6	66.9	18.5	13.9	66.0	20.1	9.8	67.1	23.1	10.0	73.0	17.0
12~18세	18.1	64.5	17.4	11.9	66.3	21.8	12.9	61.9	25.2	10.2	63.4	26.4	8.1	62.7	29.2
19~29세	13.8	41.6	44.6	13.3	38.8	47.9	12.9	35.8	51.3	13.3	34.1	52.6	9.5	50.1	40.4
30~49세	27.2	45.3	27.5	23.2	44.7	32.1	23.0	42.6	34.4	20.5	44.0	35.5	19.2	58.8	22.0
50~64세	50.2	37.0	12.8	47.9	35.3	16.8	42.7	37.5	19.8	42.1	40.4	17.5	35.8	52.1	12.1
65세 이상	71.4	22.6	6.0	70.1	23.8	6.1	66.8	25.1	8.1	65.1	28.3	6.6	61.8	33.8	4.4

※ 1) AMDR은 1인당 섭취해야 하는 탄수화물, 단백질, 지방의 에너지적정비율을 의미함
  2) AMDR을 기준으로 지방을 미만 섭취, 적정 섭취, 초과 섭취한 인구 비율을 나타냄

37. 다음 중 자료에 대한 설명으로 옳지 않은 것은?

① 제시된 기간 동안 지방 적정 섭취 인구 비율이 지방 초과 섭취 인구 비율의 2배 이상인 해는 총 1개 연도이다.

② 2016년 12~18세의 지방 초과 섭취 인구 비율은 4년 전 대비 11.8%p 증가하였다.

③ 2012년부터 2016년까지 매년 50~64세의 지방 미만 섭취 인구는 50~64세 전체 인구의 3분의 1 이상을 차지한다.

④ 2013년 19~29세의 지방 적정 섭취 인구 비율은 같은 해 동일 연령대의 지방 미만 섭취 인구 비율의 2.5배 미만이다.

38. A 지역의 2016년 전체 인구가 46만 명이고, 그중 65세 이상 인구가 전체 인구의 15%일 때, 2016년 전체 지방 초과 섭취 인구에서 65세 이상 지방 초과 섭취 인구가 차지하는 비중은?

① 3.3%   ② 4.4%   ③ 12.8%   ④ 22.0%

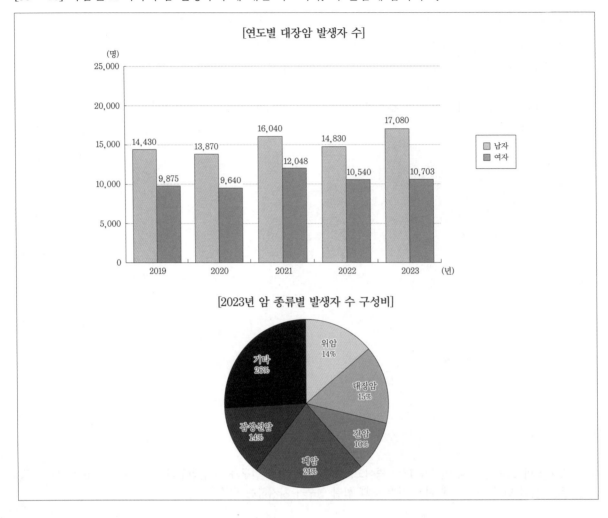

[연도별 대장암 발생자 수]

[2023년 암 종류별 발생자 수 구성비]

39. 다음 중 자료에 대한 설명으로 옳지 않은 것은?

① 제시된 기간 동안 남자 대장암 발생자 수와 여자 대장암 발생자 수의 전년 대비 증감 추이는 매년 서로 동일하다.

② 여자 대장암 발생자 수는 2021년이 2019년의 1.2배 이상이다.

③ 2020년 이후 남자 대장암 발생자 수의 전년 대비 증감률이 가장 큰 해는 2021년이다.

④ 제시된 기간 동안 남자와 여자의 대장암 발생자 수 차이가 두 번째로 작은 해에 전체 대장암 발생자 수에서 남자가 차지하는 비중은 60% 이상이다.

40. 2020년 이후 전체 암 발생자 수가 매년 전년 대비 5% 증가했을 때, 2022년 전체 암 발생자 수에서 대장암 발생자 수가 차지하는 비중은 약 얼마인가? (단, 소수점 둘째 자리에서 반올림하여 계산한다.)

① 13.8%   ② 14.4%   ③ 15.2%   ④ 15.8%

[41 – 42] 다음은 의료 광고 내용별 체크리스트이다. 각 물음에 답하시오.

[의료 광고 내용별 체크리스트]

구분		체크리스트	∨
의료 광고 주체		• '의료기관 개설자, 의료기관의 장 또는 의료인'만 의료 광고를 할 수 있으며, 광고 게재 시 광고 주체를 명확히 표기한다.	☐
의료기관(종별) 명칭 표시		• 보건소에서 개설 허가 또는 신고된 의료기관 명칭으로 광고를 게재한다. • 의료법에 근거한 정확한 종별 명칭으로 기재되었는지 확인한다. ※ 종별 명칭: 종합병원, 병원, 한방병원, 의원, 한의원 등	☐
전문병원 명칭 사용 위반		• 사실에 근거한 '전문병원' 또는 '전문' 등의 용어를 사용한다. • 전문병원으로 지정받은 경우에도 해당 분야와 기간을 정확히 표기한다.	☐
환자 유인 행위 등		• 여러 시·수술을 조합한 '묶어 팔기', '과도한 진료비 할인조건 제시' 등 진료비 할인을 통해 환자를 유인하는 내용으로 광고하지 않는다.	☐
의료 광고 금지	미평가 신의료기술 광고	• 신의료기술 평가 대상에 해당하나 평가를 받지 않거나, 평가 절차가 진행 중인 의료기술은 광고하지 않는다.	☐
	치료 효과 오인 우려 광고	• 불특정 다수가 열람할 수 있는 형태로 치료 과정과 결과, 치료 예후를 포함하여 광고하지 않는다.	☐
	거짓 광고	• 객관적 사실과 다르거나, 객관적 증명이 어려운 배타적 표현은 사용하지 않는다. (세계 최초, 가장 안전한, 전국 최저가 등)	☐
	비교 광고	• 특정 의료인 등의 진료방법이 다른 의료인과 비교하여 우수하거나 효과가 있다는 내용으로 광고하지 않는다.	☐
	비방 광고	• 다른 의료인의 진료방법 등에 대해 불리한 사실을 광고하지 않는다.	☐
	시술 행위 노출 광고	• 환자의 수술 장면, 환부 사진 등 혐오감을 줄 수 있는 동영상·사진을 사용하지 않는다.	☐
	부작용 정보 누락 광고	• 진료와 관련된 심각한 부작용 등을 눈에 잘 띄게 표기한다. • 객관적 사실을 기반으로 '부작용 없음' 등의 표현을 사용하지 않는다.	☐
	과장 광고	• 객관적 사실에 근거하여 치료 효과, 의료기관 관련 정보 등을 광고한다.	☐
	근거 없는 자격· 명칭 표방 광고	• 법적 근거에 따른 자격·명칭을 사용하여 광고한다. ※ 광고 시, 법적 근거에 적시된 내용을 정확히 표기해야 함	☐
	전문가 의견 형태 광고	• 신문, 방송 등 기사 형식을 통해 객관성, 전문성에 대한 오인 소지가 있는 내용으로 광고하지 않는다.	☐
	미심의 광고	• 사전심의 여부를 확인하고 심의받은 경우 심의필 정보를 표기한다.	☐
	외국인 환자 유치 국내 광고	• 의료해외진출법에 의한 외국인 환자 유치업 등에 대한 등록 후 외국어로 구성된 홈페이지를 운영한다.	☐
	비급여 진료비용 할인 광고	• 비급여 진료비용의 할인 금액, 대상, 기간, 범위 및 할인 이전 진료비용에 대한 정확한 정보를 제공한다.	☐
	상장·감사장 이용, 인증·보증·추천 광고	• 각종 상장·감사장, 인증·보증·추천 내용을 포함하여 광고하지 않는다. • 보건복지부 인증 의료기관이 의료 광고를 게재할 경우 인증 사항 및 해당 기간을 반드시 표기한다.	☐

※ 출처: 보건복지부

41. ○○병원의 직원들이 의료 광고 내용별 체크리스트를 읽고 다음과 같은 대화를 나누었다고 할 때, 가장 잘못 이해하고 있는 사람은?

① 경일: 외국인 환자를 유치하고자 광고를 진행한다면 별다른 등록 없이 외국어로 구성된 홈페이지를 운영하면 되겠군.

② 제철: 비급여 진료비용이 할인되는 사항과 관련된 광고는 할인 금액, 대상, 기간 등이 정확하게 제시될 수 있 도록 해야 해.

③ 범소: 평가 절차를 밟고 있는 신의료기술의 경우 광고를 해서는 안 돼.

④ 현기: 모두가 이용하는 홈페이지에서 팝업창 등으로 치료 결과, 치료 예후를 포함하여 광고하면 안 된대.

42. 위 자료를 근거로 판단할 때, 금지된 의료 광고 사항을 포함하지 않은 사람은? (단, 제시되지 않은 사항은 고려하 지 않는다.)

① 성형외과 전문의인 갑은 자신의 병원 광고 전단지에 '보건산업대상 모발이식 부문 최우수 브랜드 대상 수상'이 라고 기재하였다.

② 치과 전문의인 을은 자신의 치과에서 보톡스, 필러와 같은 시술을 전혀 한 사실이 없음에도 병원 홈페이지에 보톡스를 이용한 치료 경험과 노하우가 많다는 내용의 배너를 업로드하였다.

③ 외과 전문의인 병은 외과병원을 운영하며 환자를 수술하는 장면을 촬영한 동영상으로 수술 역량과 전문성을 갖춘 안전한 병원임을 홍보하는 영상물을 제작하여 배포하였다.

④ 치과 전문의인 정은 치과를 운영하며 3D 교정 양악수술의 특징과 함께 부작용도 잘 보이게 기입하여 자신의 치과 블로그에 관련 내용을 업로드하였다.

[43 ~ 45] 다음은 건강검진 체험수기 공모전에 대한 안내문이다. 각 물음에 답하시오.

[건강검진 체험수기 공모전 안내]

1. 목적
- 국민건강보험공단에서는 건강검진의 필요성 및 우수성을 알리고자 감명과 희망을 주는 건강검진 체험수기를 공모함

2. 공모 분야
- 일반, 암, 영유아
- 학교 밖 청소년 건강검진

3. 공모 내용
- 국민건강보험공단 건강검진을 통하여 질병을 조기에 발견 후 치료함으로써 건강한 생활을 유지하고 있는 사례
- 학교 밖 청소년 건강검진을 계기로 건강의 소중함을 느끼고 건강생활을 실천한 사례
- 검진기관에 종사하며 경험한 검진제도 개선과 관련한 다양한 에피소드
- 학교 밖 청소년 지원센터 교사로서 겪은 검진 관련 에피소드
- 기타 공단의 건강검진과 관련된 미담 사례

4. 응모자격
- 전 국민
  ※ 외국인, 재외국민도 응모 가능함

5. 응모서식 및 접수방법

응모서식	• 분량: A4 용지 3~4페이지 • 글자서식: 굴림체, 13포인트, 장평 100%, 자간 0% • 단락서식: 양쪽 정렬, 줄 간격 160% • 용지 여백: 왼쪽·오른쪽 20mm, 위쪽 15mm, 아래쪽 10mm ※ 서식 일체 변경 금지
접수방법	• 홈페이지에 기재된 '국민건강보험공단 건강관리실 건강검진 체험수기 담당자 앞'으로 우편 접수 가능함 • 홈페이지에 기재된 공고문의 이메일로 접수 가능함
접수기간	• 4월 1일(목)~5월 31일(월) 18:00까지

6. 당선작 발표 및 시상
- 당선작 발표: 7월 중 국민건강보험공단 홈페이지에 공고함
- 시상내역: 총 19편 선정

구분	당선작	최우수상(1편)	우수상(5편)	장려상(13편)
일반, 암, 영유아	14편	200만 원	각 100만 원(3편)	각 30만 원(10편)
학교 밖 청소년	5편	선정하지 않음	각 50만 원(2편)	각 30만 원(3편)

※ 각 공모 부문의 당선작이 없을 경우 시상내용이 일부 달라질 수 있음
- 시상식: 7~8월 예정

7. 기타
- 모든 응모작은 타 공모전에 당선되거나 출판되지 아니한 순수 개인 체험담이어야 하며, 당선작이 창작이 아닌 것으로 밝혀질 경우 수상을 무효 처리함
- 당선되지 못한 응모작은 접수 종료일로부터 3개월이 되는 날 일괄 폐기하며, 응모자가 폐기 전 반환을 요구할 경우에 한해 30일 이내 반환함
  ※ 단, 반환을 위한 비용은 반환을 요구한 응모자가 부담함

43. 위 안내문을 토대로 판단한 내용으로 옳지 않은 것은?

① 건강검진 체험수기 공모전에 응모하였으나 당선되지 못한 응모자가 당해 9월 12일에 응모작 반환을 요구한다면 10월 12일 이전에 반환된다.

② 건강검진 체험수기 공모전 응모작의 용지 여백은 왼쪽과 오른쪽이 20mm이고, 위쪽과 아래쪽이 각각 15mm, 10mm이어야 한다.

③ 외국인과 재외국민을 포함한 전 국민 모두 건강검진 체험수기 공모전에 응모 가능하다.

④ 건강검진 체험수기 공모전은 A4 용지 3~4페이지 분량으로 응모해야 하고, 우편이나 이메일로 접수할 수 있다.

44. 건강검진 체험수기 공모전의 각 공모 부문에서 당선작이 모두 선정되었다고 할 때, 시상에 필요한 상금의 총 금액은?

① 890만 원   ② 940만 원   ③ 990만 원   ④ 1,040만 원

45. 위 안내문을 근거로 판단할 때, 다음 중 건강검진 체험수기 공모전에서 수상할 수 없는 사람은?

> **갑**: 나는 검진기관에 종사하고 있으니 건강검진 제도가 개선되면서 내원 환자 수가 크게 늘어났다는 내 경험담을 응모할 거야.
>
> **을**: 나는 국민건강보험공단의 건강검진을 통해 자궁경부암을 조기 발견하고, 현재는 완치하였다는 내용의 소설을 응모할 거야.
>
> **병**: 나는 학교 밖 청소년 건강검진을 통해 비만의 위험성을 알게 되어서 중학생 때부터 고등학생인 지금까지 꾸준히 식이 조절을 실천하고 있다는 내용을 응모할 거야.
>
> **정**: 나는 국민건강보험공단 외 공단에서 주기적으로 건강검진을 받을 수 있어 취약계층이지만 건강한 생활을 유지하고 있다는 내용의 에피소드를 응모할 거야.

① 갑   ② 을   ③ 병   ④ 정

[46 – 47] 다음은 △△대학교 동아리 지원금 신청 공고이다. 각 물음에 답하시오.

[△△대학교 동아리 지원금 신청 공고]

1. 지원 목적 및 대상
- 목적: 동아리 활성화를 통해 학생들의 교류를 촉진하여 사회적 가치를 실현하기 위함
- 대상: 7인 이상으로 구성되며 아래 기준에 해당하는 동아리

취·창업 동아리	취업 관련 정보를 공유하거나 참신한 아이디어와 아이템을 기반으로 창업을 준비하는 동아리
학습 동아리	전공, 교양 등 학과 내용을 학습하거나 자격증을 취득하기 위한 동아리
오락 동아리	운동, 악기 연주, 작곡, 보컬 등 다양한 취미 생활을 위한 동아리

2. 지원 내용

활동 기간	취·창업 동아리	학습 동아리	오락 동아리
1년 이상	20만 원	18만 원	15만 원
1년 미만	15만 원	12만 원	10만 원

※ 제시된 금액은 동아리원 1인당 금액으로, 동아리당 최대 10인 금액까지 지원함

3. 지원 우선순위
- 1순위: 활동 기간이 오래된 동아리
- 2순위: 활동 기간이 동일할 경우 인원수가 더 많은 동아리

4. 일정
- 지원신청서 제출 기간: 9월 14일(월)~9월 18일(금)
- 활동계획서 제출 기간: 9월 14일(월)~9월 21일(월)
- 지원금 지급일: 9월 25일(금)

5. 주의 사항
- 제출 기간 내 지원신청서 및 활동계획서 미제출 시 지원금 수령 불가
- 2년 이내 지원금을 수령한 이력이 있는 동아리는 지원금의 40% 차감 후 지급

6. 참고 사항
- 지원금 예산: 500만 원
- 지원금은 예산 내에서 지원 우선순위에 따라 지급되며, 지원금 예산을 초과할 경우 지급되어야 할 지원금의 일부 또는 전부를 수령하지 못하는 동아리가 있을 수 있음
  ※ 지원금의 일부만 수령하게 되는 동아리에게는 남은 지원금 예산이 모두 지급됨

46. 위 공고문을 토대로 판단한 내용으로 옳은 것은?

① 9월 18일에 지원신청서를 우선 제출하고 활동계획서는 이틀 뒤 제출하여도 된다.

② 동아리의 활동 기간이 길수록 지원받는 지원금은 많아진다.

③ 물리학과 학생 5인으로 구성된 전공 학술 동아리는 지원금을 수령할 수 있다.

④ 취·창업 동아리가 지원받을 수 있는 최대 지원금은 150만 원이다.

47. 다음은 동아리 지원금 신청 현황이다. 신청 공고와 신청 현황을 고려하였을 때, D 동아리가 수령하게 될 지원금은?

[신청 현황]

구분	인원	활동 기간	활동 목적	지원금 수령 이력
A 동아리	12명	8개월	등산	해당 사항 없음
B 동아리	7명	3년	컴퓨터 관련 자격증 취득	미수령
C 동아리	15명	5년	축구	3년 전 수령
D 동아리	8명	8개월	공공기관 취업	해당 사항 없음
E 동아리	6명	2년	스페인어 자격증 취득	미수령
F 동아리	9명	2년	사물인터넷 관련 창업	1년 전 수령

※ 중복으로 동아리에 가입한 사람은 없음

① 0원　　　　② 16만 원　　　　③ 58만 원　　　　④ 120만 원

[48 – 49] 다음은 A 환자의 의료비 내역서와 □□시 의료비 지원 사업에 대한 자료이다. 각 물음에 답하시오.

[A 환자의 의료비 내역서]

진료과목		질병군		성별		나이	
종양내과		위암(C16)		남성		만 51세	

구분		급여(원)			비급여(원)	
		일부 본인부담금		전액 본인부담금	선택진료료	선택진료료 외
		본인부담금	공단부담금			
기본 항목	진찰료	13,992	265,848	0	12,758	0
	입원료	210,656	4,002,464	0	0	0
	식대	16,511	313,710	0	0	0
	투약 및 조제료 행위료	6,525	123,975	0	0	0
	투약 및 조제료 약품비	12,207	231,933	0	0	6,968
	주사료 행위료	24,053	457,007	0	0	0
	주사료 약품비	88,983	1,690,677	193,374	0	806,949
	처치 및 수술료	19,779	375,801	0	0	0
	검사료	164,015	3,116,285	190,000	0	0
	영상 진단료	11,430	217,170	0	54,294	0
	방사선치료료	249,974	4,749,506	0	0	5,600
	치료재료대	4,589	87,191	0	0	589,903
	재활 및 물리치료료	2,814	53,466	0	0	0
	합계	825,528	15,685,033	383,374	67,052	1,409,420
선택 항목	CT 진단료	20,745	394,155	0	0	21,300
	MRI 진단료	23,353	443,707	0	0	2,400
	PET 진단료	38,303	727,757	0	0	0
	초음파 진단료	7,201	136,819	0	0	0
	합계	89,602	1,702,438	0	0	23,700
합계		915,130	17,387,471	383,374	67,052	1,433,120

※ 비급여 항목은 전액 본인부담금을 의미함

[□□시 의료비 지원 사업]

구분	소아 암 환자	성인 암 환자(최대 연속 3년까지 지원 가능)	
		의료급여수급자	건강보험가입자 (국가암검진 수검자)
선정 기준	건강보험가입자: 소득 및 재산 기준 적합자 의료급여수급자: 전체	전체	소득 및 재산 기준 적합자
지원 암종	전체 암종	전체 암종	위암, 대장암, 간암, 유방암, 자궁경부암
지원 항목	일부 본인부담금 비급여부담금	일부 본인부담금 비급여부담금	일부 본인부담금
지원 한도 금액	백혈병: 3,000만 원 ※ 일부 본인부담금 또는 비급여부담금 구분 없이 지원	일부 본인부담금 90만 원	일부 본인부담금 150만 원
	백혈병 이외: 2,000만 원 ※ 일부 본인부담금 또는 비급여부담금 구분 없이 지원	비급여부담금 80만 원	일부 본인부담금 150만 원

48. 위 자료를 토대로 판단한 내용으로 옳은 것은?

① A 환자의 의료비 내역서 중 비급여 항목 내 본인부담금은 급여 항목 내 본인부담금의 1.3배 이상이다.

② A 환자가 □□시에 거주하는 건강보험가입자라면 일부 본인부담금 중 일부 금액을 지원받을 수 있다.

③ A 환자의 의료비 내역서 중 처치 및 수술료의 일부 본인부담금은 19,779원이다.

④ □□시에 거주하는 의료급여수급자 중 백혈병을 앓고 있는 소아가 지원받을 수 있는 의료비는 최대 3,000만 원이다.

49. A 환자가 □□시에 거주하는 의료급여수급자일 때, A 환자의 의료비 내역서 중 본인부담금의 총액은?

① 715,302원　　　　② 1,098,676원　　　　③ 1,515,302원　　　　④ 1,898,676원

[50 ~ 52] 다음은 한-미 Smart Entry Service 안내문이다. 각 물음에 답하시오.

[한-미 Smart Entry Service 안내문]

1. Smart Entry Service란?

– 대한민국 자동출입국심사시스템의 명칭으로 사전에 여권 정보와 지문, 안면 등의 바이오 정보를 등록한 후 심사관의 대면심사 대신 등록한 정보를 토대로 자동출입국심사대를 통해 출입국심사를 진행하는 첨단 출입국심사시스템

2. 이용대상

– 주민등록이 된 7세 이상 대한민국 국민

※ 단, 7세 이상 14세 미만의 아동은 법정대리인의 동의를 받는 경우에 한하여 등록 가능

– 17세 이상 등록외국인(거소 신고자 포함)

3. 가입요건 및 가입 부적격 사유

1) 가입요건

– 자동판독이 가능한 복수 여권 소지자

– 지문 취득 및 얼굴 사진 촬영이 가능하고, 취득한 바이오 정보로 본인확인이 가능한 자

– 바이오 정보의 제공 및 활용에 동의한 자

2) 가입 부적격 사유

– 지문의 상태가 좋지 않아 본인확인이 어려운 자

– 출입국관리법에 따라 출국이 금지된 국민, 출국이 정지된 외국인, 입국이 금지된 외국인

– 복수 국적자로서 외국 여권으로 가입하고자 하는 국민

– 재외국민국내거소신고표 또는 등록외국인기록표에 기재된 내용이 여권의 기재 내용과 상이한 외국인

– 최근 3년 이내 출입국관리법 위반으로 500만 원 이상의 범칙금 처분을 받은 외국인

4. 한국인의 한-미 Smart Entry Service 신청방법

구분	설명
신청서 작성	• 웹사이트(www.hikorea.go.kr) 온라인 회원가입 • GE 신청 버튼 클릭 후 신청서 작성
범죄·수사경력조회 회보서 확인	• 신청서 제출일로부터 3개월 이내에 제출 • 범죄·수사경력조회 회보서는 등록센터 방문일 기준 1개월 이내에 발급된 것이어야 함
한국 심사결과 확인	• 범죄·수사경력조회 회보서를 등록센터에 제출하는 즉시 심사관은 한국 측의 심사결과를 통지함
GE 심사수수료 결제	• 한국 심사결과 적격 판정을 받은 경우 30일 이내 TTP 사이트에 회원가입을 하고, 수수료 $100 결제
미국 심사결과 확인	• 미국 측 심사결과는 수수료 결제 후 2주 이내에 확인 가능
GE 등록인터뷰 예약	• 미국 측으로부터 조건부승인을 받은 날을 기준으로 30일 이내에 인터뷰 예약 가능 • 예약 일자 또는 등록센터 변경은 예약일 2일 전까지 가능
GE 등록인터뷰	• 예약 일자에 해당 등록센터를 방문하여 인터뷰 시행 • 미국 등록센터 직원은 본인확인, 신청 정보 재확인, 미국 방문 목적 및 횟수, 미국 내 체류지 등을 질문하여 최종 결정 후 GE Kiosk 등록 진행

50. 위 안내문을 근거로 판단한 내용으로 옳지 않은 것은?

① 17세 이상 등록외국인 중 거소 신고자는 한-미 Smart Entry Service 이용대상에 해당하지 않는다.

② 한국인은 한-미 Smart Entry Service 신청 후 승인을 받기까지 2개 국가의 심사를 받아야 한다.

③ 범죄·수사경력조회 회보서는 신청서 제출일로부터 3개월 이내에 제출해야 한다.

④ 한-미 Smart Entry Service를 통한 출입국심사는 여권 정보와 바이오 정보를 토대로 진행된다.

51. 위 안내문을 근거로 판단할 때, 다음 대화 내용에서 B가 한-미 Smart Entry Service에 등록하는 데 걸린 기간은?

> A: 이번에 한-미 Smart Entry Service에 등록하셨다는 이야기 들었어요. 등록하는 데 얼마나 소요되셨나요?
> B: 네, 최대한 빠르게 등록을 진행하고 싶어서 신청 첫날에 가능한 모든 절차를 완료했어요. 그런데 미국 심사결과는 생각보다 늦게 확인되어 GE 심사수수료를 결제한 날로부터 10일 후에 확인했어요.
> A: GE 등록인터뷰는 언제 하셨어요?
> B: 미국 심사결과를 확인한 날에 7일 후로 예약하여 예약일에 GE 등록인터뷰를 시행하였고, 인터뷰 당일 최종 결정 후 Kiosk 등록이 완료되었어요.

① 16일　　　　　② 18일　　　　　③ 22일　　　　　④ 30일

52. 위 안내문을 근거로 판단할 때, 한-미 Smart Entry Service에 등록할 수 없는 사람은? (단, 제시되지 않은 내용은 고려하지 않는다.)

① 한국과 미국 복수 국적자로서 한국 여권으로 가입하고자 하는 29세 한국인 장연지

② 2년 전 출입국관리법 위반으로 300만 원의 범칙금 처분을 받은 33세 미국인 안나

③ 자동판독이 가능한 복수 여권을 보유하고 있는 16세 미국인 줄리엣

④ 한 달 전 출국 금지기간이 만료된 28세 한국인 김동현

[53 - 54] 다음 보도자료를 읽고 각 물음에 답하시오.

최근 소비자들은 불특정 다수를 대상으로 한 규격화된 제품보다는 자신만의 맞춤형 제품을 선호하는 경향이 있다. 이에 식품의약품안전처(이하 식약처)에서는 최신 트렌드를 화장품에 반영하여 지난 3월 14일부터 자신만의 피부 특성 및 취향을 1:1로 맞춘 '개인 맞춤형 화장품' 제도를 본격 시행하게 되었다. 특히 기존에 금지하고 있었던 일부 규제도 허용함에 따라 다품종 소량 생산의 중소기업 진출이 용이해지고, 청년 일자리 창출에 기여하는 동시에 피부 타입 등에 대한 빅데이터를 제품 개발에까지 활용할 수 있는 파급 효과가 기대된다.

맞춤형 화장품이란 이미 제조된 화장품에 다른 화장품의 내용물 또는 원료를 추가·혼합해 '새로운 화장품'을 만들거나 이미 제조된 화장품의 내용물을 일부 덜어주는 방식을 일컫는다. 그동안 기존 화장품 제도하에서는 불특정 다수를 대상으로 한 기성품만이 판매되었는데, 이는 자신의 피부에 맞지 않거나 개인의 취향과 개성을 중시하는 시장 패러다임 변화를 반영하지 못하였다. 하지만 맞춤형 화장품을 통해서 이와 같은 실정이 보완될 것으로 기대된다.

한편, 식약처는 개인 맞춤형 화장품 제도 시행에 앞서 2016년에 이미 제조업 시설·등록 없이도 판매장에서 소비자 요구에 따라 화장품을 혼합·소분하여 제공할 수 있도록 관련 제도 도입을 건의한 바 있으며, 다양한 소비 요구 충족 및 화장품 산업 발전을 위해 개인 1:1 맞춤형 제품 생산을 가능하게 하도록 규제를 허용하는 맞춤형 화장품 제도를 추진하게 되었다. 맞춤형 화장품은 국가자격시험에 합격한 전문 맞춤형 화장품 조제 관리사가 있는 판매장에 방문하여 상담을 거치면 원하는 화장품 조제가 가능하다. 조제 관리사는 화장품의 내용물이나 원료의 혼합, 소분 업무를 담당하는 전문 직원으로 판매장은 식약처 관할 지방청에 '맞춤형 화장품 판매업'으로 신고한 곳이어야 한다. 이곳에서 소비자는 자신에게 맞는 스킨, 로션, 에센스, 샴푸, 향수 등을 직접 구매할 수 있다.

판매장에 가면 소비자는 화장품에 들어갈 성분을 직접 고르게 되는데, 가령 에센스를 구매하고자 할 경우 먼저 수분 보충, 유·수분 밸런스, 천연성분 등 에센스에 들어갈 기본 베이스를 선택하게 된다. 그리고 미백, 주름과 탄력, 보습 및 피부장벽 강화 등의 주요 성분을 고른 후 오염물질로 인한 피부보호, 볼륨이 필요한 부위 케어, 피부 스크럽 케어 등을 추가할 수 있으며 마무리로 원하는 향도 고를 수 있다. 이후 조제 관리사와 피부 특성이나 원하는 화장품 유형 등에 대해 상담하게 된다. 만약의 부작용에 대비해 화장품에 들어간 성분과 용량 등은 모두 꼼꼼하게 기록된다.

모든 성분의 선택이 끝나면 조제에 들어가는데, 조제하는 모든 과정은 직접 확인할 수 있다. 또한 제조가 끝나고 나면 제조일과 제조 번호 등이 적힌 화장품이 소비자에게 전달되며, 가격은 어떤 재료를 선택했는지에 따라 달라진다. 특히 소비자가 사용 중 부작용이 발생하면 맞춤형 화장품 제조 번호 및 판매 기록을 역추적해 그 성분이 들어간 화장품을 모두 수거하는 등 안전에 대한 조치도 준비되어 있다. 이렇게 상담에서 화장품 제조까지 소요되는 시간은 한 시간 내외로, 이 중 제조시간은 10~15분 정도에 불과하다.

이처럼 진화하는 K-뷰티와 관련해 이○○ 식약처장은 "맞춤형 화장품 시장 활성화는 국내 화장품 산업의 새로운 도약의 기회가 될 것"이라며 "앞으로도 맞춤형 화장품 제도의 연착륙을 위해 업계와 긴밀히 협력해 나가겠다"고 강조했다. 그러면서 "앞으로 맞춤형 화장품 시장이 더욱 확대되어 K-뷰티를 이끌어가는 원동력으로 자리매김할 수 있도록 제도적 지원을 다하고, 국민께 안전하고 우수한 품질의 화장품이 공급되도록 노력하겠다"라고 밝혔다.

※ 출처: 정책브리핑 보도자료

53. 위 보도자료를 근거로 판단한 개인 맞춤형 화장품 조제 과정에 대한 설명으로 옳지 않은 것은?

① 화장품을 구매하고자 하는 소비자는 기본 베이스부터 주요 성분, 추가 성분 및 향도 자신이 직접 고를 수 있다.

② 조제 관리사는 소비자의 개인 정보를 보호하기 위해 소비자가 선택한 화장품 성분 리스트를 제품 판매 후 모두 폐기한다.

③ 맞춤형 화장품을 만들기 위해서는 식약처 관할 지방청에 '맞춤형 화장품 판매업'으로 신고한 판매장에 방문하면 된다.

④ 제조가 완료된 화장품의 가격은 성분에 따라 달라지며, 소비자는 제조 번호와 제조일이 적힌 완성품을 전달받게 된다.

54. 위 보도자료를 근거로 판단한 내용으로 옳지 않은 것은?

① 식약처에서는 2016년에 제조업 시설·등록이 없더라도 소비자 요구에 맞는 화장품을 제공할 수 있는 제도 도입을 건의한 바 있다.

② 개인 맞춤형 화장품을 만들기 위해 판매장에 방문한 소비자는 자신을 위한 화장품을 1시간 내외의 시간만 투자하면 바로 받을 수 있다.

③ 시중에 출시된 화장품의 일부를 덜어 소비자에게 제공하는 것은 맞춤형 화장품이라 볼 수 없다.

④ 개인 맞춤형 화장품 제도의 도입은 청년 일자리 창출에도 기여하게 될 것이다.

[55 − 57] 다음 보도자료를 읽고 각 물음에 답하시오.

　　2024년 기준 18세 이하 자녀를 양육하는 한부모가구는 34만 가구로, 18세 이하 자녀 양육 가구인 480만 가구의 7.1%를 차지한다. 또한, 저소득 한부모가구는 17만 가구로, 18세 이하 자녀를 양육하는 한부모가구인 34만 가구의 50%에 이른다. 한부모가구는 전체 가구 대비 경제적 여건 및 주거 환경 등이 열악해 자녀를 양육하는 데 많은 어려움을 겪고 있다. 이에 여성가족부는 제1차 한부모가족 기본계획을 뒷받침하기 위해 2024년도 한부모가족 지원 예산을 550,800백만 원으로 전년 대비 8% 대폭 확대하고, 아동 양육비 지원 대상 확대 및 지원 단가 인상, 매입임대주택 확대 등 맞춤형 지원을 강화한다고 밝혔다. 구체적인 사항은 다음과 같다.

　　2024년부터 저소득 한부모가족 증명서 발급 및 아동 양육비 지원을 위한 소득 기준이 기준 중위소득 60% 이하에서 63% 이하로 완화된다. 또한, 2024년부터 만 18세 미만인 자녀에게만 지원되던 일반 저소득 한부모가족 아동 양육비는 자녀가 고등학교에 재학 중인 경우 고등학교 3학년에 다니는 해의 12월까지 지원이 가능해진다. 기존에는 자녀가 만 18세 생일이 도래하는 시점에 양육비 지원이 중단되면서 가구별로 최대 11개월의 지원 기간 차이가 발생하고, 교육비 부담이 큰 시기에 경제적 부담이 가중되는 문제가 있었다. 따라서 고등학교에 재학 중인 경우 만 22세 미만까지 아동 양육비를 지원하고 학업을 중단하거나 정규교육 과정 재학 중이 아닌 경우에는 기존과 같이 만 18세 미만까지 아동 양육비를 지원한다. 이러한 소득 기준 완화 및 아동 양육비 지원 대상 연령 상향을 통해 2024년 한부모가족 아동 양육비 지급 인원은 26.7만 명으로 전년 대비 약 3.2만 명 증가할 것으로 추산된다.

　　한편 저소득 한부모가족의 지원 대상은 부 또는 모의 나이가 만 24세 이하인 경우에는 청소년 저소득 한부모가족, 만 25세 이상인 경우에는 일반 저소득 한부모가족으로 분류된다. 먼저 일반 저소득 한부모가족의 생계지원은 아동 양육비, 추가 아동 양육비, 아동교육 지원비의 3가지 항목으로 나누어 진행된다. 아동 양육비 지원 금액은 2019년 월 13만 원에서 월 20만 원으로 인상된 이후 4년간 동결되었으나, 2024년부터 자녀 1인당 월 20만 원에서 월 22만 원으로 2만 원 인상된다. 추가 아동 양육비와 아동교육 지원비는 기존과 같은 금액으로 지원된다. 추가 아동 양육비는 부 또는 모의 나이가 만 35세 이상인 한부모가족의 자녀가 만 5세 이하인 경우 자녀당 월 5만 원, 부 또는 모의 나이가 만 25세 이상 34세 이하인 한부모가족의 자녀가 만 5세 이하인 경우 월 10만 원, 자녀가 만 6세 이상 만 18세 미만인 경우 월 5만 원을 지원한다. 또한, 저소득 한부모가족의 중학생 및 고등학생 자녀가 있는 경우 자녀당 연 9만 원의 아동교육비를 지급한다.

　　청소년 저소득 한부모가족의 생계지원은 청소년 한부모 아동 양육비, 검정고시 학습비, 고교생 교육비, 자립 지원 촉진 수당의 4가지 항목으로 구분된다. 청소년 한부모 아동 양육비는 자녀가 0~1세 영아인 경우 월 35만 원에서 월 40만 원, 자녀가 2세 이상인 경우 월 30만 원에서 월 35만 원으로 인상된다. 또한, 청소년 한부모가 검정고시를 준비하는 경우 검정고시 학습비를 가구당 연 154만 원, 학업이나 취업 활동을 하는 경우 가구당 자립 지원 촉진 수당 월 10만 원을 지원한다. 또한 청소년 한부모가족 중 부 또는 모가 고등학교에 재학하는 경우 수업료 및 입학금에 대해 연 500만 원 이내에서 고교생 교육비를 실비로 지급한다.

　　아울러 저소득 무주택 한부모가족이 자녀를 안전하게 양육하고 자립을 준비할 수 있도록 주거 안정 지원도 강화된다. 이에 따라 전국 122곳의 한부모가족 복지시설 입소 기간이 연장되고 퇴소 이후에도 지역사회 자립 기반을 마련할 수 있도록 공동생활 가정형 매입임대 주택의 보급이 확대된다. 공동생활 가정형 매입임대 주택 보급은 2023년 256호에서 2024년 306호로 확대될 예정이며, 임대료 부담 경감을 위해 보증금 지원 금액도 전년 대비 최대 1,000만 원 인상된다.

　　김○○ 여성가족부 장관은 "어려운 여건 속에서도 자녀의 성장과 가족의 행복을 위해 책임을 다하고 있는 한부모가족들이 자녀 양육에 대한 부담을 덜고 안정적 환경에서 살아갈 수 있도록 지원을 확대해 나가겠다."라고 밝혔다.

※ 출처: 여성가족부 보도자료

55. 위 보도자료를 토대로 판단한 내용으로 옳은 것은?

① 여성가족부는 저소득 한부모가족 아동 양육비 지원을 위한 소득 기준을 완화하고 아동 양육비 지원 대상 연령을 낮춰 생계지원을 강화한다.

② 초등학생 자녀 1명이 있는 일반 저소득 한부모가족의 경우 아동 교육비로 2024년 한 해 동안 9만 원을 지원받을 수 있다.

③ 일반 저소득 한부모가족의 아동 양육비 지원 금액은 2024년 기준 5년 전에 비해 7만 원 인상됐다.

④ 검정고시를 준비하는 저소득 청소년 한부모가 0세의 자녀 1명을 둔 경우 2024년 한 해 동안 받을 수 있는 생계 지원금은 최대 754만 원이다.

56. 다음 중 위 보도자료를 잘못 이해한 사람은?

> A: 2023년 여성가족부에서 책정한 한부모가족 지원 예산은 5,000억 원 이상이야.
> B: 공동생활 가정형 매입임대 주택은 2024년 기준 전년 대비 50호 증가했어.
> C: 어머니의 나이가 만 24세인 저소득 한부모가정에서 만 2세의 자녀 1명을 양육하고 있다면, 2024년 한 해 동안 아동 양육비로 최대 420만 원을 받을 수 있어.
> D: 어머니의 나이가 만 35세인 저소득 한부모가족에서 고등학교를 중퇴한 만 17세의 자녀 1명을 양육하고 있다면 2024년 한 해 동안 아동 양육비로 받을 수 있는 지원금은 없어.

① A   ② B   ③ C   ④ D

57. 2024년 기준 만 34세인 저소득 한부모 A 씨는 3명의 자녀를 양육하고 있다. 위 보도자료를 근거로 판단할 때, A 씨가 2023년에 받은 생계 지원금과 2024년에 받은 생계 지원금의 차이는? (단, 제시된 것 외의 사항은 고려하지 않으며, A 씨는 2023년과 2024년 모두 매월 생계 지원금을 받았다.)

구분	2023년		2024년	
	나이	학력	나이	학력
자녀 1	만 18세	고등학교 재학	만 19세	고등학교 재학
자녀 2	만 12세	초등학교 재학	만 13세	중학교 재학
자녀 3	만 5세	미취학 아동	만 6세	미취학 아동

① 213만 원   ② 261만 원   ③ 284만 원   ④ 342만 원

[58 – 60] 다음은 부당청구 요양기관 신고 포상금 제도에 대한 안내문이다. 각 물음에 답하시오.

[부당청구 요양기관 신고 포상금 제도 안내]

1. 부당청구 요양기관 신고 포상금 제도란?
 – 요양기관의 구체적인 허위, 부당청구 행위 사실을 기재한 내용 및 증거자료를 토대로 요양기관·의약업체 종사자 또는 일반인이 요건을 갖추어 공단의 지역본부에 신고하면 지급대상 여부를 결정하여 포상금을 지급하는 제도

2. 신고인 구분
 – 요양기관 종사자: 의사, 약사, 간호사, 간호조무사, 의료기사, 직원 등
 – 의약업체 종사자: 약제·치료재료 제조·판매업체 종사자(임직원)
 – 일반 신고인: 요양기관 및 의약업체 종사자에 해당하지 않는 일반인
 ※ 진료받은 본인, 배우자 또는 직계 존·비속 등의 진료받은 내용이 실제와 다른 경우, 진료받은 내용에 대한 신고·처리는 부당청구 요양기관 신고와 별도로 운영함

3. 신고방법
 – 방문, 우편, 팩스: 지역본부(지사) 부당청구 요양기관 신고 상담 창구에 신고서와 입증자료 제출
 – 인터넷: 민원여기요 > 신고센터 > 부당청구 요양기관 신고하기 화면 내 신고내용 입력 및 증빙자료 파일 첨부 후 등록
 ※ 1) 전화는 상담만 가능하므로 상담 후 인터넷, 방문, 우편, 팩스로 신고
   2) 부당청구 장기요양기관 신고는 [장기요양보험 민원상담실]을 이용

4. 신고·상담 창구
 – 공익신고 접수 및 조사상담 문의: 각 지역본부(서울·강원, 부산·경남, 대구·경북, 광주·전라·제주, 대전·충청, 경기·인천)
 – 포상금 지급 문의: 본부(원주)

5. 처리절차
 – 신고접수 → 사실관계 확인 → 현지조사(보건복지부)/수사의뢰(수사기관) → 조사결과 통보 → 포상금 산정 → 부당청구 요양기관 신고 포상심의위원회 심의(백만 원 이상 건) → 포상금 지급

6. 포상금 산정 기준
 – 신고 관련 부당확인금액에 국민건강보험법 시행령 '포상금의 지급 기준'을 적용하여 포상금 산정
 ※ 1) 신고 관련 부당확인금액: 건강보험 요양급여비용, 건강검진비용 중 공단에서 부담한 비용
   2) 의료급여비용, 과다본인부담금, 신고 내용에 포함되지 않은 부당확인금액은 산정 시 제외함
   3) 산정된 포상금은 예정 금액으로 포상 금액의 확정은 부당청구 요양기관 신고 포상심의위원회의 심의·의결로 결정함

7. 포상금 변경, 지급 제외, 지급 무효
 – 아래 사례에 해당하는 신고 건에 대해서는 포상금 변경, 지급 제외, 지급 무효 중 한 가지로 처리됨
 ① 신고 내용이 검찰, 경찰, 보건소 등 타 기관에서 수사 중이거나 이미 조사가 완료된 경우
 ② 공단의 급여조사 업무과정(진료받은 내용 안내, 진료 내용 상세 확인 등)에서 확인 중이거나 이미 확인이 완료된 경우
 ③ 포상금이 지급된 후 현지조사 결과, 공단 징수처분 결과가 변경·무효 처리되는 등 지급할 포상금이 달라지면, 지급된 포상금의 일부 또는 전부 환불

8. 신고인 비밀 보호 및 허위신고 조치
 – 업무처리 전 과정뿐 아니라 업무처리가 완료된 후에도 신고인 비밀 보장
 – 무고 또는 허위신고인 경우에는 신고인에게 책임을 물을 수 있음

[붙임] 부당청구 요양기관 신고 포상금 운영실적

구분	신고 건수 (건)	포상금 지급		포상금 예산액 (백만 원)
		지급 건수 (건)	지급 금액 (백만 원)	
2015년	211	61	590	640
2016년	174	93	1,968	1,968
2017년	131	73	670	670
2018년	158	86	567	640
2019년	89	95	876	876
2020년	74	62	438	640
합계	837	471	4,843	5,169

※ 연도는 지급일자 기준임

58. 위 안내문을 토대로 판단한 내용으로 옳지 않은 것은?

① 공단의 급여조사 업무과정에서 확인 중인 사례와 동일한 내용을 신고한 경우에는 포상금 변경, 지급 제외, 지급 무효 중 한 가지로 처리된다.

② 전라에서 부당청구 요양기관에 대해 공익신고를 접수하는 경우, 제주에서 부당청구 요양기관에 대해 공익신고 접수를 하는 곳과 동일한 곳에 접수하게 된다.

③ 전화는 상담만 가능하며, 상담 후 각 지역본부의 부당청구 요양기관 신고 상담 창구에 신고서와 입증자료를 제출하면 부당청구 요양기관 신고가 가능하다.

④ 종사자에 해당하지 않는 일반인이 진료받은 본인의 진료받은 내용이 실제와 다른 경우에 대해 신고하는 사례도 부당청구 요양기관 신고에 포함된다.

59. 2018년부터 2020년까지 부당청구 요양기관 신고 건수 중 포상금이 지급된 건수 1건당 평균 지급 금액은 약 얼마인가? (단, 소수점 둘째 자리에서 반올림하여 계산한다.)

① 6.6백만 원   ② 7.7백만 원   ③ 9.7백만 원   ④ 10.3백만 원

60. 다음은 국민건강보험법 시행령 '포상금의 지급 기준' 중 속임수나 그 밖의 부당한 방법으로 보험급여비용을 지급받은 요양기관을 신고한 경우에 대한 내용이다. 위 안내문과 국민건강보험법 시행령을 근거로 판단할 때, 신고 관련 부당확인금액이 2,000만 원인 사례에 대해 일반 신고인이 부당청구 요양기관으로 신고한 경우 지급받는 포상금의 금액은?

[포상금의 지급 기준]

신고인 유형		지급 기준	
구분	내용	징수금	포상금
가. 요양기관 관련자	• 요양기관에 근무하고 있거나 근무했던 의사, 약사, 간호사, 의료기사 및 그 밖의 직원 등이 그 요양기관을 신고한 경우 • 약제·치료재료의 제조·판매업자에게 고용되어 있거나 고용되었던 사람이 요양기관을 신고한 경우	15만 원 이상 1,000만 원 이하	징수금 × 30 / 100
		1,000만 원 초과 5,000만 원 이하	300만 원 + {(징수금 − 1,000만 원) × 20 / 100}
		5,000만 원 초과	1,100만 원 + {(징수금 − 5,000만 원) × 10 / 100} ※ 단, 20억 원을 넘는 경우에는 20억 원으로 함
나. 요양기관 이용자	• 요양기관에서 진료를 받은 사람, 그 배우자 및 직계 존·비속이 해당 진료와 관련된 요양급여비용에 대하여 요양기관을 신고한 경우	2천 원 이상 2만 5천 원 이하	1만 원
		2만 5천 원 초과	징수금 × 40 / 100 ※ 단, 500만 원을 넘는 경우에는 500만 원으로 함
다. 그 밖의 신고인	• 가목 및 나목에 해당하지 않는 사람이 요양기관을 신고한 경우	10만 원 이상 1,000만 원 이하	징수금 × 20 / 100
		1,000만 원 초과 2,000만 원 이하	200만 원 + {(징수금 − 1,000만 원) × 15 / 100}
		2,000만 원 초과	350만 원 + {(징수금 − 2,000만 원) × 10 / 100} ※ 단, 500만 원을 넘는 경우에는 500만 원으로 함

① 1만 원   ② 180만 원   ③ 350만 원   ④ 500만 원

약점 보완 해설집 p.26

01. 다음 중 국민건강보험법상 직장가입자 제외 대상에 해당하지 않는 사람은?

① 「병역법」에 따른 군간부후보생

② 고용 기간이 1개월 미만인 일용근로자

③ 1개월 동안의 소정근로시간이 80시간 이상인 1년 계약직 교직원

④ 선거에 당선되어 취임하는 공무원으로서 매월 보수 또는 보수에 준하는 급료를 받지 않는 사람

02. 다음 중 국민건강보험법상 법인격등과 사무소에 대한 설명으로 옳지 않은 것은?

① 국민건강보험공단은 분사무소를 둘 수 없다.

② 국민건강보험공단의 주된 사무소의 소재지는 정관으로 정한다.

③ 국민건강보험공단은 법인으로 한다.

④ 국민건강보험공단은 주된 사무소의 소재지에서 설립등기를 함으로써 성립한다.

03. 다음 중 국민건강보험법상 연체금에 대한 설명으로 옳지 않은 것은?

① 국민건강보험공단은 보험료 납부의무자가 납부기한까지 보험료를 내지 않으면 납부기한이 지난 날로부터 매 30일이 경과할 때마다 연체금을 징수한다.

② 국민건강보험공단은 보험료 납부의무자가 체납된 보험료를 내지 않으면 납부기한 후 30일이 지난 날부터 매 1일이 경과할 때마다 연체금을 추가로 징수한다.

③ 보험급여 제한기간 중 받은 보험급여에 대한 징수금을 체납한 경우 해당 체납금액의 1,500분의 1에 해당하는 금액을 연체금으로 징수한다.

④ 국민건강보험공단은 보건복지부령으로 정하는 부득이한 사유가 있으면 연체금을 징수하지 않을 수 있다.

04. 다음 중 국민건강보험법상 자료의 제공에 대해 바르게 설명한 사람을 모두 고르면?

> - **정호**: 건강보험심사평가원은 공공단체에 대하여 요양급여비용을 심사하고 요양급여의 적정성을 평가하기 위하여 주민등록, 출입국관리, 진료기록 등 대통령령으로 정하는 자료를 제공하도록 요청할 수 있어.
> - **미경**: 그뿐만 아니라 건강보험심사평가원은 관계 행정기관의 장에게 약제에 대한 요양급여비용 상한금액의 감액 및 요양급여의 적용 정지를 위하여 필요한 자료를 제공하도록 요청할 수 있지.
> - **소연**: 국민건강보험공단은 지방자치단체에 대하여 건강보험사업을 수행하기 위하여 대통령령으로 정하는 자료를 제공하도록 요청할 수 있어.
> - **한올**: 만약 국민건강보험공단이 요양기관에 건강보험사업의 업무를 수행하기 위하여 대통령령으로 정하는 자료의 제공을 요청하는 경우에는 자료제공요청서를 발송해야 해.
> - **민수**: 너희들이 언급한 상황에서 국가, 지방자치단체, 요양기관, 「보험업법」에 따른 보험료율 산출기관, 그 밖의 공공기관 및 공공단체가 국민건강보험공단 또는 건강보험심사평가원에 제공하는 자료에 대해서는 사용료와 수수료 등을 삭감해 줘.

① 정호, 미경
② 정호, 소연, 한올
③ 미경, 소연, 한올, 민수
④ 정호, 미경, 소연, 한올, 민수

05. 다음 중 국민건강보험법상 보험급여의 제한 및 정지에 대한 설명으로 옳지 않은 것을 모두 고르면? (단, 보험급여를 받을 수 있는 사람에 한한다.)

> - ㉠ 교도소 수감자에게는 수감 기간 동안 보험급여를 하지 않는 대신 요양급여를 한다.
> - ㉡ 출국한 지 2주가 지난 경우 국외 체류 기간에는 보험급여를 하지 않는다.
> - ㉢ 현역병으로 입대한 경우 복무 기간에는 보험급여를 한다.
> - ㉣ 다른 법령에 따라 국가로부터 보험급여에 상당하는 비용을 지급받은 경우 그에 준하는 보험급여를 한다.

① ㉠, ㉢   ② ㉠, ㉣   ③ ㉡, ㉣   ④ ㉢, ㉣

06. 다음 중 국민건강보험법상 위반사실의 공표에 대한 설명으로 옳은 것의 개수는?

> ㉠ 보건복지부장관은 위반사실의 공표 여부 등을 심의하기 위해 건강보험공표심의위원회를 설치·운영한다.
> ㉡ 보건복지부장관은 건강보험공표심의위원회의 심의를 거친 공표대상자에게 공표대상자인 사실을 알려 소명자료를 제출하거나 출석하여 의견을 진술할 기회를 제공해야 한다.
> ㉢ 업무정지 행정처분을 받은 요양기관 중 거짓으로 청구한 금액이 1,000만 원 이상인 요양기관은 대통령령으로 정하는 사항을 공표할 수 있다.
> ㉣ 위반사실 공표의 절차·방법, 건강보험공표심의위원회의 구성·운영 등에 필요한 사항은 대통령령으로 정한다.

① 1개   ② 2개   ③ 3개   ④ 4개

07. 다음 중 국민건강보험법상 국민건강증진기금에서 지원받은 재원을 사용하는 사업에 해당하는 것의 개수는?

> ㉠ 가입자에 대한 보험급여   ㉡ 건강검진 등 건강증진에 관한 사업
> ㉢ 건강보험사업에 대한 운영비   ㉣ 65세 이상 노인 가입자에 대한 보험급여
> ㉤ 피부양자에 대한 보험급여   ㉥ 가입자와 피부양자의 흡연으로 인한 질병에 대한 보험급여

① 2개   ② 3개   ③ 4개   ④ 5개

08. 다음은 국민건강보험법상 보험료율에 대한 내용이다. 각 빈칸에 들어갈 말로 적절한 것은?

> 제73조(보험료율 등)
> ① 직장가입자의 보험료율은 (㉠)의 범위에서 심의위원회의 의결을 거쳐 대통령령으로 정한다.
> ② 국외에서 업무에 종사하고 있는 직장가입자에 대한 보험료율은 제1항에 따라 정해진 보험료율의 (㉡)으로 한다.
> ③ 지역가입자의 보험료율과 재산보험료부과점수당 금액은 심의위원회의 의결을 거쳐 대통령령으로 정한다.

	㉠	㉡
①	1천분의 50	100분의 50
②	1천분의 50	100분의 80
③	1천분의 80	100분의 50
④	1천분의 80	100분의 80

09. 다음 중 국민건강보험법상 가산금에 대한 설명으로 옳지 않은 것은?

① 국민건강보험공단은 가산금이 소액이더라도 징수하여야 한다.

② 가산금은 사용자가 직장가입자로 신고한 사람이 직장가입자로 처리된 기간 동안 그 가입자가 부담하여야 하는 보험료 총액에서 공단이 해당 가입자에 대하여 부과한 보험료의 총액을 뺀 금액의 약 10%이다.

③ 사업장의 사용자가 대통령령으로 정하는 사유에 해당되어 직장가입자가 될 수 없는 자를 국민건강보험법 제8조 제2항을 위반하여 거짓으로 보험자에게 직장가입자로 신고한 경우 가산금을 그 사용자에게 부과하여 징수한다.

④ 가산금을 징수하는 것이 적절하지 아니하다고 인정되는 등의 대통령령으로 정하는 경우에는 가산금을 징수하지 않을 수 있다.

10. 다음 중 국민건강보험법상 국민건강보험공단의 정관에 적어야 하는 것을 모두 고르면?

㉠ 예산 및 결산에 관한 사항	㉡ 사무소의 소재지	㉢ 이사장의 성명
㉣ 임직원에 관한 사항	㉤ 정관의 변경에 관한 사항	㉥ 이사회의 운영

① ㉢, ㉤　　　　　② ㉡, ㉢, ㉥　　　　　③ ㉠, ㉣, ㉤　　　　　④ ㉠, ㉡, ㉣, ㉤, ㉥

11. 다음 중 국민건강보험법상 제조업자 등의 금지행위에 대한 설명으로 옳지 않은 것은?

① 보건복지부장관은 보건복지부에 거짓 자료를 제출하여 보험자에게 손실을 준 의약품 제조업자에게 손실에 상당하는 금액을 징수한다.

② 보건복지부장관은 의료기기 제조업자가 건강보험심사평가원에 거짓 자료를 제출하여 보험자에게 손실을 준 사실이 있는지 확인하기 위하여 의료기기 제조업자에 관련 서류의 제출을 명할 수 있다.

③ 속임수로 요양급여비용 산정에 영향을 미치는 행위를 하여 가입자에게 손실을 준 의료기기 판매업자로부터 징수한 손실 상당액 중 가입자 손실에 해당되는 금액을 가입자에게 지급해야 한다.

④ 손실 상당액의 산정, 부과, 징수 절차 및 납부 방법 등에 관하여 필요한 사항은 대통령령으로 정한다.

12. 다음 중 국민건강보험법상 보건복지부장관에 의해 건강보험정책심의위원회의 위원에 임명 또는 위촉될 수 있는 사람을 모두 고르면?

> ㉠ 의료계를 대표하는 단체 및 약업계를 대표하는 단체가 추천하는 사람
> ㉡ 건강보험에 관한 학식과 경험이 풍부한 사람
> ㉢ 근로자단체 및 사용자단체가 추천하는 사람
> ㉣ 대통령령으로 정하는 중앙행정기관 소속 공무원
> ㉤ 시민단체, 소비자단체, 농어업인단체 및 자영업자단체가 추천하는 사람

① ㉡, ㉣   ② ㉠, ㉢, ㉤   ③ ㉡, ㉢, ㉣   ④ ㉠, ㉡, ㉢, ㉣, ㉤

13. 다음 중 국민건강보험법상 국내체류 외국인등(국내에 체류하는 재외국민 또는 외국인)의 건강보험에 대한 설명으로 옳은 것을 모두 고르면?

> ㉠ 국내체류 외국인등이 직장가입자가 되기 위해서는 주민등록·국내거소신고·외국인등록 중 하나를 한 상태이면서, 적용대상사업장의 근로자, 공무원 또는 교직원으로서 직장가입자 제외 대상에 해당하지 않아야 한다.
> ㉡ 국내체류 외국인등이 외국의 법령, 외국의 보험 또는 사용자와의 계약 등에 따라 요양급여에 상당하는 의료보장을 받을 수 있어 사용자 또는 가입자가 건강보험 가입 제외를 신청한 경우 가입자 및 피부양자가 될 수 없다.
> ㉢ 자격을 취득한 날이 속하는 달의 보험료를 징수하는 경우, 매월 26일 이후부터 말일까지의 기간에 자격을 취득한 경우를 제외하고는 국내체류 외국인등에 해당하는 지역가입자의 보험료는 당월 25일까지 납부해야 한다.
> ㉣ 지역가입자인 국내체류 외국인등이 세대 단위의 보험료를 체납하였으나, 국민건강보험공단으로부터 분할납부 승인을 받고 그 승인된 보험료를 1회 이상 낸 경우 보험급여를 할 수 있다.

① ㉠, ㉡   ② ㉢, ㉣   ③ ㉠, ㉡, ㉢   ④ ㉡, ㉢, ㉣

14. 다음 ㉠~㉢을 국민건강보험법상 벌금 상한액이 높은 것부터 순서대로 바르게 나열한 것은?

> ㉠ 정당한 이유 없이 요양급여를 거부한 요양기관
> ㉡ 국민건강보험공단에 종사하는 사람으로서 가입자 및 피부양자의 개인정보를 누설한 자
> ㉢ 자신이 고용한 근로자의 직장가입자 자격 취득을 방해한 사용자

① ㉠ - ㉡ - ㉢   ② ㉠ - ㉢ - ㉡   ③ ㉡ - ㉠ - ㉢   ④ ㉡ - ㉢ - ㉠

15. 다음 중 국민건강보험법상 시효에 대한 설명으로 옳지 않은 것을 모두 고르면?

> ㉠ 보험료, 연체금 및 가산금을 징수할 권리는 1년 동안 행사하지 않으면 소멸시효가 완성된다.
> ㉡ 국민건강보험법에서 소멸시효기간, 시효 중단, 시효 정지에 관하여 정한 사항 외에는 「국세기본법」에 따른다.
> ㉢ 휴직자등의 보수월액보험료를 징수할 권리의 소멸시효는 고지가 유예된 경우 휴직 등의 사유가 끝날 때까지 진행하지 않는다.
> ㉣ 보험료의 고지 또는 독촉 시 국민건강보험법 제91조 제1항에 따른 시효가 중단된다.

① ㉠, ㉡   ② ㉡, ㉣   ③ ㉢, ㉣   ④ ㉠, ㉡, ㉢

16. 다음 중 국민건강보험법상 보험료 및 보수월액에 대한 설명으로 옳지 않은 것은?

① 휴직자의 보수월액보험료는 해당 사유가 생기기 전년의 보수월액을 기준으로 산정한다.

② 가입자의 자격 변동 시 변동된 날이 1일이 아닌 경우 해당 월의 보험료는 변동 전의 자격을 기준으로 징수한다.

③ 지역가입자의 월별 보험료액은 세대 단위로 산정한다.

④ 15일에 자격을 취득한 가입자의 보험료는 가입자의 자격을 취득한 날이 속한 달의 다음 달부터 징수한다.

17. 다음 중 국민건강보험법상 요양급여 대상 여부의 확인에 대한 설명으로 옳지 않은 것은?

① 가입자나 피부양자는 본인일부부담금 외에 자신이 부담한 비용이 요양급여 대상에서 제외되는 비용인지 여부에 대하여 건강보험심사평가원에 확인을 요청할 수 있다.

② 요양급여 대상 여부의 확인 요청을 받은 건강보험심사평가원은 그 결과를 요청한 사람에게 알려야 한다.

③ 건강보험심사평가원은 가입자나 피부양자가 확인 요청한 비용이 요양급여 대상에 해당되는 비용으로 확인되면 그 내용을 국민건강보험공단 또는 관련 요양기관에 알려야 한다.

④ 가입자나 피부양자가 확인 요청한 비용이 요양급여 대상에 해당되는 비용이라는 내용을 통보받은 요양기관은 받아야 할 금액보다 더 많이 징수한 금액을 지체 없이 확인을 요청한 사람에게 지급해야 한다.

18. 다음 중 국민건강보험법상 가입자와 피부양자의 질병, 부상, 출산 등에 대하여 실시하는 요양급여에 해당하는 것의 개수는?

㉠ 진찰·검사	㉡ 입원	㉢ 간호	㉣ 예방·재활	㉤ 처치·수술	㉥ 이송

① 3개   ② 4개   ③ 5개   ④ 6개

19. 다음 중 국민건강보험법상 국민건강보험종합계획의 수립 등에 대한 설명으로 옳지 않은 것은?

① 보건복지부장관은 10년마다 국민건강보험종합계획을 수립해야 한다.

② 국민건강보험종합계획은 건강보험정책심의위원회의 심의를 거쳐야 한다.

③ 국민건강보험종합계획에는 건강증진 사업에 관한 사항이 포함되어야 한다.

④ 보건복지부장관은 매년 시행계획에 따른 추진실적을 평가해야 한다.

20. 다음 중 국민건강보험법상 국민건강보험공단이 포상금을 지급할 수 있는 경우에 해당하지 않는 사람은?

> - **소영:** 속임수로 보험급여를 받은 사람을 신고하였다.
> - **우람:** 부당한 방법으로 다른 사람이 보험급여를 받도록 한 사람을 신고하였다.
> - **진수:** 건강보험 재정을 운영하는 데에 이바지한 요양기관을 신고하였다.
> - **현아:** 부당한 방법으로 보험급여 비용을 받은 보조기기 판매업자를 신고하였다.

① 소영   ② 우람   ③ 진수   ④ 현아

약점 보완 해설집 p.38

01. 다음은 노인장기요양보험법상 장기요양인정 신청의 조사에 대한 내용이다. 빈칸에 들어갈 숫자로 적절한 것은?

> 국민건강보험공단은 장기요양인정을 신청하는 자가 신청서를 접수한 때 보건복지부령에 따라 소속 직원으로 하여금 신청인의 심신상태, 신청인에게 필요한 장기요양급여의 종류 및 내용, 그 밖에 장기요양에 관하여 필요한 사항으로서 보건복지부령으로 정하는 사항을 조사하게 해야 하며, 이를 조사하는 경우 국민건강보험공단은 (   )명 이상의 소속 직원이 조사할 수 있도록 해야 한다.

① 2 　　　　　　② 3 　　　　　　③ 4 　　　　　　④ 5

02. 다음 중 노인장기요양보험법상 재가 및 시설 급여비용의 청구 및 지급에 대한 설명으로 옳지 않은 것은?

① 국민건강보험공단은 장기요양기관으로부터 재가 또는 시설 급여비용의 청구를 받은 경우 장기요양에 사용된 비용 중 공단부담금을 해당 장기요양기관에 지급해야 한다.

② 장기요양급여비용을 심사한 결과에 따른 본인부담금이 수급자가 이미 낸 본인부담금보다 더 적으면 두 금액 간의 차액을 장기요양기관이 수급자에게 반환 지급해야 한다.

③ 장기요양기관의 장기요양급여평가 결과에 따라 장기요양급여비용을 가산 또는 감액조정하여 지급할 수 있다.

④ 장기요양기관은 지급받은 장기요양급여비용 중 보건복지부장관이 정하여 고시하는 비율에 따라 그 일부를 장기요양요원에 대한 인건비로 지출해야 한다.

03. 다음 중 노인장기요양보험법상 가족요양비 지급 대상에 해당하지 않는 사람은?

① 장기요양기관이 현저히 부족한 지역이면서 보건복지부장관이 정하여 고시한 지역에 거주하는 자

② 천재지변으로 인해 장기요양기관이 제공하는 장기요양급여를 이용하기 어렵다고 보건복지부장관이 인정하는 자

③ 성격 측면에서 대통령령으로 정하는 사유로 인해 가족 등으로부터 장기요양을 받아야 하는 자

④ 미성년자로서 보건복지부령으로 인해 가족 등으로부터 장기요양을 받아야 하는 자

04. 다음 중 노인장기요양보험법상 장기요양기관 폐업에 대한 설명으로 옳지 않은 것의 개수는?

> ⊙ 장기요양기관의 폐업 예정일이 8월 20일인 경우 이를 8월 1일에 신고하면 법에 위배되지 않는다.
> ⓒ 특별자치시장은 장기요양기관이 운영하는 노인의료복지시설에 사업정지 명령을 내리는 경우 30일 내로 국민건강보험공단에 해당 내용을 통보해야 한다.
> ⓒ 특별자치시장은 장기요양기관의 장이 유효기간이 끝나기 60일 전까지 지정 갱신 신청을 하지 아니하는 경우 그 사실을 국민건강보험공단에 통보해야 한다.
> ⓔ 휴업 신고를 하는 장기요양기관의 장이 휴업 예정일 전까지 국민건강보험공단의 허가를 받은 경우에도 장기요양급여 제공 자료를 직접 보관할 수 없다.

① 1개   ② 2개   ③ 3개   ④ 4개

05. 다음은 노인장기요양보험법상 장기요양인정의 유효기간에 대한 내용이다. 빈칸에 들어갈 말로 적절한 것은?

> **제19조(장기요양인정의 유효기간)**
> ① 장기요양인정의 유효기간은 최소 (   ) 이상으로서 대통령령으로 정한다.
> ② 제1항의 유효기간의 산정방법과 그 밖에 필요한 사항은 보건복지부령으로 정한다.

① 6개월   ② 1년   ③ 3년   ④ 5년

06. 다음 중 노인장기요양보험법상 청문을 해야 하는 경우에 해당하지 않는 것은?

① 재가장기요양기관 폐쇄명령
② 장기요양기관 지정취소
③ 장기요양급여 제공의 제한 처분
④ 장기요양기관 업무정지명령

07. 다음은 노인장기요양보험법상 용어의 정의이다. 각 설명에 해당하는 용어가 바르게 짝지어진 것은?

> (가) 6개월 이상 동안 혼자서 일상생활을 수행하기 어렵다고 인정되는 자에게 신체활동·가사활동의 지원 또는 간병 등의 서비스나 이에 갈음하여 지급하는 현금 등
> (나) 장기요양보험료, 국가 및 지방자치단체의 부담금 등을 재원으로 하여 노인등에게 장기요양급여를 제공하는 사업
> (다) 제31조에 따른 지정을 받은 기관으로서 장기요양급여를 제공하는 기관

	(가)	(나)	(다)
①	재가급여	장기요양사업	장기요양요원
②	장기요양급여	장기요양사업	장기요양기관
③	장기요양급여	노인성질환예방사업	장기요양요원
④	재가급여	노인성질환예방사업	장기요양기관

08. 다음은 노인장기요양보험법상 시정명령에 대한 내용이다. 빈칸에 들어갈 숫자로 적절한 것은?

> 제36조의2(시정명령)
> 특별자치시장·특별자치도지사·시장·군수·구청장은 장기요양기관 재무·회계기준을 위반한 장기요양기관에 대하여 (   )개월 이내의 범위에서 일정한 기간을 정하여 시정을 명할 수 있다.

① 3   ② 6   ③ 12   ④ 24

09. 다음은 노인장기요양보험법상 장기요양인정의 갱신에 대한 내용이다. 빈칸에 들어갈 숫자로 적절한 것은?

> 제20조(장기요양인정의 갱신)
> ① 수급자는 제19조에 따른 장기요양인정의 유효기간이 만료된 후 장기요양급여를 계속하여 받고자 하는 경우 국민건강보험공단에 장기요양인정의 갱신을 신청하여야 한다.
> ② 제1항에 따른 장기요양인정의 갱신 신청은 유효기간이 만료되기 전 (   )일까지 이를 완료하여야 한다.
> ③ 제12조부터 제19조까지의 규정은 장기요양인정의 갱신절차에 관하여 준용한다.

① 15   ② 30   ③ 60   ④ 72

10. 다음 중 노인장기요양보험법상 재가 및 시설 급여비용의 산정에 대한 설명으로 옳은 것을 모두 고르면?

> ㉠ 재가 및 시설 급여비용은 급여종류 및 장기요양등급 등에 따라 장기요양위원회의 심의를 거쳐 보건복지부장관이 정하여 고시한다.
> ㉡ 보건복지부장관은 재가 및 시설 급여비용을 정할 때 보건복지부령으로 정하는 바에 따라 국가 및 지방자치단체로부터 장기요양기관의 설립비용을 지원받았는지 여부 등을 고려할 수 있다.
> ㉢ 재가 및 시설 급여비용의 구체적인 산정방법 및 항목 등에 관하여 필요한 사항은 보건복지부령으로 정한다.

① ㉠　　　　　　② ㉡　　　　　　③ ㉠, ㉢　　　　　　④ ㉡, ㉢

11. 다음은 노인장기요양보험법상 과징금의 부과에 대한 내용이다. 각 빈칸에 들어갈 말로 적절한 것은?

> ① 특별자치시장·특별자치도지사·시장·군수·구청장은 제37조 제1항 각 호의 어느 하나(같은 항 제4호는 제외한다)에 해당하는 행위를 이유로 업무정지명령을 해야 하는 경우로서 그 업무정지가 해당 장기요양기관을 이용하는 수급자에게 심한 불편을 줄 우려가 있는 등 보건복지부장관이 정하는 특별한 사유가 있다고 인정되는 경우에는 업무정지명령을 갈음하여 (㉠) 원 이하의 과징금을 부과할 수 있다. 다만, 제37조 제1항 제6호를 위반한 행위로서 보건복지부령으로 정하는 경우에는 그러하지 아니하다.
> ② 특별자치시장·특별자치도지사·시장·군수·구청장은 제37조 제1항 제4호에 해당하는 행위를 이유로 업무정지명령을 해야 하는 경우로서 그 업무정지가 해당 장기요양기관을 이용하는 수급자에게 심한 불편을 줄 우려가 있는 등 보건복지부장관이 정하는 특별한 사유가 있다고 인정되는 경우에는 업무정지명령을 갈음하여 거짓이나 그 밖의 부정한 방법으로 청구한 금액의 (㉡) 이하의 금액을 과징금으로 부과할 수 있다.

	㉠	㉡
①	5천만	2배
②	1억	3배
③	2억	5배
④	5억	10배

12. 다음 중 노인장기요양보험법상 장기요양기관 지정의 취소 등에 대한 설명으로 옳지 않은 것은?

① 지정취소 또는 업무정지되는 장기요양기관의 장은 해당 기관에서 수급자가 부담한 비용 중 정산해야 할 비용이 있는 경우 이를 정산해야 한다.

② 장기요양기관 지정취소를 받은 후 5년이 지나지 않은 자는 장기요양기관으로 지정받을 수 없다.

③ 특별자치시장·특별자치도지사·시장·군수·구청장이 장기요양기관을 지정취소하거나 6개월의 범위에서 업무정지를 명하는 행정처분의 기준은 보건복지부령으로 정한다.

④ 특별자치시장·특별자치도지사·시장·군수·구청장은 장기요양기관 지정을 취소하거나 업무정지명령을 한 경우 지체 없이 그 내용을 국민건강보험공단 및 보건복지부장관에게 통보해야 한다.

13. 다음 중 노인장기요양보험법상 과태료 부과 대상에 해당하는 사람을 모두 고르면?

> ㉠ 거짓으로 장기요양급여비용 청구에 가담한 사람
> ㉡ 수급자에게 장기요양급여비용에 대한 명세서를 교부하지 않은 장기요양기관의 장
> ㉢ 행정제재처분을 받아 양수인등에게 지체 없이 사실을 전달한 사람
> ㉣ 장기요양보험 사업을 수행하지 않으면서 노인장기요양보험과 유사한 용어를 사용한 사람
> ㉤ 시설 및 인력 등 중요한 사항을 변경하고자 변경지정을 받은 사람

① ㉠, ㉡   ② ㉢, ㉤   ③ ㉠, ㉡, ㉣   ④ ㉢, ㉣, ㉤

14. 다음 중 노인장기요양보험법상 장기요양등급판정위원회에 대한 설명으로 옳은 것을 모두 고르면?

> ㉠ 등급판정위원회는 위원장 1인을 포함하여 10인의 위원으로 구성한다.
> ㉡ 등급판정위원회 위원의 임기는 3년이며 두 차례 연임할 수 있지만, 공무원인 위원의 임기는 재임기간으로 한다.
> ㉢ 등급판정위원회는 인구수 등을 고려하여 하나의 특별자치시·특별자치도·시·군·구에 3 이상의 등급판정위원회를 설치하거나 3 이상의 특별자치시·특별자치도·시·군·구를 통합하여 하나의 등급판정위원회를 설치할 수 있다.
> ㉣ 등급판정위원회 회의는 구성원 과반수의 출석으로 개의하고 출석위원 과반수의 찬성으로 의결한다.
> ㉤ 노인장기요양보험법에서 정한 것 외에 등급판정위원회의 구성과 운영, 그 밖에 필요한 사항은 대통령령으로 정한다.

① ㉠, ㉢   ② ㉡, ㉣   ③ ㉢, ㉤   ④ ㉣, ㉤

15. 다음 중 노인장기요양보험법상 부당이득의 징수에 대한 설명으로 옳지 않은 것은?

① 국민건강보험공단은 거짓 보고 또는 증명에 따라 장기요양급여가 제공된 때 거짓의 행위에 관여한 자에 대하여 장기요양급여를 받은 자와 연대하여 장기요양급여에 상당하는 징수금을 납부하게 할 수 있다.

② 국민건강보험공단은 장기요양기관이 수급자로부터 거짓이나 그 밖의 부정한 방법으로 장기요양급여비용을 받은 때 해당 장기요양기관으로부터 이를 징수하여 수급자에게 지체 없이 지급해야 한다.

③ 국민건강보험공단은 거짓이나 그 밖의 부정한 방법으로 장기요양급여를 받은 자와 같은 세대에 속한 자에 대하여 장기요양급여에 상당하는 징수금을 납부하게 해서는 안 된다.

④ 국민건강보험공단은 노인장기요양보험법상의 원인 없이 국민건강보험공단으로부터 장기요양급여를 지급받은 자에게 그 장기요양급여에 상당하는 금액을 징수한다.

16. 다음은 노인장기요양보험법상 벌칙에 대한 내용이다. 각 빈칸에 들어갈 말로 적절한 것은?

"누구든지 영리를 목적으로 금전, 물품, 노무, 향응, 그 밖의 이익을 제공하거나 제공할 것을 약속하는 방법으로 수급자를 장기요양기관에 소개, 알선 또는 유인하는 행위 및 이를 조장하는 행위를 하여서는 아니 된다."는 제35조 제6항을 위반하여 수급자를 소개, 알선 또는 유인하는 행위를 하거나 이를 조장한 자는 (㉠) 이하의 징역 또는 (㉡) 이하의 벌금에 처한다.

	㉠	㉡
①	6개월	500만 원
②	1년	1천만 원
③	2년	2천만 원
④	3년	3천만 원

17. 다음 중 노인장기요양보험법상 보고 및 검사에 대한 설명으로 옳지 않은 것은?

① 보건복지부장관은 장기요양급여를 받은 자에게 장기요양급여의 제공 명세 등 장기요양급여 관련 자료의 제출을 명할 수 있다.

② 보건복지부장관은 소속 공무원을 통해 장기요양보험 가입자에게 질문을 하게 하거나 서류를 검사하게 할 수 있다.

③ 보건복지부장관은 보고나 검사 업무를 효율적으로 수행하기 위하여 필요한 경우에는 장기요양기관에 행정응원을 요청할 수 있다.

④ 질문 또는 검사의 절차 및 방법 등에 관하여는 노인장기요양보험법에서 정하는 사항 외에는 「행정조사기본법」에서 정하는 바에 따른다.

18. 다음은 노인장기요양보험법상 장기요양급여 제공의 제한에 대한 내용이다. 빈칸에 들어갈 말로 적절한 것은?

제37조의5(장기요양급여 제공의 제한)
① 특별자치시장·특별자치도지사·시장·군수·구청장은 장기요양기관의 종사자가 거짓이나 그 밖의 부정한 방법으로 재가급여비용 또는 시설급여비용을 청구하는 행위에 가담한 경우 해당 종사자가 장기요양급여를 제공하는 것을 (　　　)의 범위에서 제한하는 처분을 할 수 있다.
② 특별자치시장·특별자치도지사·시장·군수·구청장은 제1항에 따른 처분을 한 경우 지체 없이 그 내용을 국민건강보험공단에 통보하여야 한다.
③ 제1항 및 제2항에 따른 장기요양급여 제공 제한 처분의 기준·방법, 통보의 방법·절차, 그 밖에 필요한 사항은 보건복지부령으로 정한다.

① 4년　　　　　② 3년　　　　　③ 2년　　　　　④ 1년

19. 다음 중 노인장기요양보험법상 장기요양위원회의 구성 및 운영에 대해 잘못 말한 사람은?

① 갑: 장기요양위원회의 위원장은 보건복지부차관이 되고, 부위원장은 위원 중에서 위원장이 지명하네.

② 을: 장기요양위원회 위원의 임기는 2년으로 하되, 공무원인 위원의 임기는 재임기간으로 하는군.

③ 병: 노인장기요양보험법에서 정한 것 외에 장기요양위원회의 구성·운영, 그 밖에 필요한 사항은 대통령령으로 정하지.

④ 정: 장기요양위원회는 위원장 1인, 부위원장 1인을 포함하여 16인 이상 22인 이하의 위원으로 구성해야 해.

20. 다음 중 노인장기요양보험법상 보건복지부령으로 정하는 사항에 해당하지 않는 것은?

① 장기요양급여의 제공 기준·절차·방법·범위, 그 밖에 필요한 사항

② 장기요양급여 월 한도액의 산정기준 및 방법, 그 밖에 필요한 사항

③ 장기요양급여 종류별 장기요양요원의 범위·업무·보수교육 등에 관하여 필요한 사항

④ 장기요양사업 실태조사의 방법과 내용 등에 필요한 사항

약점 보완 해설집 p.43

성명

수험번호

⓪	⓪	⓪	⓪	⓪	⓪
①	①	①	①	①	①
②	②	②	②	②	②
③	③	③	③	③	③
④	④	④	④	④	④
⑤	⑤	⑤	⑤	⑤	⑤
⑥	⑥	⑥	⑥	⑥	⑥
⑦	⑦	⑦	⑦	⑦	⑦
⑧	⑧	⑧	⑧	⑧	⑧
⑨	⑨	⑨	⑨	⑨	⑨

응시분야

감독관 확인

NCS 직업기초능력

번호	답란				번호	답란				번호	답란			
1	①	②	③	④	21	①	②	③	④	41	①	②	③	④
2	①	②	③	④	22	①	②	③	④	42	①	②	③	④
3	①	②	③	④	23	①	②	③	④	43	①	②	③	④
4	①	②	③	④	24	①	②	③	④	44	①	②	③	④
5	①	②	③	④	25	①	②	③	④	45	①	②	③	④
6	①	②	③	④	26	①	②	③	④	46	①	②	③	④
7	①	②	③	④	27	①	②	③	④	47	①	②	③	④
8	①	②	③	④	28	①	②	③	④	48	①	②	③	④
9	①	②	③	④	29	①	②	③	④	49	①	②	③	④
10	①	②	③	④	30	①	②	③	④	50	①	②	③	④
11	①	②	③	④	31	①	②	③	④	51	①	②	③	④
12	①	②	③	④	32	①	②	③	④	52	①	②	③	④
13	①	②	③	④	33	①	②	③	④	53	①	②	③	④
14	①	②	③	④	34	①	②	③	④	54	①	②	③	④
15	①	②	③	④	35	①	②	③	④	55	①	②	③	④
16	①	②	③	④	36	①	②	③	④	56	①	②	③	④
17	①	②	③	④	37	①	②	③	④	57	①	②	③	④
18	①	②	③	④	38	①	②	③	④	58	①	②	③	④
19	①	②	③	④	39	①	②	③	④	59	①	②	③	④
20	①	②	③	④	40	①	②	③	④	60	①	②	③	④

직무시험(법률)

번호	답란			
1	①	②	③	④
2	①	②	③	④
3	①	②	③	④
4	①	②	③	④
5	①	②	③	④
6	①	②	③	④
7	①	②	③	④
8	①	②	③	④
9	①	②	③	④
10	①	②	③	④
11	①	②	③	④
12	①	②	③	④
13	①	②	③	④
14	①	②	③	④
15	①	②	③	④
16	①	②	③	④
17	①	②	③	④
18	①	②	③	④
19	①	②	③	④
20	①	②	③	④

해커스

국민건강
보험공단
NCS + 법률

FINAL
봉투모의고사

약점 보완 해설집

해커스

국민건강보험공단 필기시험 알아보기

1 필기시험 특징

1. 국민건강보험공단 일반공채 필기전형에서는 NCS 직업기초능력 60문항과 직무시험(법률) 20문항 총 80문항을 평가한다.
2. NCS 직업기초능력은 영역 간 세부 시간 구분 없이 60분 동안 진행되며, 직무시험(법률)은 NCS 직업기초능력 종료 후 10분의 직무시험 준비시간을 가진 뒤 20분간 진행된다.
3. 오답에 대한 감점은 없으나, 필기시험의 합격자는 과목별 40% 이상, 전 과목 총점의 60% 이상 득점자 중에서 가점을 합한 고득점자순으로 선발된다.

[참고] 국민건강보험공단 필기시험 출제 영역

직무	NCS 직업기초능력	직무시험(법률)
행정직/건강직/기술직	의사소통능력, 수리능력, 문제해결능력	국민건강보험법
요양직		노인장기요양보험법
전산직	의사소통능력, 수리능력, 문제해결능력, 전산개발 기초능력	국민건강보험법

2 의사소통능력 최신 시험 출제 경향

1. 중심 내용 파악, 세부 내용 파악, 글의 구조 파악 등의 독해력 문제와 문장 삭제 등의 문서작성기술 문제가 출제되었으며, 난이도는 평이한 편이었다.
2. 국민건강보험공단과 관련된 보도자료의 출제 비중이 높았으며, 제시된 지문과 일치하거나 불일치하는 것을 고르는 문제가 비중 높게 출제되었다.

3 수리능력 최신 시험 출제 경향

1. 방정식, 통계 등의 기초연산 문제는 출제되지 않았고, 자료해석, 자료변환, 빈칸추론 등의 도표분석 문제만 출제되었으며, 난이도는 쉬운 편이었다.
2. 계산이 비교적 간단한 문제가 출제되었으며, 정확하게 계산하지 않아도 암산만으로 풀이 가능한 문제가 많이 출제되었다.

4 문제해결능력 최신 시험 출제 경향

1. 명제추리, 조건추리 등의 사고력 문제는 출제되지 않았고, 문제처리 유형의 문제만 출제되었으며, 난이도는 약간 어려운 편이었다.
2. 국민건강보험공단, 의학, 보험 등과 관련된 문제의 출제 비중이 높았으며, 의사소통능력과 유사하게 자료와 선택지 간의 일치 여부를 묻는 문제와 자료의 수치를 비교하거나 계산하여 풀이하는 문제가 많이 출제되었다.

5 직무시험(법률) 최신 시험 출제 경향

1. '할 수 있다' 또는 '하여야 한다'와 같은 서술어의 차이를 묻는 문제와 보건복지부령과 대통령령을 구분해야 하는 문제 등이 출제되지 않았으며, 사례 제시형 문제가 낮은 비중으로 출제되어 난이도는 쉬운 편이었다.
2. 여러 개의 선택지를 고르거나 개수를 구하는 합답형 문제가 많이 출제되었다.

학습 플랜 & 취약 영역 분석표

· 하루에 1회씩 실전모의고사를 풀고 난 후, 아래 QR 코드를 통해 경쟁자와 나의 위치를 비교해보세요.
· 영역별로 맞힌 개수, 틀리거나 풀지 못한 문제 번호를 적고 나서 취약한 영역이 무엇인지 파악해보세요. 취약한 영역은 틀리거나 풀지 못한 문제를 다시 풀어보면서 확실히 극복하세요.

1일	실전모의고사 1회			
학습 날짜	구분	영역	맞힌 개수	틀리거나 풀지 못한 문제 번호
___ 월 ___ 일	NCS 직업기초능력	의사소통능력	/20	
		수리능력	/20	
		문제해결능력	/20	
	직무시험(법률)	국민건강보험법	/20	
		노인장기요양보험법	/20	

2일	실전모의고사 2회			
학습 날짜	구분	영역	맞힌 개수	틀리거나 풀지 못한 문제 번호
___ 월 ___ 일	NCS 직업기초능력	의사소통능력	/20	
		수리능력	/20	
		문제해결능력	/20	
	직무시험(법률)	국민건강보험법	/20	
		노인장기요양보험법	/20	

'바로 채점 및 성적 분석 서비스'로 바로 확인하는 내 위치! ▶

실전모의고사 1회

바로 채점 및 성적 분석 서비스

NCS 직업기초능력 정답·해설

01 의사소통	02 의사소통	03 의사소통	04 의사소통	05 의사소통	06 의사소통	07 의사소통	08 의사소통	09 의사소통	10 의사소통
④	③	③	③	②	①	①	②	②	①
11 의사소통	12 의사소통	13 의사소통	14 의사소통	15 의사소통	16 의사소통	17 의사소통	18 의사소통	19 의사소통	20 의사소통
③	③	④	③	④	④	④	④	①	④
21 수리	22 수리	23 수리	24 수리	25 수리	26 수리	27 수리	28 수리	29 수리	30 수리
③	①	④	④	③	①	②	①	③	①
31 수리	32 수리	33 수리	34 수리	35 수리	36 수리	37 수리	38 수리	39 수리	40 수리
③	④	④	②	①	①	④	①	③	④
41 문제해결	42 문제해결	43 문제해결	44 문제해결	45 문제해결	46 문제해결	47 문제해결	48 문제해결	49 문제해결	50 문제해결
④	②	③	④	②	②	②	①	②	②
51 문제해결	52 문제해결	53 문제해결	54 문제해결	55 문제해결	56 문제해결	57 문제해결	58 문제해결	59 문제해결	60 문제해결
②	②	③	③	①	②	③	②	④	②

[01-03]

01 의사소통능력　　　　　　　　　정답 ④

이 보도자료는 국민건강보험공단이 요양병원 퇴원예정 환자의 안정적인 지역사회 복귀를 지원하기 위해 요양병원과 지자체 간 자원 연계 시스템을 구축하여 지역사회 통합 돌봄 선도사업 지역부터 운영한다는 사실을 홍보하기 위해 작성되었으므로 이 보도자료의 작성 목적으로 가장 적절한 것은 ④이다.

오답 체크

① 요양병원 퇴원환자가 사회 복귀 시 겪는 어려움을 해결할 수 있는 방안의 필요성에 대해서는 다루고 있지 않으므로 적절하지 않은 내용이다.

② 3~4문단에서 지자체와 요양병원 간 새롭게 구축된 요양병원 퇴원환자 사회 복귀 지원 시스템에 대해 서술하고 있지만, 요양병원 퇴원 절차별 변경된 내용에 대해서는 다루고 있지 않으므로 적절하지 않은 내용이다.

③ 5문단에서 요양병원 퇴원환자지원 활성화 및 지원인력의 전문성 강화를 위한 방안에 대해 서술하고 있지만, 방안 마련의 필요성에 대해서는 다루고 있지 않으므로 적절하지 않은 내용이다.

02 의사소통능력　　　　　　　　　정답 ③

3문단에서 요양병원 퇴원이 예정된 장기요양수급자의 경우 국민건강보험공단 요양기관 정보마당에 구축된 연계자원 시스템을 통해 지자체 외 노인장기요양보험 운영센터에서도 상담을 받을 수 있다고 하였으므로 공단의 요양기관 정보마당을 통하였을 때 요양병원 퇴원예정 장기요양수급자의 상담이 지자체를 통해서만 이루어지는 것은 아님을 알 수 있다.

오답 체크

① 4문단에서 현재 서비스 연계 대상자는 주민등록 주소지가 지역사회 통합 돌봄 선도사업 지역에 해당하는 요양병원 퇴원예정 환자에 한한다고 하였으므로 적절한 내용이다.

② 5문단에서 국민건강보험공단은 요양병원의 퇴원환자지원을 촉진하고 환자지원팀의 전문성을 높이기 위해서 요양병원 퇴원환자지원 기본교육을 진행하고 지사 지역사회연계협력팀을 요양병원 현장에 지원하고 있다고 하였으므로 적절한 내용이다.

④ 2문단에서 기존에는 요양병원 환자지원팀이 퇴원예정 환자에게 필요한 지역사회 서비스 정보 의뢰 시 팩스 또는 유선으로 진행하여 업무처리에 긴 시간이 소요되었다고 하였으므로 적절한 내용이다.

03 의사소통능력   정답 ③

1문단에서 요양병원과 지자체 간 자원 연계 시스템은 요양병원 환자지원팀이 퇴원예정 환자의 퇴원지원표준계획서를 지자체에 의뢰하면 환자에게 필요한 서비스 목록을 지자체가 요양병원에 제공하는 방식이라고 하였으므로 자원 연계 시스템을 통해 요양병원 환자지원팀이 퇴원예정 환자에게 적합한 서비스를 직접 찾아 연계해 준다는 내용의 ©은 삭제되어야 한다.

[04 - 06]
04 의사소통능력   정답 ③

이 글은 보건복지부가 OECD에서 제공한 '한눈에 보는 보건'을 토대로 개별 국가의 보건의료 성과 수준 및 현황을 분석한 결과 우리나라의 외래 진료 수준은 높아지고 있으나 천식이나 당뇨병 등의 만성질환 입원율 및 정신질환자 사망률이 다른 OECD 평균 수치 대비 높아 이에 대한 관리가 필요함을 설명하는 내용이므로 이 글의 중심 내용으로 가장 적절한 것은 ③이다.

오답 체크

① 1문단에서 우리나라의 외래 진료 수준은 높아지고 있으며, 대장암과 위암 진료는 세계 최고 수준이라는 점은 서술하고 있으나 글 전체를 포괄할 수 없으므로 적절하지 않은 내용이다.

② 1문단에서 우리나라의 외래 진료 수준은 높은 편이나 만성질환 입원율과 정신질환자 사망률이 다른 OECD 평균 수치보다 높은 것으로 파악된다고 하였으므로 적절하지 않은 내용이다.

④ 1문단에서 우리나라의 대장암 및 위암 진료는 세계 최고 수준이며 급성기 진료의 질도 일부 개선되고 있음이 확인되었다고 하였으므로 적절하지 않은 내용이다.

05 의사소통능력   정답 ②

4문단에서 정신질환자 사망률인 초과사망비의 확인 결과 조현병 환자와 양극성 정동장애 환자의 초과사망비가 각각 4.4와 4.2로 확인되었으며, OECD 평균 수치가 각각 4.0과 2.9이기 때문에 우리나라의 정신질환에 대한 관리가 부족하다는 것을 파악할 수 있다고 하였으므로 우리나라의 조현병 및 양극성 정동장애 환자 초과사망비가 4.0을 넘지 않아 OECD 평균 수치보다 낮은 것은 아님을 알 수 있다.

오답 체크

① 3문단에서 천식 및 당뇨병 등의 질환은 일차의료 시 입원율을 낮출 수 있는 질병으로, 해당 질병에 대한 입원율이 높다는 것은 관리 소홀로 질병을 악화시켰다는 것을 의미한다고 하였으므로 적절한 내용이다.

③ 1문단에서 보건복지부에서 OECD에서 발표한 '한눈에 보는 보건'을 바탕으로 우리나라를 포함한 개별 국가의 보건의료 성과 수준·현황 등을 분석하였다고 하였으므로 적절한 내용이다.

④ 2문단에서 대장암 및 위암 환자의 5년 순 생존율을 통해 우리나라가 OECD 국가 중에서 보건 수준이 뛰어나다는 사실을 확인할 수 있다고 하였으므로 적절한 내용이다.

06 의사소통능력   정답 ①

빈칸 앞에서는 허혈성 뇌졸중의 30일 치명률이 2008년부터 감소하여 2017년에 OECD 평균 수치보다 낮았다는 내용을 말하고 있고, 빈칸 뒤에서는 급성 심근경색의 30일 치명률이 2016년부터 증가하여 2017년에 OECD 평균 수치보다 높았다는 내용을 말하고 있다. 따라서 앞의 내용과 뒤의 내용이 상반될 때 사용하는 접속어 '다만'이 들어가는 것이 적절하다.

[07 - 08]
07 의사소통능력   정답 ①

6문단에서 새로운 주민등록번호 부여 체계는 신규 부여자 및 번호 변경자에게만 적용될 예정이며, 기존 주민등록번호는 그대로 사용하면 된다고 하였으므로 새로운 주민등록번호 부여 체계가 신규 부여자와 번호 변경자에게 먼저 부여되고, 이후 기존 주민등록번호에도 반영될 예정인 것은 아님을 알 수 있다.

오답 체크

② 4문단에서 영화관, 대형쇼핑몰과 같은 다중이용시설의 경우 앞으로 여러 안보위협이나 재난 발생 시 경보전파가 바로 이루어질 수 있도록 경보단말 수신기 설치가 의무화된다고 하였으므로 적절한 내용이다.

③ 10문단에서 기존에 지방자치단체의 지방세 징수권 소멸시효가 체납 금액과 관계없이 5년이었다면, 올해부터 5천만 원 이상의 고액체납자 징수권 소멸시효는 10년으로 연장된다고 하였으므로 적절한 내용이다.

④ 1문단에서 소방공무원은 국가직으로 전환되며, 시·도지사 직속으로 소방본부를 두되, 화재예방이나 대형재난 등 필요할 때 소방청장이 시·도 소방본부장과 소방서장을 지휘·감독할 수 있다고 하였으므로 적절한 내용이다.

08 의사소통능력   정답 ②

5문단에서 전자증명서 발급서비스는 주민등록등·초본을 시작으로 4월부터 건강보험자격확인서 등 13종, 연말까지 소득금액증명서, 국민기초생활 수급자 증명서 등으로 확대될 예정이라고 하였으므로 전자증명서 발급서비스를 이용하여 주민등록등·초본을 발급받기 위해 연말까지 기다려야 하는 것은 아님을 알 수 있다.

오답 체크

① 7문단에서 현재 출산과 사망 단계에서 제공되는 생애주기 서비스가 출산, 사망, 임신, 아동돌봄 4종으로 늘어날 계획이라고 하였으므로 적절한 내용이다.

③ 8문단에서 공공 웹사이트를 이용할 때 개인 컴퓨터에 설치하던 액티브X와 같은 플러그인 프로그램은 제거될 예정이라고 하였으므로 적절한 내용이다.

④ 3문단에서 대형재난 발생 시 피해자의 휴대전화 위치정보 조회를 통해 신속하게 구조 활동을 할 수 있도록 긴급한 경우 본인 요청이 없더라도 중앙재난안전대책본부에서 통신사업자에게 위치정보를 요청할 수 있게 될 예정이라고 하였으므로 적절한 내용이다.

[09-10]

09 의사소통능력 　　　　　　　　　　정답 ②

4문단에서 본 연구는 국민건강보험공단 100만 명 표본코호트에서 2009~2010년 사이에 건강검진을 받은 40세 이상 수검자 중 심혈관질환 진단 이력이 있는 환자, 사망자, 추적 탈락, 주요 변수에 누락 또는 손실된 값이 있는 자를 제외한 189,771명을 최종 연구에 포함하여 미세먼지 장·단기 노출에 따른 심혈관질환 발생을 추적 평가했다고 하였으므로 미세먼지 장·단기 노출에 따른 심혈관질환 발생 추적 평가가 2009년부터 1년간 심혈관질환 진단 이력이 있는 40세 이상 수검자를 대상으로 진행한 것은 아님을 알 수 있다.

오답 체크

① 6문단에서 연구 결과 미세먼지 및 초미세먼지의 농도와 무관하게 대체로 중강도 신체 활동에 의한 심혈관질환 발생 위험 감소 효과는 50세 이상, 비만, 비흡연·비음주자에서 특히 높게 나타났다고 하였으므로 적절한 내용이다.

③ 5문단에서 저농도와 고농도의 미세먼지 및 초미세먼지에 노출된 각 군에서 중등도 이상 운동을 5회 이상을 했을 때 미세먼지에서는 심혈관질환이 17%, 18%, 뇌졸중이 15%, 24% 감소했고, 초미세먼지에서는 심혈관질환이 26%, 38%, 뇌졸중이 32%, 47% 감소했다고 하였으므로 적절한 내용이다.

④ 3문단에서 일반 국민들은 여전히 미세먼지가 높은 날 야외 활동이나 운동을 해도 괜찮은지 궁금해하고, 특히 개인 특성에 따른 맞춤형 예방관리수칙 마련에 대한 요구가 높은 상황이라고 하였으므로 적절한 내용이다.

10 의사소통능력 　　　　　　　　　　정답 ①

이 보도자료는 미세먼지 농도별 중강도 이상의 외부 신체 활동 횟수에 따른 심뇌혈관질환 발생 위험 효과를 분석·평가한 결과 중강도 이상 운동을 주 5회 이상 한 40세 이상 일반인에게서 고농도 미세먼지 및 초미세먼지 노출에 의해 높아졌던 심혈관질환 발생 위험도가 크게 감소되는 것으로 나타났으며, 운동 효과는 미세먼지 농도와 무관하게 특정 개인 특성에 따라 차이가 있었다는 내용이므로 이 보도자료의 중심 내용으로 가장 적절한 것은 ①이다.

오답 체크

② 연평균 미세먼지가 높은 지역 거주자의 야외 신체 활동에 대해서는 다루고 있지 않으므로 적절하지 않은 내용이다.

③ 40세 이상 심혈관질환 고위험군의 미세먼지 농도에 따른 외부 신체 활동량 및 횟수 가감에 대해서는 다루고 있지 않으므로 적절하지 않은 내용이다.

④ 개인별 생활습관이 심혈관질환 예방에 미치는 영향력을 명시할 추가적인 근거 마련의 필요성에 대해서는 다루고 있지 않으므로 적절하지 않은 내용이다.

[11-13]

11 의사소통능력 　　　　　　　　　　정답 ③

이 글은 미국 배우 폴 윈첼의 우연한 계기로 1950년대부터 시작된 인공 심장에 관한 연구 과정과 오늘날의 인공 심장에 대해 설명하는 글이다.

따라서 '(라) 인공 심장 시제품을 발명한 폴 윈첼 → (가) 폴 윈첼의 인공 심장을 보완하여 최초로 이식된 영구 인공 심장 자빅-7 → (다) 완전 인공 심장과 심실 보조 장치로 구분되는 오늘날의 인공 심장 → (나) 심실 보조 장치의 종류 및 특징' 순으로 연결되어야 한다.

12 의사소통능력 　　　　　　　　　　정답 ③

(다)문단에서 완전 인공 심장은 환자의 좌심실과 우심실을 없애고 인공 심실을 환자의 심방 및 대혈관에 연결해서 환자의 혈액 순환이 완전히 기계에 의존하게 된다고 하였으므로 완전 인공 심장이 환자의 양쪽 심실을 제거하고 인공 심실을 환자의 심방과 대혈관에 연결함을 알 수 있다.

오답 체크

① (나)문단에서 심첨부에서 받은 혈액을 펌프를 통해 대동맥으로 보내는 심실 보조 장치는 좌심실 보조 장치라고 하였으므로 적절하지 않은 내용이다.

② (라)문단에서 윈첼이 하임리히가 집도하는 심장 절개 수술의 참관을 마친 이후에 심장의 역할을 대신할 인공 심장이 존재하지 않는다는 말을 듣고는 본인이 인공 심장의 발명에 도전했다고 하였으므로 적절하지 않은 내용이다.

④ (가)문단에서 1963년에 인공 심장 관련 특허를 얻은 윈첼이 인공 심장이 자유롭게 연구되길 희망하며 유타 대학교에 인공 심장 특허권을 기증했다고 하였으므로 적절하지 않은 내용이다.

13 의사소통능력 정답 ④

(라)문단에서 인공 심장을 발명하겠다고 나선 윈첼이 의학 서적과 논문을 독학하고 하임리히에게 의학적 자문을 구하며 연구한 끝에 1956년 인공 심장 시제품을 완성했다고 하였으므로 윈첼의 질문에서 영감을 얻은 하임리히가 인공 심장 시제품을 개발한 것은 아님을 알 수 있다.

오답 체크

① 1문단에서 심장의 전체 혹은 일부의 기능을 대행하는 기계적 순환 장치인 인공 심장에 관한 연구가 1950년대 이후부터 지속되고 있다고 하였으므로 적절한 내용이다.

② (가)문단에서 자빅-7은 심실과 동일하게 입구 밸브에서 출구 밸브까지 혈액을 순환하게 만드는 펌프가 있다고 하였으므로 적절한 내용이다.

③ (나)문단에서 초기에는 생리학적 형태의 박동형 혈류를 보내는 박동형 심실 보조 장치가 사용되었으나 구성 요소의 내구성이 낮아서 교체 빈도가 높으며 장비의 크기와 소음이 크고 연속류형보다 생존율이 낮다는 연구 결과로 인해 최근에는 연속류형이 사용되는 빈도가 높다고 하였으므로 적절한 내용이다.

[14-15]
14 의사소통능력 정답 ③

'법률 지원 개요'에서 법률 지원 기관은 국내 주요 로펌 및 로펌 설립 공익법인이라고 하였으므로 의료급여 행려환자의 주민등록 창설 또는 재등록을 위한 법률 절차를 의료급여 행려환자의 현재 보장 기관인 관할 지자체에서 지원한다는 답변은 가장 적절하지 않다.

15 의사소통능력 정답 ④

빈칸 앞에서는 복지부가 행려환자의 주민등록이 빠르게 이루어질 수 있도록 법률 절차를 지원할 계획이라는 내용을 말하고 있고, 빈칸 뒤에서는 복지부가 시·군·구청장이 행려환자를 행정상 관리주소로 특별 관리할 수 있게 하여 행려환자가 주민등록 등으로 인해 가족과 단절될 가능성을 막도록 했다는 내용을 말하고 있다.

따라서 앞 문장에 새로운 내용을 덧붙이거나 보충할 때 쓰는 접속어 '아울러'가 들어가는 것이 적절하다.

[16-18]
16 의사소통능력 정답 ④

이 보도자료는 양질의 의료서비스를 제공하고 공공의료기관으로서의 책무성 도모 및 지역 내 노인 관련 다양한 공공의료사업 수행을 유도하기 위해 공립요양병원 운영평가를 실행하였으며, 그 결과를 해당 병원과 관할 지자체에 통보하여 미흡한 부분은 개선토록 권고하고 공립요양병원의 역량 강화를 위한 다양한 교육과 기술지원을 진행할 예정임을 알리기 위해 작성되었으므로 이 보도자료의 작성 목적으로 가장 적절한 것은 ④이다.

오답 체크

① 공립요양병원 운영평가의 실시 과정과 구체적인 평가 절차에 대해서는 다루고 있지 않으므로 적절하지 않은 내용이다.

② 8문단에서 향후 공립요양병원 운영평가가 지속적으로 실효성을 가질 수 있도록 평가지표의 효과성을 판단하여 평가항목을 더욱 보완·발전시켜 나가겠다고 하였지만, 글 전체를 포괄할 수 없으므로 적절하지 않은 내용이다.

③ 6문단에서 보건복지부가 2020년 공립요양병원 운영평가 결과를 해당 병원과 관할 지방자치단체에 통보하여 부족한 부분은 개선하도록 권고하고 평과 결과에 따른 여러 교육과 기술지원을 통해 공립요양병원의 역량을 강화할 예정이라고 하였지만, 공립요양병원 운영평가 결과에 따라 각 공립요양병원에 보내는 정부의 개선 권고 세부사항에 대해서는 다루고 있지 않으므로 적절하지 않은 내용이다.

17 의사소통능력 정답 ④

6문단에서 각 지자체에서는 공립요양병원 운영평가 결과를 고려하여 운영 위탁계약 갱신 여부를 결정하며, 치매관리법에 따라 위탁계약은 5년 단위로 체결한다고 하였으므로 지자체는 5년 단위로 체결하는 위탁계약의 갱신 여부를 공립요양병원 운영평가 결과를 고려하여 결정함을 알 수 있다.

오답 체크

① 2문단에서 공립요양병원 운영평가는 치매관리법 시행규칙 부칙에서 2019년 이후의 진료 및 운영실적을 평가토록 함에 따라 의료기관 인증평가와는 별개로 실시된다고 하였으므로 적절하지 않은 내용이다.

② 5문단에서 평가분석 결과 최우수 병원 10개소는 양질의 의료서비스 제공을 위한 의료인력 및 필요 시설 확보 수준이 높고 지역 내 타 기관 연계를 통해 환자와 보호자에게 다양한 서비스를 제공하고 있었다고 하였으므로 적절하지 않은 내용이다.

③ 7문단에서 공립요양병원 운영평가는 국립중앙의료원 주관하에 실시되었으며, 연구기관, 학계, 시민단체 등이 현지평가단으로 함께 참여했다고 하였으므로 적절하지 않은 내용이다.

18 의사소통능력　　　정답 ④

3~4문단에서 평가 점수가 60점 미만이면 평가 등급은 미흡이며, 2020년 공립요양병원 평가에서 미흡 등급을 받은 병원은 없었다고 하였으므로 평가 점수가 60점 미만으로 미흡 등급을 받은 병원 2개소는 해당 지자체에 보고서를 제출하여야 한다는 내용의 ㄹ은 삭제되어야 한다.

[19 - 20]
19 의사소통능력　　　정답 ①

(나)문단에서 손가락의 표피가 손상되어도 진피에서 동일한 지문이 재생되기 때문에 진피가 손상되면 지문의 형태가 전과 달라질 수 있다는 것을 추론할 수 있으므로 적절한 내용이다.

오답 체크
② (나)문단에서 생체인식기술로 지문, 손바닥, 얼굴, 홍채와 같은 신체적 특징이나 음성, 필체, 걸음걸이와 같은 행동적 특징이 활용된다고 하였으므로 적절하지 않은 내용이다.
③ (나)문단에서 지문인식기술 중 광학식은 패널의 기본 구조를 뚫고 가야 해 손에 물이나 이물이 묻을 경우 인식률이 떨어지지만, 이러한 문제를 해결하기 위해 등장한 초음파식은 패널 구조와 관계없이 패널을 투과할 수 있어 인식의 정확성이 높다고 하였으므로 적절하지 않은 내용이다.
④ (다)문단에서 손바닥, 손등, 손목 등의 혈관 형태를 활용하는 정맥은 보안성이 뛰어나지만 개발 비용이 많이 든다고 하였으므로 적절하지 않은 내용이다.

20 의사소통능력　　　정답 ④

<보기>는 생체인식기술이 4차 산업혁명의 핵심 분야가 될 전망이며, 기술 개발에 앞서 생체 정보 보호에 대한 제도가 우선적으로 필요하다는 내용이다.
따라서 해킹 수준이 높아짐에 따라 생체인식기술의 안정성을 보장받기 어렵고, 생체인식기술이 탑재된 기기는 손가락이나 안면 사진을 통해 손쉽게 보안이 해제된다는 점과 더불어 생체 정보는 도용 시 심각한 문제를 불러온다는 내용을 이야기하고 있는 (라)문단 뒤에 위치하는 것이 적절하다.

[21 - 23]
21 수리능력　　　정답 ③

㉠ 2018~2023년 A 지역과 B 지역의 피부암 등록 환자 수는 모두 매년 전년 대비 증가하여 증감 추이가 서로 같으므로 옳은 설명이다.

㉡ 2018년 A 지역 식도암 등록 환자 수의 전년 대비 증가율은 $\{(330 - 300) / 300\} \times 100 = 10\%$이므로 옳은 설명이다.
㉢ 2023년 B 지역의 후두암과 피부암 등록 환자 수의 합은 2017년 대비 총 $(561 + 2,100) - (409 + 962) = 1,290$명 증가하였으므로 옳은 설명이다.

오답 체크
㉣ 췌장암 등록 환자 수는 2018년과 2021년에 각각 B 지역이 A 지역의 $320 / 271 ≒ 1.18$배, $417 / 370 ≒ 1.13$배로 1.2배 미만이므로 옳지 않은 설명이다.

22 수리능력　　　정답 ①

2020년 암 유형별 A 지역과 B 지역 등록 환자 수의 합은 췌장암이 $311 + 411 = 722$명이고, 피부암이 $1,382 + 1,448 = 2,830$명으로 췌장암의 $2,830 / 722 ≒ 3.9$배이므로 옳지 않은 설명이다.

오답 체크
② 2020년과 2023년에는 췌장암, 후두암, 식도암, 피부암 등록 환자 수가 모두 B 지역이 A 지역보다 많으므로 옳은 설명이다.
③ A 지역과 B 지역의 후두암 등록 환자 수가 서로 동일한 해인 2021년에 B 지역의 식도암 등록 환자 수는 3년 전 대비 $425 - 324 = 101$명 증가하였으므로 옳은 설명이다.
④ 2017년 A 지역 피부암 등록 환자 수 대비 2017년 B 지역 식도암 등록 환자 수의 비율은 $281 / 876 ≒ 0.32$로 0.3 이상이므로 옳은 설명이다.

23 수리능력　　　정답 ④

2019년 A 지역의 식도암 등록 환자 수인 (가)를 x라고 하면, 2022년 B 지역의 식도암 등록 환자 수인 (나)는 $1.3x$이다. 이때 2019년과 2022년 두 해의 A 지역과 B 지역 식도암 등록 환자 수의 총합이 $x + 358 + 434 + 1.3x = 1,574$명이므로 $x = 340$명이고, $1.3x = 442$명이다.
따라서 (가)는 340, (나)는 442이다.

[24 - 25]
24 수리능력　　　정답 ④

제시된 자료에 따르면 2017년 1차 의료급여기관 수는 65,926개소이지만, 그래프에서는 2017년 1차 의료급여기관 수가 60,000개소에 가깝게 나타나므로 옳지 않은 그래프는 ④이다.

25 수리능력 정답 ③

2017년 약국 수의 전년 대비 증가량은 21,738 − 21,443 = 295개소로, 같은 해 한의원 수의 전년 대비 증가량인 14,111 − 13,868 = 243개소보다 크므로 옳지 않은 설명이다.

오답 체크

① 제시된 기간 동안 연도별 전체 의료급여기관 수의 평균은 (89,894 + 91,503 + 91,582) / 3 = 90,993개소이므로 옳은 설명이다.

② 치과병원 수 대비 치과의원 수의 비율은 2017년에 17,376 / 231 ≒ 75.2이고, 2018년에 17,668 / 237 ≒ 74.5로 전년 대비 감소하였으므로 옳은 설명이다.

④ 제시된 기간 동안 1차 의료급여기관 수에서 치과의원 수가 차지하는 비중은 2016년에 (17,023 / 64,688) × 100 ≒ 26.3%, 2017년에 (17,376 / 65,926) × 100 ≒ 26.4%, 2018년에 (17,668 / 67,180) × 100 ≒ 26.3%로 매년 25% 이상이므로 옳은 설명이다.

[26 - 27]
26 수리능력 정답 ①

보상심사 대상자 수는 2022년에 보훈심사 비해당자가 보훈심사 해당자의 314 / 195 ≒ 1.6배, 2023년에 318 / 196 ≒ 1.6배로 1.8배 이하이므로 옳은 설명이다.

오답 체크

② 2023년 고엽제 후유증 환자 수의 전년 대비 감소율은 보훈심사 해당자가 {(100 − 64) / 100} × 100 = 36.0%이고, 보훈심사 비해당자가 {(94 − 62) / 94} × 100 ≒ 34.0%이므로 옳지 않은 설명이다.

③ 2020~2023년 연도별 보훈심사 해당자 중 독립유공자 및 유족 수의 평균은 (41 + 35 + 55 + 28) / 4 = 39.75명이므로 옳지 않은 설명이다.

④ 제시된 기간 동안 보훈심사 해당자 중 고엽제 후유증 환자 수의 전년 대비 변화량이 0명인 2022년에 보훈심사 해당자 중 전공사상 군경 수는 전년 대비 2,822 − 2,393 = 429명 감소하였으므로 옳지 않은 설명이다.

27 수리능력 정답 ②

제시된 자료에 따르면 2022년 보훈심사 비해당자 중 전공사상 군경 수의 전년 대비 감소 인원은 5,253 − 4,516 = 737명이지만, 그래프에서는 800명보다 높게 나타나므로 옳지 않은 그래프는 ②이다.

오답 체크

① 보상심사 대상자 수는 보훈심사 해당자가 2020년에 130명, 2021년에 120명, 2022년에 195명, 2023년에 196명이고, 보훈심사 비해당자가 2020년에 346명, 2021년에 399명, 2022년에 314명, 2023년에 318명이므로 옳은 그래프이다.

③ 고엽제 후유증 환자 수는 보훈심사 해당자가 2020년에 185명, 2021년에 100명, 2022년에 100명, 2023년에 64명이고, 보훈심사 비해당자가 2020년에 217명, 2021년에 115명, 2022년에 94명, 2023년에 62명이므로 옳은 그래프이다.

④ 보훈심사 해당자 중 독립유공자 및 유족과 순직·공상 공무원 수의 차이는 2020년에 41 − 37 = 4명, 2021년에 35 − 14 = 21명, 2022년에 55 − 21 = 34명, 2023년에 28 − 5 = 23명이므로 옳은 그래프이다.

[28 - 30]
28 수리능력 정답 ①

2021년 인플루엔자 예방접종자 중에서 30~39세 남성은 272 × 0.27 ≒ 73명으로 30~39세 여성 426 × 0.404 ≒ 172명의 절반인 86명보다 적으므로 옳은 설명이다.

오답 체크

② 2022년 12~14세 인플루엔자 예방접종률은 여성이 31.6%이고, 남성이 35.4%이므로 옳지 않은 설명이다.

③ 19~29세 여성 인플루엔자 예방접종자 수는 2023년에 370 × 0.188 ≒ 70명, 2022년에 380 × 0.174 ≒ 66명이므로 옳지 않은 설명이다.

④ 2023년 인플루엔자 예방접종에 대한 남성 응답자 수가 511명으로 가장 많은 50~59세의 2023년 여성 예방접종률은 35.2%로 2022년의 37.6%보다 감소하였으므로 옳지 않은 설명이다.

29 수리능력 정답 ③

6~11세 여성 인플루엔자 예방접종자 수는 2021년에 213 × 0.601 ≒ 128명, 2023년에 286 × 0.611 ≒ 175명이다.
따라서 2023년 6~11세 여성 인플루엔자 예방접종자 수의 2년 전 대비 증가율은 {(175 − 128) / 128} × 100 ≒ 37%이다.

30 수리능력 정답 ①

제시된 자료에 따르면 2021년 남성 응답자 수는 1~11세가 175 + 239 = 414명, 12~18세가 133 + 156 = 289명, 19~29세가 312명, 30~39세가 272명, 40~49세가 369명, 50~59세가 447명이므로 옳은 그래프는 ①이다.

오답 체크

② 2021년부터 2023년까지 50~59세 성별 응답자 수는 매년 여성이 남성보다 많지만, 그래프에서는 남성 응답자 수의 비중이 여성 응답자 수의 비중보다 크게 나타나므로 옳지 않은 그래프이다.

③ 2022년 12~14세 남성 인플루엔자 예방접종자 수는 134 × 0.354 ≒ 47명이지만, 그래프에서는 50명보다 높게 나타나므로 옳지 않은 그래프이다.

④ 15~18세 성별 응답자 수는 2021년에 남성이 156명, 여성이 132명, 2022년에 남성이 147명, 여성이 151명, 2023년에 남성이 148명, 여성이 138명이지만, 그래프에서는 12~14세 성별 응답자 수를 나타내고 있으므로 옳지 않은 그래프이다.

[31-33]

31 수리능력
정답 ③

ⓒ 2021년 전체 노인 학대 행위 건수에서 신체적 의존성으로 인한 노인 학대 행위 건수가 차지하는 비중은 $(352 / 8,415) \times 100 ≒ 4.2\%$이므로 옳은 설명이다.

ⓔ 2023년 전체 노인 학대 행위 건수는 같은 해 과거 학대받은 경험으로 인한 노인 학대 행위 건수의 $9,300 / 130 ≒ 71.5$배이므로 옳은 설명이다.

오답 체크

ⓐ 2020~2023년 연도별 알코올 및 약물 복용 장애로 인한 노인 학대 행위 건수의 평균은 $(951 + 1,087 + 1,159 + 1,259) / 4 = 1,114$건이므로 옳지 않은 설명이다.

ⓒ 제시된 노인 학대 행위 원인 중 2023년 노인 학대 행위 건수가 전년 대비 감소한 원인은 개인의 외적 문제, 경제적 의존성, 과거 학대받은 경험, 신체적 의존성, 정신적 의존성, 학대 피해 노인 부양 부담으로 총 6개이므로 옳지 않은 설명이다.

32 수리능력
정답 ④

제시된 기간 동안 A 국의 전체 노인 학대 행위 건수는 2022년에 9,591건으로 가장 많다.
따라서 2022년 개인의 외적 문제로 인한 노인 학대 행위 건수의 2년 전 대비 증가율은 $\{(1,728 - 1,429) / 1,429\} \times 100 ≒ 20.9\%$이다.

33 수리능력
정답 ④

제시된 자료에 따르면 2021년 알코올 및 약물 복용 장애로 인한 노인 학대 행위 건수의 전년 대비 증가량은 $1,087 - 951 = 136$건이지만, 그래프에서는 140건보다 높게 나타나므로 옳지 않은 그래프는 ④이다.

오답 체크

① 전체 노인 학대 행위 건수는 2020년에 7,870건, 2021년에 8,415건, 2022년에 9,591건, 2023년에 9,300건이므로 옳은 그래프이다.

② 경제적 의존성으로 인한 노인 학대 행위 건수는 2020년에 869건, 2021년에 924건, 2022년에 1,157건, 2023년에 996건이고, 정신적 의존성으로 인한 노인 학대 행위 건수는 2020년에 816건, 2021년에 953건, 2022년에 1,218건, 2023년에 1,150건이므로 옳은 그래프이다.

③ 개인의 내적 문제로 인한 노인 학대 행위 건수의 전년 대비 증가량은 2021년에 $2,899 - 2,670 = 229$건, 2022년에 $3,171 - 2,899 = 272$건, 2023년에 $3,260 - 3,171 = 89$건이므로 옳은 그래프이다.

[34-36]

34 수리능력
정답 ②

30~39세 내국인의 전체 건강검진 수검 인원은 2022년에 $309,667 + 83,031 = 392,698$명, 2023년에 $311,135 + 85,734 = 396,869$명으로, 2023년 30~39세 내국인의 전체 건강검진 수검 인원은 전년 대비 $396,869 - 392,698 = 4,171$명 증가하였으므로 옳은 설명이다.

오답 체크

① 2023년 40세 이상 외국인의 남자 건강검진 수검 인원은 $20,833 + 7,465 + 1,130 = 29,428$명이므로 옳지 않은 설명이다.

③ 2022년 16~19세 남자 건강검진 수검 인원은 내국인이 외국인의 $497,040 / 31,594 ≒ 15.7$배로 16배 미만이므로 옳지 않은 설명이다.

④ 2022년 외국인의 건강검진 수검 인원이 가장 많은 연령대는 남자가 20~29세, 여자가 16~19세이므로 옳지 않은 설명이다.

35 수리능력
정답 ①

2023년 20~29세 내국인의 건강검진 수검 인원에서 남자가 차지하는 비중은 $\{729,930 / (729,930 + 226,017)\} \times 100 ≒ 76.4\%$이고, 2023년 20~29세 외국인의 건강검진 수검 인원에서 남자가 차지하는 비중은 $\{44,376 / (44,376 + 17,281)\} \times 100 ≒ 72.0\%$이다.
따라서 2023년 20~29세 내국인의 건강검진 수검 인원에서 남자가 차지하는 비중과 같은 해 20~29세 외국인의 건강검진 수검 인원에서 남자가 차지하는 비중의 차이는 $76.4 - 72.0 ≒ 4.4\%p$이다.

36 수리능력
정답 ①

50~59세 외국인의 전체 건강검진 수검 인원은 2022년에 $6,577 + 1,794 = 8,371$명, 2023년에 $7,465 + 1,800 = 9,265$명이다.
따라서 2023년 50~59세 외국인의 전체 건강검진 수검 인원의 전년 대비 증가율은 $\{(9,265 - 8,371) / 8,371\} \times 100 ≒ 11\%$이다.

[37-38]

37 수리능력
정답 ③

2018년 2분기 종합병원 간호사 수의 2017년 2분기 대비 증가율은 $\{(64,969 - 61,598) / 61,598\} \times 100 ≒ 5.5\%$이므로 옳은 설명이다.

① 2018년 1분기 간호사 수가 2017년 4분기 대비 감소한 의료기관은 상급종합병원, 보건소로 총 2가지이므로 옳지 않은 설명이다.

② 2017년 3분기 전체 간호사 중 요양병원 간호사가 차지하는 비중은 (24,457 / 180,605) × 100 ≒ 13.5%이므로 옳지 않은 설명이다.

④ 2017년 4분기에 요양병원의 간호사 수는 전분기 대비 감소하였으나, 의원의 간호사 수는 전분기 대비 증가하였으므로 옳지 않은 설명이다.

38 수리능력   정답 ①

2018년 4분기 간호사 수의 전년 동분기 대비 증가 인원은 종합병원이 65,682 − 61,544 = 4,138명이고, 상급종합병원이 47,623 − 47,131 = 492명이다.

따라서 2018년 4분기 간호사 수의 전년 동분기 대비 증가 인원은 종합병원이 상급종합병원의 4,138 / 492 ≒ 8.4배이다.

[39 - 40]
39 수리능력   정답 ③

C 지역의 일반진료 중심 의료기관 1개당 병상 수는 2022년에 9,230 / 26 = 355개, 2023년에 10,353 / 29 = 357개로 2023년에 전년 대비 증가하였으므로 옳은 설명이다.

① 2022년 B 지역과 F 지역의 공공의료기관 전체 기관 수 합계는 (13 + 5 + 11) + (9 + 8 + 22) = 68개, A 지역의 공공의료기관 전체 기관 수는 28 + 18 + 23 = 69개로 B 지역과 F 지역의 합계가 A 지역보다 작으므로 옳지 않은 설명이다.

② 2023년 노인병원 병상 수의 전년 대비 증가량은 C 지역이 4,124 − 3,785 = 339개, E 지역이 5,221 − 4,865 = 356개로 C 지역이 E 지역보다 작으므로 옳지 않은 설명이다.

④ 2022년 D 지역의 공공의료기관 전체 병상 수인 9,250 + 2,350 + 4,860 = 16,460개에서 노인병원 병상 수가 차지하는 비중은 (4,860 / 16,460) × 100 ≒ 29.5%이므로 옳지 않은 설명이다.

40 수리능력   정답 ④

2023년 공공의료기관 전체 기관 수는 A 지역이 32 + 18 + 22 = 72개, B 지역이 13 + 4 + 12 = 29개, C 지역이 29 + 11 + 15 = 55개, D 지역이 23 + 8 + 23 = 54개, E 지역이 18 + 8 + 18 = 44개, F 지역이 9 + 5 + 22 = 36개로 A 지역이 가장 많다.

따라서 2023년 A 지역의 일반진료 중심 의료기관 병상 수의 전년 대비 증가율은 {(12,095 − 10,250) / 10,250} × 100 = 18%이다.

[41 - 43]
41 문제해결능력   정답 ④

'3. 검진 비용 및 부담'에 따르면 검진 횟수를 초과하여 건강검진을 받은 경우 해당 건강검진 비용을 지원 기관에서 환수하며, 의료급여 수급권자는 건강검진 비용을 국가 및 지자체에서 전액 부담하므로 옳지 않은 내용이다.

① '2. 건강검진 시기'에 따르면 1차 일반검진 시기는 생후 4~6개월인 영유아가 해당하여 생후 8개월인 영유아는 건강검진 가능 기간이 아니고, '3. 검진 비용 및 부담'에 따라 검진 가능 기간 외에 검진을 받는 경우 해당 검진은 본인(보호자)이 부담하므로 옳은 내용이다.

② '5. 구강검진 항목'에 따르면 구강검진은 진찰 및 상담과 치아검사로 1차부터 3차까지 모두 동일한 항목으로 실시되므로 옳은 내용이다.

③ '3. 검진 비용 및 부담'에 따르면 검진 가능 기간에 검진을 받을 경우 건강보험 가입자는 검진 비용을 국민건강보험공단에서 전액 부담하며, '4. 일반검진 항목 – 문진 및 진찰, 신체 계측'에 따라 시력 검사와 체질량 지수는 4~7차 일반검진 시기에 검진하고, '2. 건강검진 시기'에 따라 4~7차 일반검진 시기는 생후 30개월 이후의 영유아가 해당하므로 옳은 내용이다.

42 문제해결능력   정답 ②

제시된 안내문에 따르면 영유아 A~D에 해당하는 건강검진 시기와 건강검진 시기별로 받아야 할 검진 항목의 개수는 다음과 같다.

구분		A	B	C	D
일반검진	시기	4차	5차	3차	6차
	문진 및 진찰	4개	4개	3개	3개
	신체 계측	4개	4개	3개	4개
	발달평가 및 상담	1개	1개	1개	1개
	건강교육 및 상담	3개	3개	3개	3개
구강검진	시기	해당 없음	2차	1차	3차
	구강검진	0개	2개	2개	2개
건강검진	합계	12개	14개	12개	13개

따라서 검진 항목의 개수가 가장 많은 영유아는 '생후 45개월인 B'이다.

43 문제해결능력   정답 ③

제시된 자료에 따르면 건강보험 가입자인 최희성 씨 자녀는 2018년 1월 2일생이므로 1차 일반검진 시기는 생후 4~6개월로 검진 가능 기간은 2018년 5월 2일부터 2018년 7월 1일까지이고, 2차 일반검진 시기는 생후 9~12개월로 검진 가능 기간은 2018년 10월 2일부터 2019년 1월 1일까지이다. 또한, 3차 일반검진 시기는 생후 18~24개월로 검진 가능 기간은 2019년 7월 2일부터 2020년 1월

1일까지이고, 1차 구강검진 시기는 생후 18~29개월로 검진 가능 기간은 2019년 7월 2일부터 2020년 6월 1일까지이며, 4차 일반검진 시기는 생후 30~36개월로 검진 가능 기간은 2020년 7월 2일부터 2021년 1월 1일까지이다. 이에 따라 1차, 3차, 4차 일반검진과 1차 구강검진은 검진 가능 기간에 검진을 받아 국민건강보험공단에서 부담하며, 2차 일반검진은 검진 가능 기간 외에 검진을 받아 본인이 부담해야 한다.

따라서 공단 부담 비용은 (25,980 + 32,570 + 32,570) + 14,290 = 105,410원, 본인 부담 비용은 33,900원이다.

[44 - 45]
44 문제해결능력   정답 ④

'4. 유의사항 - 2)'에서 가족요양비를 지원받는 수급자가 재가급여 혹은 시설급여를 이용할 경우 가족요양비 제공이 중단된다고 하였으므로 옳은 내용이다.

오답 체크

① '3. 급여 종류 및 내용 - 1)'에서 방문 간호는 간호사 등이 '방문간호지시서'에 따라 가정을 방문하여 간호 서비스를 제공하는 것이라 하였으므로 옳지 않은 내용이다.

② '2. 이용방법'에서 기초생활수급 노인 및 기타 의료급여 수급권자가 사전에 시군구에 장기요양 급여 서비스를 신청하지 않고 서비스를 이용한다면 서비스 이용 비용은 수급자가 모두 부담하여야 한다고 하였으므로 옳지 않은 내용이다.

③ '4. 유의사항 - 4)'에서 수급자의 가족을 위한 행위, 수급자 또는 그 가족의 생업을 지원하는 행위, 수급자의 일상생활에 지장 없는 행위 등은 「노인장기요양보험법」상 급여에 해당되지 않는다고 하였으므로 옳지 않은 내용이다.

45 문제해결능력   정답 ②

'[붙임] 요양 등급별 재가급여 월 한도액'에서 요양 등급이 2등급인 재가급여 수급자의 월 한도액은 1,869,600원이고, '방문 간호 이용 시간별 급여비용'에 따라 계산한 방문 간호 총 급여비용은 다음과 같다.

구분	총 급여비용
①	(51,110 × 30) + (61,490 × 10) = 2,148,200
②	(40,760 × 30) + (61,490 × 10) = 1,837,700
③	(40,760 × 20) + (51,110 × 30) = 2,348,500
④	51,110 × 40 = 2,044,400

따라서 방문 간호 총 급여비용이 요양 등급 2등급 재가급여 수급자의 월 한도액 1,869,600원을 초과하지 않는 경우는 ②이다.

[46 - 47]
46 문제해결능력   정답 ②

'1. 신제품 프리뷰 행사 관련 결정 사항 - 2)'에 따르면 홍보팀 담당 업무인 제품 시연은 대리급 이상만 가능하며 대리급 이상은 김수현 팀장, 윤하나 대리로 총 2명이므로 옳지 않은 내용이다.

오답 체크

① '2. 신제품 프리뷰 행사 부스 진행 일정'에 따르면 행사 진행 시 부스 대여가 필요한 시간은 총 6시간이고, A 부스 이용 시 50 × 6 = 300만 원, B 부스 이용 시 1일 250만 원만 지불하면 되므로 옳은 내용이다.

③ '추후 진행 업무'에 따르면 부스 참가 신청서 이메일 송부 업무는 담당자인 총무팀 박채은 대리가 2월 10일(월)까지 완료해야 하며, 이는 신제품 프리뷰 행사 날짜인 2월 28일(금)보다 18일 먼저 이루어져야 하므로 옳은 내용이다.

④ '1. 신제품 프리뷰 행사 관련 결정사항 - 1)'에 따르면 2월 24일(월)에 디자인팀의 업무인 입간판 제작과 기획팀의 업무인 신제품 체험 프로그램 기획이 동시에 시작되지만, 2월 25일(화)에 기획팀 담당 업무가 끝나고, 이틀 뒤인 2월 27일(목)에 디자인팀의 팸플릿 제작 업무가 끝나므로 옳은 내용이다.

47 문제해결능력   정답 ②

'회의 내용'의 '1) 2월 5주 차 일정'에 따르면 □□의료기기 업체는 신제품 프리뷰 행사를 위해 입간판 1개와 팸플릿 10개를 제작하려고 한다. 이때 '참고 사항'의 '업체별 입간판 및 팸플릿 1개당 제작비'에 따르면 업체별 주문해야 하는 입간판과 팸플릿 개수는 가 업체와 나 업체가 입간판 1개와 팸플릿 9개, 다 업체와 라 업체가 입간판 1개와 팸플릿 10개이다. 이에 따라 업체별 입간판 및 팸플릿 총 제작비는 다음과 같다.

업체	제작비
가	11 + (0.2 × 9) = 12.8만 원
나	8 + (0.5 × 9) = 12.5만 원
다	12 + (0.3 × 10) = 15만 원 → 15 × 0.85 = 12.75만 원
라	(10 × 0.9) + (0.4 × 10) = 13만 원

따라서 □□의료기기 업체가 신제품 프리뷰 행사를 위한 입간판과 팸플릿을 제작하려고 할 때, 가장 저렴한 비용으로 제작할 수 있는 업체는 나 업체이다.

[48 - 49]
48 문제해결능력   정답 ①

'3. 처리기간'에 따르면 무공수훈자가 국가유공자 등록신청을 할 경우 처리기간은 14일이 소요되므로 옳지 않은 내용이다.

② '2. 접수처'에 따르면 국가유공자 등록신청은 신청자의 주소지 관할 국가보훈처 보상과에 접수하므로 옳은 내용이다.

③ [붙임]에 따르면 국가유공자 유족 등록이 된 전몰군경의 배우자는 1,619천 원의 보상금을 수령할 수 있으므로 옳은 내용이다.

④ '4. 구비서류'에 따르면 국가유공자 유족 등록 신청을 할 경우 신청인의 반명함판 사진이 필요하므로 옳은 내용이다.

49 문제해결능력　　　　　　　　　정답 ③

C는 상이자 본인이며, 상해 수준이 1급 2항에 해당하여 지원받을 수 있는 보상금의 총액은 보상금 2,898천 원과 중상이부가수당 1,594천 원을 합한 2,898 + 1,594 = 4,492천 원이므로 옳은 설명이다.

① A는 유족 중 부모이며, 상해 수준이 2급에 해당하여 지원받을 수 있는 보상금의 총액은 1,381천 원이므로 옳지 않은 설명이다.

② B는 상이자 본인이며, 상해 수준이 5급에 해당하여 지원받을 수 있는 보상금의 총액은 1,602천 원이므로 옳지 않은 설명이다.

④ D는 유족 중 미성년자녀이며, 상해 수준이 7급에 해당하여 지원받을 수 있는 보상금이 없으므로 옳지 않은 설명이다.

[50 - 52]
50 문제해결능력　　　　　　　　　정답 ②

3문단에 따르면 걷기에 대한 실천 포인트는 10,000보 이상은 일당 100점이 적립되어 365 × 100 = 36,500점이지만 연간 적립 한도가 35,000점임에 따라 연간 35,000점을 받을 수 있으므로 옳은 내용이다.

① 2문단에 따르면 예방형 참여 대상은 참여 신청일에 시범 지역에 거주하는 만 20세 이상 만 64세 이하인 일반건강검진 수검자 중 건강 상태가 위험 범위에 포함되는 사람이므로 옳지 않은 내용이다.

③ 3문단에 따르면 참여 기간이 종료되기 전에 참여 중단한 후 재 참여하는 경우에는 참여 포인트를 받을 수 없으므로 옳지 않은 내용이다.

④ 5문단에 따르면 포인트를 10,000점 이상 적립한 경우 현금화하여 사용할 수 있지만, 환산한 금액은 공단이 지정한 온라인 매장에서 사용할 수 있으므로 옳지 않은 내용이다.

51 문제해결능력　　　　　　　　　정답 ②

4문단에 따르면 건강생활 실천 지원금제 참여 종료일로부터 6개월 내 시행한 건강검진 결과가 안전 범위로 개선되어야 개선 포인트를 받을 수 있으므로 위 보도자료를 잘못 이해한 사람은 B이다.

---

① 4문단에 따르면 숙박 프로그램에 참여하는 경우 1박당 1회 참여로 인정하기 때문에 2박 3일간 대면 프로그램을 이수했을 때 받을 수 있는 실천 포인트는 1,000 × 2 = 2,000점이므로 옳은 설명이다.

③ 2문단에 따르면 예방형 참여 대상은 BMI가 25kg/m² 이상이면서 혈압 120/80mmHg 이상 또는 공복혈당 100mg/dL 이상인 사람임에 따라 BMI 수치가 23kg/m²인 경우 기준보다 낮아 예방형 신청 자격을 충족하지 않으므로 옳은 설명이다.

④ 건강생활 실천 지원금제 예방형의 참여 기간은 2년이고, 참여시 참여 포인트 5,000점, 걷기에 대한 실천 포인트 연간 35,000점, 건강관리 프로그램 이수에 대한 실천 포인트 연간 15,000점, 개선 포인트 15,000점을 받을 수 있지만, 참여 포인트와 개선 포인트는 참여 기간인 2년 동안 한 번만 받을 수 있음에 따라 예방형으로 참여한 사람이 받을 수 있는 최대 포인트는 5,000 + (35,000 + 15,000) × 2 + 15,000 = 120,000점이므로 옳은 설명이다.

52 문제해결능력　　　　　　　　　정답 ②

예방형에는 참여 포인트, 실천 포인트, 개선 포인트 총 3가지가 있으며 갑, 을, 병, 정은 건강생활 실천 지원금제의 시범 사업에 참여하였으므로 참여 포인트로 5,000점을 받을 수 있다. 또한, 개선 포인트를 받기 위해서는 건강생활 실천 지원금제 참여 종료일로부터 6개월 내 시행한 건강검진 결과가 안전 범위로 개선되어야 하지만, 갑과 병은 건강검진 결과 중 안전 범위로 개선된 사항이 없으며, 을은 혈압, 정은 공복혈당이 안전 범위로 개선되었으므로 개선 포인트로 15,000점씩 받을 수 있다. 이에 따라 걷기와 건강관리 프로그램 이수에 따른 실천 포인트를 포함해 갑~정이 받은 포인트 점수는 다음과 같다.

갑	5,000 + (90 × 365 × 2) + (1,000 × 7) + (500 × 9) = 82,200
을	5,000 + (80 × 365 × 2) + (1,000 × 2) + (500 × 12) + 15,000 = 86,400
병	5,000 + (35,000 × 2) + (1,000 × 3) + (500 × 13) = 84,500
정	5,000 + (70 × 365 × 2) + (1,000 × 2) + (500 × 16) + 15,000 = 81,100

따라서 가장 많은 포인트를 받은 사람은 을로 포인트 총점은 86,400점이다.

[53 - 55]
53 문제해결능력　　　　　　　　　정답 ③

'3. 임대기간 및 임대조건'에 따르면 임대기간은 기본 2년이며, 입주자격 유지 시 2년 단위의 재계약을 최대 9회까지 할 수 있음에 따라 입주자격을 유지한다면 임대기간은 2 + (2 × 9) = 20년까지 가능하므로 옳지 않은 내용이다.

① '5. 입주순위'에 따르면 자녀가 있는 신혼부부, 자녀가 있는 예비신혼부부, 만 6세 이하 자녀를 둔 한부모가족은 입주순위 1순위에 해당하며, 만 6세 이하 자녀를 둔 혼인가구는 3순위에 해당하므로 옳은 내용이다.

② '6. 신청 방법 - 계약 체결'에 따르면 선택 가능한 주택과 주택열람에 관련된 계약 체결 안내문은 입주자 순번 발표 후 순차적으로 발송될 예정이므로 옳은 내용이다.

④ '4. 입주자격'에 따르면 공고일 현재 무주택세대구성원으로서 신혼부부 임대주택Ⅰ 소득 및 자산기준을 충족하며, 입주일 전일까지 혼인신고를 하는 예비신혼부부는 입주자격을 만족함에 따라 입주일 전 입주자 순번 발표일인 9월 3일에 혼인신고를 할 예정이라면 해당 공고에 지원할 수 있으므로 옳은 내용이다.

54 문제해결능력   정답 ③

'[붙임 1] 신혼부부 임대주택Ⅰ 소득·자산기준'에 따르면 배우자 소득이 없는 외벌이 가정의 C 씨의 경우 전년도 도시근로자 가구당 월평균소득의 70% 이하여야 하며, '[붙임 2] 전년도 도시근로자 가구당 월평균소득 금액'에서 가족 구성원으로 본인 외 아내와 만 6세 자녀 1명이 있는 C 씨는 3인 가구에 해당하여 4,368,364원 이하여야 신혼부부 임대주택Ⅰ 소득기준을 충족하므로 소득기준을 충족하지 않는 사람은 월평균소득이 450만 원인 C 씨이다.

55 문제해결능력   정답 ①

'3. 임대기간 및 임대조건'에 따르면 수급자, 한부모가족, 차상위계층은 시중 시세의 30%의 임대보증금 및 임대료의 조건으로 임대한다고 하였으므로 차상위계층인 갑은 시중 시세의 30%를 임대보증금으로 내며, 갑이 선택할 수 있는 임대주택 중 임대보증금이 가장 저렴한 주택은 시중 시세 기준 임대보증금이 5,800만 원인 B 주택이므로 갑은 B 주택의 시중 시세 기준 임대보증금 5,800만 원의 30%에 해당하는 금액을 임대보증금으로 내야 한다.

따라서 갑이 내야 할 임대보증금의 금액은 5,800 × 0.3 = 1,740만 원이다.

[56 - 57]
56 문제해결능력   정답 ②

'2. 지원 세부 내용'에 따르면 유축기 대여 지원과 기저귀 구입비 지원을 신청하기 위해 필요한 서류는 유축기 대여 신청서, 주민등록등본, 출생증명서, 지원 신청서, 신분증, 건강보험 자격확인서, 건강보험료 납부확인서로 총 7가지이므로 옳은 내용이다.

① 기초생활보장 가구는 다른 자격 요건을 충족한다면 출산 지원 제도 4개에 대한 신청이 모두 가능하므로 옳지 않은 내용이다.

③ 기저귀 구입비 지원 신청은 보건소에서도 가능하므로 옳지 않은 내용이다.

④ 수막구균 예방접종은 국가필수 예방접종에 해당하지 않아 지원받을 수 없으므로 옳지 않은 내용이다.

57 문제해결능력   정답 ③

'2. 지원 세부 내용'에 따르면 기준중위소득 80% 이하의 가구라 하더라도 다자녀 가구만 기저귀 구입비 지원을 신청할 수 있으므로 자녀가 1명뿐이라면 기저귀 구입비 지원을 받지 못한다.

따라서 신청한 출산 지원 제도의 지원을 모두 받지 못하는 사람은 '병'이다.

[58 - 60]
58 문제해결능력   정답 ②

'3. 신청방법'에 따르면 장기요양보험 가입제외 신청을 위해서는 신청하고자 하는 대상자가 '외국인 근로자 장기요양보험 가입제외 신청서'를 작성하여 고용주에게 제출하며, 고용주가 외국인 근로자 장기요양보험 가입제외 신청서에 외국인등록증 사본을 첨부하여 관할 국민건강보험공단에 제출하여야 하므로 옳지 않은 내용이다.

① '5. 참고사항'에 따르면 직장가입자가 장기요양보험에서 제외되어 장기요양보험 공제액 납부가 면제되면, 그 직장가입자의 피부양자도 동일하게 적용되므로 옳은 내용이다.

③ '5. 참고사항'에 따르면 장기요양보험 가입제외 신청을 한 외국인 근로자도 건강보험의 가입은 계속 유지되므로 옳은 내용이다.

④ '4. 지원 안내'에 따르면 직장가입자 자격취득 신고일로부터 14일 이내에 장기요양보험 가입제외 신청을 한 외국인 근로자는 자격취득일부터 보험료 면제가 적용되므로 옳은 내용이다.

59 문제해결능력   정답 ④

'2. 신청대상'에 따르면 정의 경우 장기요양보험 가입제외 신청 대상자인 D-3, E-9, H-2 취업비자에 해당하지 않으므로 [붙임 2]에 따라 건강보험료와 장기요양보험료를 가입자부담 금액만큼 본인이 부담하며, 건강보험료와 장기요양보험료 모두 원 단위 이하 절사한다. 정의 총 보수월액은 2,130,000원이므로 정이 부담해야 하는 월 건강보험료는 2,130,000 × 0.0343 ≒ 73,050원이고, 장기요양보험료는 2,130,000 × 0.0686 × 0.0576 ≒ 8,410원이므로 옳은 설명이다.

① '2. 신청대상'에 따르면 갑의 경우 장기요양보험 가입제외 신청 대상
자인 D-3, E-9, H-2 취업비자에 해당하여 [붙임 2]에 따른 장기요
양보험료를 부담하지 않으므로 옳지 않은 설명이다.

② '2. 신청대상'에 따르면 을의 경우 장기요양보험 가입제외 신청 대상
자인 D-3, E-9, H-2 취업비자에 해당하지 않으므로 [붙임 2]에 따
라 건강보험료와 장기요양보험료를 가입자부담 금액만큼 본인이 부
담하며, 건강보험료와 장기요양보험료 모두 원 단위 이하 절사한다.
을의 총 보수월액은 1,590,000원이므로 을이 부담해야 하는 월 건강
보험료는 1,590,000 × 0.0343 ≒ 54,530원이고, 장기요양보험료는
1,590,000 × 0.0686 × 0.0576 ≒ 6,280원이므로 옳지 않은 설명
이다.

③ '2. 신청대상'에 따르면 병의 경우 장기요양보험 가입제외 신청 대상
자인 D-3, E-9, H-2 취업비자에 해당하여 [붙임 2]에 따른 장기요
양보험료를 부담하지 않으므로 옳지 않은 설명이다.

60 문제해결능력   정답 ②

'2. 신청대상'에 따르면 외국인 근로자 장기요양보험 가입제외 신청
대상자는 직장가입자인 외국인 중 D-3, E-9, H-2에 해당하는 취
업비자 소지자이고, [붙임 1]에 따르면 전문대학에서의 연구지도 활
동에 필요한 취업비자는 E-1이므로 외국인 근로자 장기요양보험 가
입제외 신청 대상자에 해당하지 않는다.

① 중소기업에서의 단순 노무 업무에 필요한 취업비자는 E-9이므로 외
국인 근로자 장기요양보험 가입제외 신청 대상자에 해당한다.

③ 제조 관련 업종에서의 단순 노무 업무에 필요한 재외동포의 취업비자
는 H-2이므로 외국인 근로자 장기요양보험 가입제외 신청 대상자에
해당한다.

④ 산업 설비를 외국에 수출하는 국내 산업체에서의 연수활동에 필요한
취업비자는 D-3이므로 외국인 근로자 장기요양보험 가입제외 신청
대상자에 해당한다.

국민건강보험법 정답·해설

01	02	03	04	05	06	07	08	09	10
③	②	③	③	③	④	②	②	③	①
11	12	13	14	15	16	17	18	19	20
③	③	②	③	④	①	③	③	①	③

01   정답 ③

㉠~㉤ 중 부당이득의 징수에 대한 설명으로 옳은 것은 ㉡, ㉢, ㉣, ㉤으로 총 4개이다.

㉡ 국민건강보험법 제57조 제5항에 따라 요양기관이 가입자나 피부양자로부터 속임수로 요양급여비용을 받은 경우 국민건강보험공단은 해당 요양기관으로부터 부당이득에 대한 요양급여비용을 징수하여 가입자나 피부양자에게 지체 없이 지급하여야 하므로 옳은 설명이다.

㉢ 국민건강보험법 제57조 제1항에 따라 국민건강보험공단은 속임수로 보험급여를 받은 보조기기 판매업자에 대하여 그 보험급여나 보험급여비용에 상당하는 금액을 징수하므로 옳은 설명이다.

㉣ 국민건강보험법 제57조 제4항에 따라 국민건강보험공단은 부당한 방법으로 보험급여를 받은 사람과 같은 세대에 속한 가입자에게 부당한 방법으로 보험급여를 받은 사람과 연대하여 부당이득에 대한 징수금을 내게 할 수 있으므로 옳은 설명이다.

㉤ 국민건강보험법 제57조 제2항에 따라 「약사법」을 위반하여 개설·운영하는 약국이 부당한 방법으로 보험급여비용을 받은 경우에는 해당 요양기관을 개설한 자에게 그 요양기관과 연대하여 부당이득에 대한 징수금을 납부하게 할 수 있으므로 옳은 설명이다.

> **오답 체크**
>
> ㉠ 국민건강보험법 제57조 제3항에 따라 요양기관의 거짓 진단으로 보험급여가 실시된 경우 국민건강보험공단은 이들에게 보험급여를 받은 사람과 연대하여 부당이득에 대한 징수금을 내게 할 수 있으므로 옳지 않은 설명이다.

02   정답 ②

국민건강보험법 제99조 제1항 및 제8항에 따라 과징금에 대해 바르게 설명한 사람은 갑, 병이다.

> **오답 체크**
>
> · 을: 국민건강보험법 제99조 제1항에 따라 보건복지부장관은 요양기관에 대하여 업무정지 처분을 할 경우 해당 요양기관 이용자에게 심한 불편을 준다고 인정되면 업무정지 처분을 갈음하여 속임수나 그 밖의 부당한 방법으로 부담하게 한 금액의 5배 이하의 금액을 과징금으로 부과·징수할 수 있으므로 옳지 않은 설명이다.

03   정답 ③

㉠~㉣ 중 건강보험분쟁조정위원회에 대한 설명으로 옳은 것은 ㉠, ㉡, ㉢으로 총 3개이다.

㉠ 국민건강보험법 제89조 제2항에 따라 건강보험분쟁조정위원회는 위원장을 포함하여 60명 이내의 위원으로 구성하고, 위원장을 제외한 위원 중 1명은 당연직위원으로 한다. 이 경우 공무원이 아닌 위원이 전체 위원의 과반수가 되도록 해야 하여 최대 공무원 위원은 60 − 31 = 29명이므로 옳은 설명이다.

㉡ 국민건강보험법 제89조 제6항에 따라 사무국의 구성 및 운영 등에 필요한 사항은 대통령령으로 정하므로 옳은 설명이다.

㉢ 국민건강보험법 제89조 제3항에 따라 건강분쟁조정위원회의 회의는 위원장, 당연직위원 및 위원장이 매 회의마다 지정하는 7명의 위원을 포함하여 총 9명으로 구성하되, 공무원이 아닌 위원이 과반수가 되도록 해야 하고, 같은 조 제4항에 따라 회의 구성원 과반수의 출석과 출석위원 과반수의 찬성으로 의결함에 따라 최소 출석위원은 9명의 과반수인 5명이고, 최소 출석위원인 5명의 과반수인 3명 이상 찬성해야 하므로 옳은 설명이다.

> **오답 체크**
>
> ㉣ 국민건강보험법 제89조 제1항에 따라 심판청구를 심리·의결하기 위하여 보건복지부에 건강보험분쟁조정위원회를 두므로 옳지 않은 설명이다.

04   정답 ③

국민건강보험법 제63조 제1항에 따라 제시된 업무를 관장하는 주체로 옳은 것은 건강보험심사평가원이다.

> **🔍 더 알아보기**
>
> **건강보험심사평가원 업무(제63조 제1항)**
> ① 심사평가원은 다음 각 호의 업무를 관장한다.
> 1. 요양급여비용의 심사
> 2. 요양급여의 적정성 평가
> 3. 심사기준 및 평가기준의 개발
> 4. 제1호부터 제3호까지의 규정에 따른 업무와 관련된 조사연구 및 국제협력

    5. 다른 법률에 따라 지급되는 급여비용의 심사 또는 의료의 적정
       성 평가에 관하여 위탁받은 업무
    6. 그 밖에 이 법 또는 다른 법령에 따라 위탁받은 업무
    7. 건강보험과 관련하여 보건복지부장관이 필요하다고 인정한
       업무
    8. 그 밖에 보험급여비용의 심사와 보험급여의 적정성 평가와 관
       련하여 대통령령으로 정하는 업무

05 정답 ③

국민건강보험법 제45조 제1항에 따라 국민건강보험공단의 이사장
과 대통령령으로 정하는 의약계를 대표하는 사람들의 계약으로 정
해진 요양급여비용의 계약기간은 1년이며, 같은 조 제4항에 따라 요
양급여비용이 정해지면 보건복지부장관은 그 요양급여비용의 명세
를 지체 없이 고시해야 하므로 옳지 않은 설명이다.

① 국민건강보험법 제45조 제1항에 따라 요양급여비용은 국민건강보험
   공단의 이사장과 대통령령으로 정하는 의약계를 대표하는 사람들의
   계약으로 정하므로 옳은 설명이다.
② 국민건강보험법 제45조 제2항에 따라 요양급여비용의 계약이 체결되
   면 그 계약은 국민건강보험공단과 각 요양기관 사이에 체결된 것으로
   보므로 옳은 설명이다.
④ 국민건강보험법 제46조에 따라 약제·치료재료에 대한 요양급여비용
   은 요양기관의 약제·치료재료 구입금액 등을 고려하여 대통령령으로
   정하는 바에 따라 달리 산정할 수 있으므로 옳은 설명이다.

06 정답 ④

국민건강보험법 제71조에 따라 소득월액은 보수 외 소득이 대통
령령으로 정하는 금액을 초과하는 경우 '(연간 보수 외 소득 − 대통
령령으로 정하는 금액) × 1/12'로 산정하므로 소득월액의 계산식
은 ④이다.

07 정답 ②

국민건강보험법 제49조 제2항에 따라 준요양기관은 보건복지부장
관이 정하는 요양비 명세서나 요양 명세를 적은 영수증을 요양을 받
은 사람에게 내주어야 하며, 요양을 받은 사람은 그 명세서나 영수증
을 공단에 제출하여야 하므로 옳지 않은 설명이다.

① 국민건강보험법 제49조 제4항에 따라 준요양기관의 요양비 지급 청
   구, 공단의 적정성 심사 등에 필요한 사항은 보건복지부령으로 정하므
   로 옳은 내용이다.
③ 국민건강보험법 제49조 제3항에 따라 준요양기관은 요양을 받은 가
   입자나 피부양자의 위임이 있는 경우 공단에 요양비의 지급을 직접 청
   구할 수 있으며, 이 경우 공단은 지급이 청구된 내용의 적정성을 심사
   하여 준요양기관에 요양비를 지급할 수 있으므로 옳은 내용이다.
④ 국민건강보험법 제49조 제1항에 따라 국민건강보험공단은 가입자나
   피부양자가 요양기관이 아닌 장소에서 출산한 경우에는 그 요양급여
   에 상당하는 금액을 보건복지부령으로 정하는 바에 따라 가입자나 피
   부양자에게 요양비로 지급하므로 옳은 내용이다.

08 정답 ②

국민건강보험법 제8조 제1항에 따라 ⑦~② 중 가입자의 자격 취득
시기에 해당하는 것은 ⑦, ⓒ으로 총 2개이다.

🔍 더 알아보기

자격의 취득 시기(국민건강보험법 제8조 제1항)
① 가입자는 국내에 거주하게 된 날에 직장가입자 또는 지역가입자
   의 자격을 얻는다. 다만, 다음 각 호의 어느 하나에 해당하는 사람
   은 그 해당되는 날에 각각 자격을 얻는다.
   1. 수급권자이었던 사람은 그 대상자에서 제외된 날
   2. 직장가입자의 피부양자이었던 사람은 그 자격을 잃은 날
   3. 유공자등 의료보호대상자이었던 사람은 그 대상자에서 제외
      된 날
   4. 보험자에게 건강보험의 적용을 신청한 유공자등 의료보호대
      상자는 그 신청한 날

09 정답 ③

국민건강보험법 제112조 제2항에 따라 국민건강보험공단은 같은
조 제1항에 따른 업무의 일부를 국가기관, 지방자치단체 또는 다른
법령에 따른 사회보험 업무를 수행하는 법인이나 그 밖의 자에게 위
탁할 수 있지만, 보험료와 징수위탁보험료등의 징수 업무는 그렇지
않으므로 옳지 않은 설명이다.

🔍 더 알아보기

국민건강보험공단 업무의 위탁(국민건강보험법 제112조)
① 국민건강보험공단은 대통령령으로 정하는 바에 따라 다음 각 호
   의 업무를 체신관서, 금융기관 또는 그 밖의 자에게 위탁할 수 있다.
   1. 보험료의 수납 또는 보험료납부의 확인에 관한 업무
   2. 보험급여비용의 지급에 관한 업무

10 　　　　　　　　　　　　　　　　　　정답 ①

국민건강보험법 제12조 제2항에 따라 가입자 또는 피부양자가 요양급여를 받을 때는 건강보험증을 요양기관에 제출하여야 하지만 천재지변이나 그 밖의 부득이한 사유가 있으면 그러하지 아니하다고 하였으므로 옳은 내용이다.

오답 체크

② 국민건강보험법 제10조 제1항에 따라 가입자가 국내에 거주하지 않게 된 날의 다음 날에는 자격을 잃으며, 국민건강보험법 제12조 제5항에 따라 자격을 잃은 후 자격을 증명하던 서류를 사용하여 보험급여를 받아서는 아니 된다고 하였으므로 옳지 않은 설명이다.

③ 국민건강보험법 제12조 제7항에 따라 누구든지 건강보험증이나 신분증명서를 양도 또는 대여를 받거나 그 밖에 이를 부정하게 사용하여 보험급여를 받아서는 아니 된다고 하였으므로 옳지 않은 설명이다.

④ 국민건강보험법 제12조 제1항에 따르면 국민건강보험공단은 가입자 또는 피부양자가 신청하는 경우 건강보험증을 발급해야 하므로 옳지 않은 설명이다.

11 　　　　　　　　　　　　　　　　　　정답 ③

㉠~㉣ 중 임원에 대한 설명으로 옳지 않은 것은 ㉠, ㉡이다.

㉠ 국민건강보험법 제20조 제7항에 따라 이사장의 임기는 3년, 이사(공무원인 이사는 제외한다)와 감사의 임기는 각각 2년으로 하므로 옳지 않은 설명이다.

㉡ 국민건강보험법 제20조 제3항에 따라 상임이사는 보건복지부령으로 정하는 추천 절차를 거쳐 이사장이 임명하므로 옳지 않은 설명이다.

오답 체크

㉢ 국민건강보험법 제20조 제5항에 따라 감사는 임원추천위원회가 복수로 추천한 사람 중에서 기획재정부장관의 제청으로 대통령이 임명하므로 옳은 설명이다.

㉣ 국민건강보험법 제20조 제4항에 따라 비상임이사는 노동조합·사용자단체·시민단체·소비자단체·농어업인단체 및 노인단체가 추천하는 각 1명과 대통령령으로 정하는 바에 따라 추천하는 관계 공무원 3명을 보건복지부장관이 임명하므로 옳은 설명이다.

12 　　　　　　　　　　　　　　　　　　정답 ③

㉠~㉣ 중 보험료의 부담 및 제2차 납부의무에 대한 설명으로 옳은 것은 ㉠, ㉢, ㉣이다.

㉠ 국민건강보험법 제76조 제2항에 따라 직장가입자의 보수 외 소득월액보험료는 직장가입자가 부담하므로 옳은 설명이다.

㉢ 국민건강보험법 제76조 제4항에 따라 직장가입자가 교직원인 경우 교직원이 소속되어 있는 사립학교를 설립·운영하는 사용자가 부담액 전부를 부담할 수 없으면 그 부족액을 학교에 속하는 회계에서 부담하게 할 수 있으므로 옳은 설명이다.

㉣ 국민건강보험법 제77조의2 제2항에 따라 사업이 양도·양수된 경우에 양도일 이전에 양도인에게 납부의무가 부과된 보험료, 연체금 및 체납처분비를 양도인의 재산으로 충당하여도 부족한 경우에는 사업의 양수인이 그 부족한 금액에 대하여 양수한 재산의 가액을 한도로 제2차 납부의무를 지므로 옳은 설명이다.

오답 체크

㉡ 국민건강보험법 제77조 제2항에 따라 지역가입자의 보험료는 그 가입자가 속한 세대의 지역가입자 전원이 연대하여 납부하며, 소득 및 재산이 없는 미성년자와 소득 및 재산 등을 고려하여 대통령령으로 정하는 기준에 해당하는 미성년자는 납부의무를 부담하지 않으므로 옳지 않은 설명이다.

13 　　　　　　　　　　　　　　　　　　정답 ②

건강검진의 종류 및 대상에 대한 설명으로 옳은 것은 ㉠, ㉢이다.

㉠ 국민건강보험법 제52조 제2항 제3호에 따라 영유아건강검진 대상은 6세 미만의 가입자 및 피부양자이므로 옳은 설명이다.

㉢ 국민건강보험법 제52조 제2항 제2호에 따라 암검진 대상은 「암관리법」 제11조 제2항에 따른 암의 종류별 검진주기와 연령 기준 등에 해당하는 사람이므로 옳은 설명이다.

오답 체크

㉡ 국민건강보험법 제52조 제2항 제1호에 따라 일반건강검진 대상은 직장가입자, 세대주인 지역가입자, 20세 이상인 지역가입자 및 20세 이상인 피부양자이므로 옳지 않은 설명이다.

14 　　　　　　　　　　　　　　　　　　정답 ③

국민건강보험법 제34조 제3항에 따라 원칙적으로 공무원 위원을 제외한 재정운영위원회 위원의 임기를 2년으로 하므로 옳지 않은 설명이다.

오답 체크

① 국민건강보험법 제34조 제2항에 따라 재정운영위원회의 위원은 보건복지부장관이 임명하거나 위촉하므로 옳은 설명이다.

② 국민건강보험법 제34조 제2항 제1호에 따라 재정운영위원회의 위원에는 노동조합과 사용자단체에서 추천하는 각 5명의 위원이 포함되므로 옳은 설명이다.

④ 국민건강보험법 제34조 제1항에 따라 재정운영위원회는 직장가입자, 지역가입자, 공익을 대표하는 위원 각 10명씩으로 구성하므로 옳은 설명이다.

15

정답 ④

국민건강보험법 제110조 제2항에 따라 제110조 제1항에 따른 신청 후 최초로 내야 할 직장가입자 보험료를 그 납부기한부터 2개월이 지난 날까지 내지 않는 경우에는 그 자격을 유지할 수 없으므로 옳지 않은 설명이다.

오답 체크

① 국민건강보험법 제110조 제4항에 따라 임의계속가입자의 보험료는 보건복지부장관이 정하여 고시하는 바에 따라 그 일부를 경감할 수 있으므로 옳은 설명이다.

② 국민건강보험법 제110조 제3항에 따라 임의계속가입자의 보수월액은 보수월액보험료가 산정된 최근 12개월간의 보수월액을 평균한 금액으로 하므로 옳은 설명이다.

③ 국민건강보험법 제110조 제7항에 따라 임의계속가입자의 신청 방법·절차 등에 필요한 사항은 보건복지부령으로 정하므로 옳은 설명이다.

16

정답 ①

㉠~㉣ 중 이의신청 및 심판청구 등에 대한 설명으로 옳지 않은 것은 ㉠, ㉡이다.

㉠ 국민건강보험법 제88조 제1항에 따라 이의신청에 대한 결정에 불복하는 자는 건강보험분쟁조정위원회에 심판청구를 할 수 있으며, 같은 법 제90조에 따라 국민건강보험공단 또는 건강보험심사평가원의 처분에 이의가 있는 자와 이의신청 또는 심판청구에 대한 결정에 불복하는 자는 「행정소송법」에서 정하는 바에 따라 행정소송을 제기할 수 있으므로 옳지 않은 설명이다.

㉡ 국민건강보험법 제87조 제3항에 따라 이의신청은 처분이 있음을 안 날부터 90일 이내에 문서(전자문서를 포함한다)로 해야 하며 처분이 있은 날부터 180일을 지나면 제기하지 못하지만, 정당한 사유로 그 기간에 이의신청을 할 수 없었음을 소명한 경우에는 그렇지 않으므로 옳지 않은 설명이다.

오답 체크

㉢ 국민건강보험법 제88조 제2항에 따라 심판청구를 하려는 자는 대통령령으로 정하는 심판청구서를 제87조 제1항 또는 제2항에 따른 처분을 한 국민건강보험공단 또는 건강보험심사평가원에 제출하거나 건강보험분쟁조정위원회에 제출해야 하므로 옳은 설명이다.

㉣ 국민건강보험법 제87조 제2항에 따라 요양급여비용 및 요양급여의 적정성 평가 등에 관한 건강보험심사평가원의 처분에 이의가 있는 국민건강보험공단, 요양기관 또는 그 밖의 자는 건강보험심사평가원에 이의신청을 할 수 있으므로 옳은 설명이다.

17

정답 ③

국민건강보험법 제37조에 따라 국민건강보험공단은 지출할 현금이 부족한 경우에는 차입할 수 있으며, 1년 이상 장기로 차입하려면 보건복지부장관의 승인을 받아야 하므로 옳지 않은 설명이다.

오답 체크

① 국민건강보험법 제35조 제3항에 따라 국민건강보험공단은 건강보험사업 및 징수위탁근거법의 위탁에 따른 국민연금사업·고용보험사업·산업재해보상보험사업·임금채권보장사업에 관한 회계를 국민건강보험공단의 다른 회계와 구분하여 각각 회계처리해야 하므로 옳은 설명이다.

② 국민건강보험법 제36조에 따라 국민건강보험공단은 회계연도마다 예산안을 편성하여 이사회의 의결을 거친 후 보건복지부장관의 승인을 받아야 하며, 예산을 변경할 때에도 또한 같으므로 옳은 설명이다.

④ 국민건강보험법 제39조의2에 따라 국민건강보험공단은 「재난적의료비 지원에 관한 법률」에 따른 재난적의료비 지원사업에 사용되는 비용에 충당하기 위하여 매년 예산의 범위에서 출연할 수 있으므로 옳은 설명이다.

18

정답 ③

국민건강보험법 제81조에 따라 보험료등의 독촉 및 체납처분에 대해 바르게 설명한 사람은 수근, 우경, 양희, 가영이다.

오답 체크

· 미주: 국민건강보험법 제81조 제2항에 따라 보험료등의 독촉을 할 때에는 10일 이상 15일 이내의 납부기한을 정하여 독촉장을 발부해야 하므로 옳지 않은 설명이다.

19

정답 ①

국민건강보험법 제97조 제1항에 따라 보건복지부장관은 사용자, 직장가입자 또는 세대주에게 가입자의 이동·보수·소득이나 그 밖에 필요한 사항에 관한 보고 또는 서류 제출을 명하거나, 소속 공무원이 관계인에게 질문하게 하거나 관계 서류를 검사하게 할 수 있으므로 옳지 않은 설명이다.

오답 체크

② 국민건강보험법 제97조 제4항에 따라 보건복지부장관은 같은 법 제47조 제7항에 따라 요양급여비용의 심사청구를 대행하는 단체에 필요한 자료의 제출을 명하거나, 소속 공무원이 대행청구에 관한 자료 등을 조사·확인하게 할 수 있으므로 옳은 설명이다.

③ 국민건강보험법 제97조 제5항에 따라 보건복지부장관은 같은 법 제41조의2에 따른 약제에 대한 요양급여비용 상한금액의 감액 및 요양급여의 적용 정지를 위하여 필요한 경우에는 「약사법」에 따른 의약품 공급자에 대하여 금전, 물품, 편익, 노무, 향응, 그 밖의 경제적 이익등 제공으로 인한 의약품 판매 질서 위반 행위에 관한 보고 또는 서류 제출을 명하거나, 소속 공무원이 관계인에게 질문하게 하거나 관계 서류를 검사하게 할 수 있으므로 옳은 설명이다.

④ 국민건강보험법 제97조 제2항에 따라 보건복지부장관은 요양기관(제49조에 따라 요양을 실시한 기관을 포함한다)에 대하여 요양·약제의 지급 등 보험급여에 관한 보고 또는 서류 제출을 명하거나, 소속 공무원이 관계인에게 질문하게 하거나 관계 서류를 검사하게 할 수 있으므로 옳은 설명이다.

20 정답 ③

국민건강보험법 제14조 제1항에 따라 ㉠~㉤ 중 국민건강보험공단의 업무에 해당하는 것은 ㉠, ㉡, ㉣, ㉤이다.

[오답 체크]
㉢ 국민건강보험법 제63조 제1항 제1호에 따라 요양급여비용의 심사는 건강보험심사평가원의 업무에 해당한다.

> **🔍 더 알아보기**
>
> **국민건강보험공단 업무(국민건강보험법 제14조 제1항)**
> ① 국민건강보험공단은 다음 각 호의 업무를 관장한다.
> 1. 가입자 및 피부양자의 자격 관리
> 2. 보험료와 그 밖에 이 법에 따른 징수금의 부과·징수
> 3. 보험급여의 관리
> 4. 가입자 및 피부양자의 질병의 조기발견·예방 및 건강관리를 위하여 요양급여 실시 현황과 건강검진 결과 등을 활용하여 실시하는 예방사업으로서 대통령령으로 정하는 사업
> 5. 보험급여비용의 지급
> 6. 자산의 관리·운영 및 증식사업
> 7. 의료시설의 운영
> 8. 건강보험에 관한 교육훈련 및 홍보
> 9. 건강보험에 관한 조사연구 및 국제협력
> 10. 이 법에서 국민건강보험공단의 업무로 정하고 있는 사항
> 11. 「국민연금법」, 「고용보험 및 산업재해보상보험의 보험료징수 등에 관한 법률」, 「임금채권보장법」 및 「석면피해구제법」에 따라 위탁받은 업무
> 12. 그 밖에 이 법 또는 다른 법령에 따라 위탁받은 업무
> 13. 그 밖에 건강보험과 관련하여 보건복지부장관이 필요하다고 인정한 업무

노인장기요양보험법 정답·해설

01	02	03	04	05	06	07	08	09	10
④	②	③	④	②	②	④	④	①	④
11	12	13	14	15	16	17	18	19	20
①	④	④	①	④	④	③	③	③	②

01 　　　　　　　　　　　　　　정답 ④

노인장기요양보험법 제58조 제2항에 따라 빈칸에 들어갈 말은 전액이다.

🔍 **더 알아보기**

국가의 부담(노인장기요양보험법 제58조)
① 국가는 매년 예산의 범위 안에서 해당 연도 장기요양보험료 예상수입액의 100분의 20에 상당하는 금액을 국민건강보험공단에 지원한다.
② 국가와 지방자치단체는 대통령령으로 정하는 바에 따라 의료급여수급권자의 장기요양급여비용, 의사소견서 발급비용, 방문간호지시서 발급비용 중 국민건강보험공단이 부담하여야 할 비용(제40조 제2항 및 제4항 제1호에 따라 면제 및 감경됨으로 인하여 국민건강보험공단이 부담하게 되는 비용을 포함한다) 및 관리운영비의 전액을 부담한다.
③ 제2항에 따라 지방자치단체가 부담하는 금액은 보건복지부령으로 정하는 바에 따라 특별시·광역시·특별자치시·도·특별자치도와 시·군·구가 분담한다.
④ 제2항 및 제3항에 따른 지방자치단체의 부담액 부과, 징수 및 재원관리, 그 밖에 필요한 사항은 대통령령으로 정한다.

02 　　　　　　　　　　　　　　정답 ②

노인장기요양보험법 제42조에 따라 빈칸에 들어갈 말은 보건복지부령이다.

03 　　　　　　　　　　　　　　정답 ③

㉠~㉢ 중 수급권의 보호, 벌칙 적용에서 공무원 의제, 소액처리에 대한 설명으로 옳은 것의 개수는 총 2개이다.
㉡ 노인장기요양보험법 제66조 제1항에 따라 장기요양급여를 받을 권리는 양도 또는 압류하거나 담보로 제공할 수 없으므로 옳은 설명이다.
㉢ 노인장기요양보험법 제66조의2에 따라 등급판정위원회, 장기요양위원회, 공표심의위원회, 심사위원회 및 재심사위원회 위원 중 공무원이 아닌 사람은 「형법」 제129조부터 제132조까지의 규정을 적용할 때에는 공무원으로 보므로 옳은 설명이다.

오답 체크
㉠ 노인장기요양보험법 제66조의3에 따라 국민건강보험공단은 징수 또는 반환해야 할 금액이 1건당 1,000원 미만인 경우(각각 상계할 수 있는 지급금 및 장기요양보험료등은 제외한다)에는 징수 또는 반환하지 않지만, 「국민건강보험법」 제106조에 따른 소액 처리 대상에서 제외되는 건강보험료와 통합하여 징수 또는 반환되는 장기요양보험료의 경우에는 그렇지 않으므로 옳지 않은 설명이다.
㉢ 노인장기요양보험법 제66조 제2항에 따라 특별현금급여수급계좌의 예금에 관한 채권은 압류할 수 없으므로 옳지 않은 설명이다.

04 　　　　　　　　　　　　　　정답 ④

㉠~㉢ 중 재심사청구에 대한 설명으로 옳지 않은 것은 ㉠, ㉡, ㉢이다.
㉠ 노인장기요양보험법 제56조의2 제2항에 따라 재심사청구 사항에 대한 재심사위원회의 재심사를 거친 경우에는 「행정심판법」에 따른 행정심판을 청구할 수 없으므로 옳지 않은 설명이다.
㉡ 노인장기요양보험법 제56조 제1항에 따라 심사청구에 대한 결정에 불복하는 사람은 그 결정통지를 받은 날부터 90일 이내에 장기요양재심사위원회에 재심사를 청구할 수 있으므로 옳지 않은 설명이다.
㉢ 노인장기요양보험법 제56조 제4항에 따라 재심사위원회의 구성·운영, 그 밖에 필요한 사항은 대통령령으로 정하므로 옳지 않은 설명이다.

오답 체크
㉢ 노인장기요양보험법 제56조 제2항에 따라 재심사위원회는 보건복지부장관 소속으로 두고, 위원장 1인을 포함한 20인 이내의 위원으로 구성하므로 옳은 설명이다.

05 　　　　　　　　　　　　　　정답 ②

노인장기요양보험법 제3조 제3항에 따라 장기요양급여는 노인 등이 가족과 함께 생활하면서 가정에서 장기요양을 받는 재가급여를 우선적으로 제공해야 하므로 옳지 않은 설명이다.

① 노인장기요양보험법 제3조 제2항에 따라 장기요양급여는 노인 등의 심신상태·생활환경과 노인 등 및 그 가족의 욕구·선택을 종합적으로 고려하여 필요한 범위 안에서 이를 적정하게 제공해야 하므로 옳은 설명이다.

③ 노인장기요양보험법 제3조 제1항에 따라 장기요양급여는 노인 등이 자신의 의사와 능력에 따라 최대한 자립적으로 일상생활을 수행할 수 있도록 제공해야 하므로 옳은 설명이다.

④ 노인장기요양보험법 제3조 제4항에 따라 장기요양급여는 노인 등의 심신상태나 건강 등이 악화되지 않도록 의료서비스와 연계하여 이를 제공해야 하므로 옳은 설명이다.

06   정답 ②

노인장기요양보험법 제9조에 따라 장기요양보험료는 「국민건강보험법」 제69조 제4항·제5항 및 제109조 제9항 단서에 따라 산정한 보험료액에서 경감 또는 면제되는 비용을 공제한 금액에 건강보험료율 대비 장기요양보험료율의 비율을 곱하여 산정한 금액으로 한다. '2. 보험료액 산정 방법'에 따라 A의 보수월액보험료는 보수월액에 건강보험료율을 곱하여 얻은 2,500,000 × 0.0709 = 177,250원이다. 이때 보수 외 소득은 없으므로 보수 외 소득월액보험료는 산정되지 않으며, 문제에 제시된 조건만 고려해야 하므로 보험료액에서 경감 또는 면제되는 비용은 고려하지 않는다. 이에 따라 A의 장기요양보험료는 보수월액보험료액에서 건강보험료율 대비 장기요양보험료율의 비율을 곱하여 산정한 177,250 × (0.009182 / 0.0709) ≒ 22,955원이다. 또한, '3. 직장가입자 보험료율'에 따라 장기요양보험료는 직장가입자와 사업주가 각각 100분의 50씩 부담하므로 A가 납부해야 하는 장기요양보험료는 22,955 × 0.5 = 11,477.5원이며, 원 단위 절사하면 11,470원이다.

07   정답 ④

노인장기요양보험법 제4조 제4항에 따라 국가 및 지방자치단체는 장기요양급여가 원활히 제공될 수 있도록 국민건강보험공단에 필요한 행정적 또는 재정적 지원을 할 수 있으므로 옳지 않은 설명이다.

① 노인장기요양보험법 제4조 제6항에 따라 국가 및 지방자치단체는 지역의 특성에 맞는 장기요양사업의 표준을 개발·보급할 수 있으므로 옳은 설명이다.

② 노인장기요양보험법 제4조 제1항에 따라 국가 및 지방자치단체는 노인이 일상생활을 혼자서 수행할 수 있는 온전한 심신상태를 유지하는 데 필요한 사업을 실시해야 하므로 옳은 설명이다.

③ 노인장기요양보험법 제4조 제5항에 따라 국가 및 지방자치단체는 장기요양요원의 처우를 개선하고 복지를 증진하며 지위를 향상시키기 위해 적극적으로 노력해야 하므로 옳은 설명이다.

08   정답 ④

노인장기요양보험법 제55조 제1항 및 제2항에 따라 ㉠에 들어갈 숫자는 90, ㉡에 들어갈 숫자는 180이다.

09   정답 ①

수급자 및 그 가족의 가사활동을 지원하는 행위는 급여외행위에 해당하지 않는다.

> **🔍 더 알아보기**
> 급여외행위의 제공 금지(노인장기요양보험법 제28조의2 제1항)
> ① 수급자 또는 장기요양기관은 장기요양급여를 제공받거나 제공할 경우 다음 각 호의 급여외행위를 요구하거나 제공해서는 안 된다.
> 1. 수급자의 가족만을 위한 행위
> 2. 수급자 또는 그 가족의 생업을 지원하는 행위
> 3. 그 밖에 수급자의 일상생활에 지장이 없는 행위

10   정답 ④

노인장기요양보험법 제32조의3에 따라 빈칸에 들어갈 말은 6년이다.

11   정답 ①

장기요양기관을 운영하려는 자 및 그 기관에 종사하려는 자가 「국민건강보험법」에 따라 받은 행정처분의 내용은 특별자치시장·특별자치도지사·시장·군수·구청장이 장기요양기관을 지정하려는 경우 검토해야 하는 사항에 해당하지 않는다.

> **🔍 더 알아보기**
> 장기요양기관의 지정(노인장기요양보험법 제31조 제3항)
> ③ 특별자치시장·특별자치도지사·시장·군수·구청장이 지정을 하려는 경우에는 다음 각 호의 사항을 검토하여 장기요양기관을 지정하여야 한다. 이 경우 특별자치시장·특별자치도지사·시장·군수·구청장은 공단에 관련 자료의 제출을 요청하거나 그 의견을 들을 수 있다.
> 1. 장기요양기관을 운영하려는 자의 장기요양급여 제공 이력
> 2. 장기요양기관을 운영하려는 자 및 그 기관에 종사하려는 자가 이 법, 「사회복지사업법」 또는 「노인복지법」 등 장기요양기관의 운영과 관련된 법에 따라 받은 행정처분의 내용
> 3. 장기요양기관의 운영 계획
> 4. 해당 지역의 노인인구수, 치매 등 노인성질환 환자 수 및 장기요양급여 수요 등 지역 특성
> 5. 그 밖에 특별자치시장·특별자치도지사·시장·군수·구청장이 장기요양기관으로 지정하는 데 필요하다고 인정하여 정하는 사항

12
정답 ④

노인장기요양보험법 제23조 제1항 제3호에 따라 특별현금급여는 가족요양비, 특례요양비, 요양병원간병비 총 3가지로 구성되므로 옳지 않은 설명이다.

오답 체크

① 노인장기요양보험법 제23조 제2항에 따라 장기요양급여를 제공할 수 있는 장기요양기관의 종류 및 기준과 장기요양급여 종류별 장기요양요원의 범위·업무·보수교육 등에 관하여 필요한 사항은 대통령령으로 정하므로 옳은 설명이다.

② 노인장기요양보험법 제23조 제1항 제2호에 따라 시설급여는 장기요양기관에 장기간 입소한 수급자에게 신체활동 지원 및 심신기능의 유지·향상을 위한 교육·훈련 등을 제공하는 장기요양급여이므로 옳은 설명이다.

③ 노인장기요양보험법 제23조 제5항에 따라 장기요양급여의 제공 기준·절차·방법·범위, 그 밖에 필요한 사항은 보건복지부령으로 정하므로 옳은 설명이다.

13
정답 ④

노인장기요양보험법 제59조에 따라 ㉠~㉢ 중 전자문서의 사용에 대한 설명으로 옳은 것은 ㉠, ㉡, ㉢이다.

14
정답 ①

노인장기요양보험법 제37조의3 제1항에 따라 ㉠에 들어갈 숫자는 1,000, ㉡에 들어갈 숫자는 10이다.

15
정답 ④

보건복지부장관이 지정하는 자는 노인장기요양보험법상 장기요양신청 등을 대리할 수 있는 대상에 해당하지 않는다.

🔍 **더 알아보기**

장기요양인정 신청 등에 대한 대리(노인장기요양보험법 제22조)

① 장기요양급여를 받고자 하는 자 또는 수급자가 신체적·정신적인 사유로 이 법에 따른 장기요양인정의 신청, 장기요양인정의 갱신신청 또는 장기요양등급의 변경신청 등을 직접 수행할 수 없을 때 본인의 가족이나 친족, 그 밖의 이해관계인은 이를 대리할 수 있다.

② 다음 각 호의 어느 하나에 해당하는 사람은 관할 지역 안에 거주하는 사람 중 장기요양급여를 받고자 하는 사람 또는 수급자가 제1항에 따른 장기요양인정신청 등을 직접 수행할 수 없을 때 본인 또는 가족의 동의를 받아 그 신청을 대리할 수 있다.

　1. 「사회보장급여의 이용·제공 및 수급권자 발굴에 관한 법률」 제43조에 따른 사회복지전담공무원

　2. 「치매관리법」 제17조에 따른 치매안심센터의 장(장기요양급여를 받고자 하는 사람 또는 수급자가 같은 법 제2조 제2호에 따른 치매환자인 경우로 한정한다)

③ 제1항 및 제2항에도 불구하고 장기요양급여를 받고자 하는 자 또는 수급자가 제1항에 따른 장기요양인정 신청 등을 할 수 없는 경우 특별자치시장·특별자치도지사·시장·군수·구청장이 지정하는 자는 이를 대리할 수 있다.

④ 제1항부터 제3항까지의 규정에 따른 장기요양인정신청 등의 방법 및 절차 등에 관하여 필요한 사항은 보건복지부령으로 정한다.

16
정답 ④

노인장기요양보험법 제40조 제4항 제3호에 따라 천재지변 등 보건복지부령으로 정하는 사유로 인하여 생계가 곤란한 자에 대해서는 본인부담금의 100분의 60의 범위에서 보건복지부장관이 정하는 바에 따라 차등하여 감경할 수 있으므로 옳지 않은 설명이다.

오답 체크

① 노인장기요양보험법 제40조 제1항에 따라 장기요양급여를 받는 자는 대통령령으로 정하는 바에 따라 비용의 일부를 본인이 부담하고 이 경우 장기요양급여를 받는 수급자의 장기요양등급, 이용하는 장기요양급여의 종류 및 수준 등에 따라 본인부담의 수준을 달리 정할 수 있으며, 노인장기요양보험법 제40조 제2항에 따라 수급자 중 「의료급여법」 제3조 제1항 제1호에 따른 수급자는 본인부담금을 부담하지 아니하므로 옳은 설명이다.

② 노인장기요양보험법 제40조 제3항 제2호에 따라 수급자가 장기요양인정서에 기재된 장기요양급여의 종류 및 내용과 다르게 선택하여 장기요양급여를 받은 경우 그 차액은 수급자 본인이 전부 부담하므로 옳은 설명이다.

③ 노인장기요양보험법 제40조 제3항 제3호에 따라 장기요양급여의 월 한도액을 초과하는 장기요양급여에 대해서는 수급자 본인이 전부 부담하므로 옳은 설명이다.

17
정답 ③

노인장기요양보험법 제16조 제1항에 따라 빈칸에 공통으로 들어갈 말은 30일이다.

18
정답 ③

노인장기요양보험법 제35조의5에 따라 ㉢에 들어갈 말은 '일부'이다.

법인의 대표자가 파산선고를 받은 뒤에 복권된 경우는 노인장기요양
보험법상 장기요양기관 지정 시 결격사유에 해당하지 않는다.

> **🔍 더 알아보기**
>
> **결격사유(노인장기요양보험법 제32조의2)**
> 다음 각 호의 어느 하나에 해당하는 자는 제31조에 따른 장기요양기
> 관으로 지정받을 수 없다.
> 1. 미성년자, 피성년후견인 또는 피한정후견인
> 2. 「정신건강증진 및 정신질환자 복지서비스 지원에 관한 법률」
>   제3조 제1호의 정신질환자. 다만, 전문의가 장기요양기관 설
>   립·운영 업무에 종사하는 것이 적합하다고 인정하는 사람은
>   그러하지 아니하다.
> 3. 「마약류 관리에 관한 법률」 제2조 제1호의 마약류에 중독된
>   사람
> 4. 파산선고를 받고 복권되지 아니한 사람
> 5. 금고 이상의 실형을 선고받고 그 집행이 종료(집행이 종료된
>   것으로 보는 경우를 포함한다)되거나 집행이 면제된 날부터
>   5년이 경과되지 아니한 사람
> 6. 금고 이상의 형의 집행유예를 선고받고 그 유예기간 중에 있는
>   사람
> 7. 대표자가 제1호부터 제6호까지의 규정 중 어느 하나에 해당하
>   는 법인

노인장기요양보험법 제35조 제3항에 따라 장기요양기관의 장은 장
기요양급여를 제공한 수급자에게 장기요양급여비용에 대한 명세서
를 교부해야 하며, 제69조 제1항 제2호의3에 따라 정당한 사유 없
이 수급자에게 장기요양급여비용에 대한 명세서를 교부하지 않거나
거짓으로 교부한 자에게는 500만 원 이하의 과태료를 부과하므로
옳지 않은 설명이다.

오답 체크

① 노인장기요양보험법 제35조 제1항에 따라 장기요양기관은 수급자로
  부터 장기요양급여신청을 받은 때 장기요양급여의 제공을 거부해서는
  안 되지만, 입소정원에 여유가 없는 경우 등 정당한 사유가 있는 경우
  는 그러하지 않으므로 옳은 설명이다.
③ 노인장기요양보험법 제35조 제4항에 따라 장기요양기관의 장은 장
  기요양급여 제공에 관한 자료를 기록·관리해야 하며, 장기요양기관의
  장 및 그 종사자는 장기요양급여 제공에 관한 자료를 거짓으로 작성해
  서는 안 되므로 옳은 설명이다.
④ 노인장기요양보험법 제35조 제6항에 따라 누구든지 영리를 목적으로
  금전, 물품, 노무, 향응, 그 밖의 이익을 제공하거나 제공할 것을 약속
  하는 방법으로 수급자를 장기요양기관에 소개, 알선 또는 유인하는 행
  위 및 이를 조장하는 행위를 해서는 안 되므로 옳은 설명이다.

실전모의고사 2회

바로 채점 및 성적 분석 서비스

NCS 직업기초능력 정답·해설

01 의사소통	02 의사소통	03 의사소통	04 의사소통	05 의사소통	06 의사소통	07 의사소통	08 의사소통	09 의사소통	10 의사소통
④	①	③	③	②	③	④	②	④	③
11 의사소통	12 의사소통	13 의사소통	14 의사소통	15 의사소통	16 의사소통	17 의사소통	18 의사소통	19 의사소통	20 의사소통
②	①	③	④	③	③	①	③	③	④
21 수리	22 수리	23 수리	24 수리	25 수리	26 수리	27 수리	28 수리	29 수리	30 수리
③	④	③	①	③	④	②	①	①	②
31 수리	32 수리	33 수리	34 수리	35 수리	36 수리	37 수리	38 수리	39 수리	40 수리
③	②	③	①	②	①	④	③	④	②
41 문제해결	42 문제해결	43 문제해결	44 문제해결	45 문제해결	46 문제해결	47 문제해결	48 문제해결	49 문제해결	50 문제해결
①	④	①	③	②	①	②	④	②	①
51 문제해결	52 문제해결	53 문제해결	54 문제해결	55 문제해결	56 문제해결	57 문제해결	58 문제해결	59 문제해결	60 문제해결
②	③	②	③	④	④	②	④	②	③

[01 - 03]

01 의사소통능력   정답 ④

(라)문단에서 머리 중심부의 모발이 약해지며 머리숱이 줄어드는 증상이 나타나는 여성형 탈모는 관리 소홀 및 스트레스 등으로 인해 영구 탈모로 진행되지 않도록 증상에 따른 적절한 관리가 필요하다고 하였으므로 (라)문단의 내용을 요약하면 '여성형 탈모의 증상과 적절한 관리의 필요성'이 된다.

02 의사소통능력   정답 ①

(나)문단에서 비반흔성 탈모인 원형 탈모는 모낭이 유지되기 때문에 증상 부위가 사라지고 나면 모발이 재생될 수 있다고 하였으므로 원형 탈모가 탈모 진행 과정에서 모낭이 파괴되어 모발이 재생될 가능성이 희박한 것은 아님을 알 수 있다.

오답 체크

② (가)문단에서 한국인은 평균 약 100만 가닥의 모발을 가지고 있으며, 하루에 50~100가닥이 빠지는 것은 자연스러운 현상이라고 하였으므로 적절한 내용이다.

③ (라)문단에서 에스트로겐 호르몬의 분비량이 많은 여성은 안드로겐 호르몬의 분비량이 많은 남성보다 탈모의 정도가 약하게 나타난다고 하였으므로 적절한 내용이다.

④ (다)문단에서 남성형 탈모는 안드로겐 탈모라고도 불린다고 하였으며, 이는 20대 후반이나 30대에 모발이 점점 가늘어지며 진행되기 시작한다고 하였으므로 적절한 내용이다.

03 의사소통능력   정답 ③

글 전체에서 인간의 모발은 하루 평균 약 50~100가닥이 자연스럽게 빠지는데, 100가닥 이상이 빠질 경우 병적인 탈모의 전조 증상일 수 있다고 하였으며, 탈모는 흉터 여부 및 발생 원인에 따라 다양한 유형으로 나타난다고 하였으므로 남성과 여성 모두에게서 분비되는 남성 호르몬의 수치를 증가시키기 위해서는 체력이 저하되지 않도록 관리해야 한다는 내용의 ©은 삭제되어야 한다.

[04-05]

04 의사소통능력   정답 ③

이 보도자료는 외화보험의 판매규모 증가세 속에서 외화보험의 환율·금리 변동으로 인한 소비자 피해 증가가 예상되면서 소비자는 금융당국이 발령한 소비자 경보에 따라 상품에 대한 정확한 이해를 바탕으로 가입 목적에 맞는 보험상품을 가입하도록 주의해야 하며, 외화보험 판매 보험사가 소비자에게 경보 내용을 충분히 설명하도록 금융당국이 지도 및 제재할 계획이라는 내용이므로 이 보도자료의 중심 내용으로 가장 적절한 것은 ③이다.

오답 체크

① 4문단에서 금융당국은 외화보험 판매과정에서 위법행위가 의심 또는 적발되는 보험사에 대해 엄중 제재할 계획이라고 하였지만, 위법행위가 적발된 보험사에 대한 처벌에 대해서는 다루고 있지 않으므로 적절하지 않은 내용이다.

② 환율 및 금리 변동으로 화폐가치가 변화하여 소비자가 입게 될 피해를 최소화할 수 있는 제도 마련의 필요성에 대해서는 다루고 있지 않으므로 적절하지 않은 내용이다.

④ 외화보험 판매 시 소비자가 스스로 상품 적합성을 판단할 수 있도록 모든 소비자에게 금융교육을 시행해야 한다는 내용에 대해서는 다루고 있지 않으므로 적절하지 않은 내용이다.

05 의사소통능력   정답 ②

3문단의 [1] (상품특성)에서 외화보험은 기본적으로 환테크 상품이 아니며, 보험금 지급 시점이 특정되어 있어 계약해지를 제외하면 환율 변동에 능동적으로 대처할 방안이 없고 해지 시 환급금액 또한 원금보다 적을 가능성이 있다고 하였으므로 외화보험은 환테크 상품이 아닐 뿐만 아니라 보험금 지급 시점이 지정되어 환율 변동에 취약하다는 것을 알 수 있다.

오답 체크

① 3문단의 [4] (적합성 판단)에서 지정인 알림 서비스 제도는 65세 이상 고령 고객이 금융상품 가입 시 본인에게 적합한 금융상품인지 판단할 수 있도록 지정인에게 가입 사실을 안내하는 제도라고 하였으므로 적절하지 않은 내용이다.

③ 3문단의 [3] (금리위험)에서 금리연동형 상품은 투자하는 해외채권의 수익률을 반영하여 주기적으로 적립이율이 변동되기 때문에 만기보험금의 규모가 달라질 수 있다고 하였으므로 적절하지 않은 내용이다.

④ 1문단에서 2020년 상반기 외화보험 판매액이 2019년 전체 외화보험 판매액의 78%에 달한다고 하였으므로 적절하지 않은 내용이다.

[06-07]

06 의사소통능력   정답 ③

이 글은 누구나 쉽고 안전하게 할 수 있는 걷기 운동의 정신적·신체적 효과를 소개하고, 성인에게 필요한 걷기양과 올바른 걷기 자세를 알려 주며 일상생활에서 걷기 운동을 실천하는 방법을 설명하는 글이다.

따라서 '(라) 가장 안전한 신체 활동인 걷기 → (나) 걷기의 정신적·신체적 효과 → (마) 걷는 속도에 따른 성인에게 필요한 걷기양 → (가) 빠르게 걷기만큼 중요한 올바른 걷기 자세 → (다) 일상생활에서 걷기 운동을 실천하는 방법' 순으로 연결되어야 한다.

07 의사소통능력   정답 ④

(나)문단에서 걷기는 우울증 위험을 감소시키고 수면의 질을 향상시켜 정신 건강의 증진과 인지 기능 향상에 큰 도움이 된다고 하였으므로 걷기가 수면의 질에 미치는 효과가 정신 건강과 인지 기능에도 긍정적인 영향을 주는 것을 알 수 있다.

오답 체크

① (라)문단에서 걷기는 운동을 처음 시작하는 사람은 물론이거니와 노약자, 임산부, 건강이 좋지 않은 사람 등 대부분의 사람이 할 수 있는 운동이라고 하였으므로 적절하지 않은 내용이다.

② (가)문단에서 바른 자세로 걸으면 심호흡이 가능하고 어깨와 목의 긴장을 풀어 주며 허리나 골반의 통증을 방지할 수 있다고 하였으므로 적절하지 않은 내용이다.

③ (마)문단에서 성인에게 필요한 걷기양은 1주일에 최소 빠르게 걷기 150분을 권장하며 이때의 활동은 중강도 수준으로 걸으면서 대화는 가능하지만 노래는 어려운 상태라고 하였으므로 적절하지 않은 내용이다.

[08-10]

08 의사소통능력   정답 ②

(나)문단에서 다낭성 난소 증후군 환자의 증상으로 다모증이 가장 흔히 나타나는데, 인종에 따라 발현 빈도가 달라 동양인은 발생 빈도가 낮은 편이라고 하였으므로 다낭성 난소 증후군으로 인해 발생하는 다모증 증상이 서양인보다 동양인에게서 더 자주 나타나는 것은 아님을 알 수 있다.

오답 체크

① (라)문단에서 수술적 치료의 경우 배란유도제인 클로미펜으로 치료 효과를 보지 못한 환자에게 2차 치료 방법으로 권고된다고 하였으므로 적절한 내용이다.

③ (가)문단에서 유럽·미국 생식 내분비학회 연합은 무월경과 희발월경으로 나타나는 무배란, 임상적 고안드로젠 혈증, 생화학적 고안드로젠 혈증, 커진 난소의 가장자리를 따라 10여 개의 작은 난포가 염주 모양으로 발생한 상태 중 두 가지 이상의 증상이 나타나면 다낭성 난소 증후군으로 진단하고 있다고 하였으므로 적절한 내용이다.

④ (라)문단에서 수술적 치료의 종류로는 전기소작술, 레이저 기화술 등이 있고, 수술적 치료를 받고 나면 안드로젠 수치 및 인슐린 저항성이 낮아지는 효과를 볼 수 있다고 하였으므로 적절한 내용이다.

09 의사소통능력
정답 ④

(나)문단에서 다낭성 난소 증후군 환자의 약 60~85%는 배란 장애를 겪으며, 대부분은 희발배란 및 무배란 증상이 나타나지만, 일부는 기능성 자궁 출혈이 나타난다고 하였으므로 다낭성 난소 증후군이 생긴 환자 대다수가 기능성 자궁 출혈 증상을 겪는 것은 아님을 알 수 있다.

오답 체크

① (다)문단에서 다낭성 난소 증후군의 치료는 환자의 증상에 따라 비수술적 치료나 수술적 치료가 이루어지며, 비수술적 치료 시에는 가장 먼저 체중 감량이 요구된다고 하였으므로 적절한 내용이다.

② (가)문단에서 다낭성 난소 증후군은 대개 가임기 여성에게서 흔하게 나타나고, 발병률은 5~10%가량이라고 하였으므로 적절한 내용이다.

③ (라)문단에서 수술적 치료는 합병증이 발생할 수 있으며, 자궁 부속기의 유착 및 난소 예비력 손상 등이 합병증에 해당한다고 하였으므로 적절한 내용이다.

10 의사소통능력
정답 ③

<보기>는 경구 피임약으로 혈중 호르몬 이상을 교정하거나 미용적인 방법으로 다모증을 치료하기도 하지만, 이와 같은 비수술적 치료는 치료 효과가 빠르지 않다는 내용이다.

따라서 다낭성 난소 증후군은 증상 및 합병증 발병 위험 등에 따라 치료법이 결정되며, 비수술적 치료의 경우 대사와 생식 기능이 빠르게 호전될 수 있는 체중 감량이 가장 우선적으로 요구된다는 내용을 이야기하고 있는 (다)문단 뒤에 위치하는 것이 적절하다.

[11-13]
11 의사소통능력
정답 ②

2문단에서 미용이나 성형, 특실 이용료, 도수 치료 등은 재난적 의료비 지원 범위에서 제외된다고 하였으므로 중증 질환자의 특실 이용 또는 입원 중의 도수 치료는 재난적 의료비를 지원받을 수 있는 항목에서 제외됨을 알 수 있다.

오답 체크

① 2문단에서 의료비 지원 대상 질환은 입원 시의 모든 질환과 외래 시의 중증 질환을 포함한다고 하였으므로 적절하지 않은 내용이다.

③ 4문단에서 재난적 의료비는 국민건강보험공단 지사에 직접 방문하여 신청해야 하며, 부득이한 경우에는 우편 접수가 가능하나 온라인 신청은 불가능하다고 하였으므로 적절하지 않은 내용이다.

④ 3문단에서 기초생활수급자의 경우 치료를 위해 본인이 부담해야 하는 의료비가 100만 원을 초과해야 의료비 지원을 받을 수 있었던 것에서 80만 원만 원초과하면 의료비 지원을 받을 수 있는 것으로 변경되었다고 하였으므로 적절하지 않은 내용이다.

12 의사소통능력
정답 ①

빈칸 앞에서는 재난적 의료비 지원을 확대하여 치료 및 재활 과정에서 과도한 수준의 의료비가 발생하면 의료비의 본인부담금을 일정 비율 지원할 예정이라는 내용을 말하고 있고, 빈칸 뒤에서는 기초생활수급자와 차상위계층의 재난적 의료비 지원 기준이 변경되었다는 내용을 말하고 있다.

따라서 앞의 내용과 관련 있는 내용을 추가할 때 사용하는 접속어 '그뿐 아니라'가 들어가는 것이 적절하다.

13 의사소통능력
정답 ②

2문단에서 희귀·난치 질환 치료에 필수적임에도 지원 범위에서 제외되었던 혈관용 스텐트, 카테터 삽입기 등의 의료기기 구입 비용이 지원 범위에 포함된다고 하였으므로 '지원 범위' 항목에 혈관용 스텐트, 카테터 삽입기 등 희소·긴급 의료기기 구입비가 제외된다는 내용을 추가하는 것은 가장 적절하지 않다.

[14-15]
14 의사소통능력
정답 ④

이 글은 보렐리아균에 감염된 진드기가 사람을 물게 되면 라임병에 걸릴 수 있으며, 예방접종을 통해 방지하기 어려워 숲이나 덤불 등을 지날 때 방충제 사용, 소매가 긴 셔츠 착용 등 개인이 주의하여야 한다는 내용이므로 이 글의 중심 내용으로 가장 적절한 것은 ④이다.

오답 체크

① 글 전체에서 보렐리아균에 감염된 진드기가 성인보다 어린이에게 치명적인지에 대해서는 다루고 있지 않으므로 적절하지 않은 내용이다.

② 3문단에서 라임병 치료에 항생제가 효과적이어서 감염 초기에 대부분 완치된다는 점은 언급하고 있으나 어떤 약제를 쓰더라도 치료에 실패할 수도 있다고 하였으므로 적절하지 않은 내용이다.

③ 3문단에서 라임병 감염 환자 중 다른 질환이 함께 발병하거나 면역이 저하되어 있다면 합병증이 나타나는 경우도 있으며, 간혹 사망에 이르기도 한다는 내용을 서술하고 있으나 글 전체를 포괄할 수 없으므로 적절하지 않은 내용이다.

15 의사소통능력 　　　　　　　　　　정답 ③

3문단에서 라임병 치료에는 항생제가 효과적이며 주로 성인에게는 테트라시클린을, 어린이에게는 페니실린을 처방한다고 하였으므로 라임병 환자가 어린이일 경우 대개 항생제로 테트라시클린을 처방하는 것은 아님을 알 수 있다.

오답 체크

① 2문단에서 라임병 환자 중 일부는 보렐리아균이 신경계를 침범하여 뇌수막염, 뇌염과 질환이 나타나기도 하고 심장에 침투하여 부정맥이 나타나기도 한다고 하였으므로 적절한 내용이다.

② 1문단에서 1976년 미국 코네티컷주 라임에서 집단 발병된 사례 때문에 라임병이라는 이름이 붙게 되었다고 하였으므로 적절한 내용이다.

④ 3문단에서 라임병이 다른 질환과 같이 발병하거나 면역이 저하된 환자에게 발병하면 합병증이 발생할 가능성이 있다고 하였으므로 적절한 내용이다.

[16 - 18]
16 의사소통능력 　　　　　　　　　　정답 ③

5문단에서 병원균 내부에 감염을 예방할 수 있는 DNA를 인공적으로 주입하여 생백신으로 이용하는 방법 등에 관한 연구가 진행되고 있다고 하였으므로 병원균에 DNA를 인공 주입하여 사백신으로 활용하는 방법에 대한 연구가 추진되고 있는 것은 아님을 알 수 있다.

오답 체크

① 4문단에서 백신이 완성된 이후에도 반복적인 임상 시험으로 백신이 실제로 효과가 있음을 증명해야 한다는 점에서 백신이 완성된 이후의 임상 시험은 백신의 실효성을 입증하기 위해 진행되기도 한다는 것을 추론할 수 있으므로 적절한 내용이다.

② 2문단에서 사백신은 기본적으로 질병의 원인인 병원균을 배양하여 채취하고 포르말린 등의 약물로 죽이거나 불활성화한 비병원성 항원을 주입한다고 하였으므로 적절한 내용이다.

④ 3문단에서 생백신은 접종 시 면역 반응을 유발하기 위하여 항원을 지니고 살아 있는 세균이나 바이러스의 부유액을 대상에게 주입한다고 하였으므로 적절한 내용이다.

17 의사소통능력 　　　　　　　　　　정답 ①

빈칸 앞에서는 하나의 백신을 개발하기 위해 엄청난 자원과 수많은 사람들의 노력이 요구된다는 내용을 말하고 있고, 빈칸 뒤에서는 병원균이 변이해서 힘들게 만든 백신이 쓸모없게 되거나 부작용으로 상용되지 못하는 경우가 많다는 내용을 말하고 있다.

따라서 앞에서 예상되는 결과와는 다른 내용이 뒤에 나타날 때 앞뒤 문장을 연결하는 접속어 '그럼에도'가 들어가야 한다.

18 의사소통능력 　　　　　　　　　　정답 ②

1문단에서 티 림프구와 비 림프구에서 발생하는 기억 작용을 통해 인공적으로 면역력을 높이는 항원을 백신이라고 하였으므로 백신이 티 림프구와 비 림프구의 기억 작용을 활용하여 인공으로 면역력을 높이는 항원을 뜻함을 알 수 있다.

오답 체크

① 5문단에서 병원균이 언제 어떻게 변이할지 알 수 없어서 신체의 항원에 대한 면역 기억이 어떤 구조로 작용하는 것인지에 관한 연구가 진행되어야 한다고 하였으므로 적절하지 않은 내용이다.

③ 2문단에서 불활성화 백신이라고도 불리는 사백신은 병원균을 제거하되 항원의 특성은 유지하여 만들었기 때문에 증식의 위험이 없어서 안전성이 높고 부작용이 적다고 하였으므로 적절하지 않은 내용이다.

④ 3문단에서 톡소이드 백신은 병원균 자체가 아니라 병을 직접적으로 유발하는 독소를 비활성화하여 만든 백신이며, 예방하고자 하는 목표 병원균과 비슷하거나 병원성이 낮은 병원균을 사용한 백신은 이종 백신이라고 하였으므로 적절하지 않은 내용이다.

[19 - 20]
19 의사소통능력 　　　　　　　　　　정답 ③

(다)문단에서 이석증은 그 원인을 알 수 없는 환자가 가장 많지만 다양한 원인에 의해 발병하며, 노화 과정에서 불완전하게 만들어진 이석과 유동성 석회화 물질의 영향으로 40대 이상 여성에게 가장 많이 발생한다고 하였으므로 (다)문단의 내용을 요약하면 '이석증의 발병 원인과 40대 이상 여성의 발병률이 높은 이유'가 된다.

20 의사소통능력 　　　　　　　　　　정답 ④

(다)문단에서 이석증은 다양한 원인에 의해 발생하는 것으로 분석되지만 그 원인을 파악할 수 없는 환자가 가장 많으며, 그중 60대가 가장 많다고 했으므로 60대 이상의 환자에게는 검사를 통해 원인을 정확하게 파악하여 치료법을 결정한다는 내용의 ⓔ은 삭제되어야 한다.

[21-23]

21 수리능력
정답 ③

2021년 밀크씨슬추출물의 매출액은 전년 대비 46% 증가하였으므로 2020년 밀크씨슬추출물의 매출액은 1,095 / 1.46 = 750억 원이다. 또한, 제시된 기간 동안 연도별 EPA 및 DHA 함유 유지 매출액의 평균은 2022년 EPA 및 DHA 함유 유지 매출액과 같다. 이에 따라 2022년 EPA 및 DHA 함유 유지 매출액을 x라고 하면, EPA 및 DHA 함유 유지 매출액의 평균은 $(485 + 698 + x + 755) / 4 = x$이므로 x = 646억 원이다.

따라서 (가)는 750, (나)는 646이다.

22 수리능력
정답 ④

제시된 기간 동안 비타민 및 무기질 매출액의 총합은 2,079 + 1,843 + 2,259 + 2,484 = 8,665억 원으로, 프로바이오틱스 매출액의 총합인 1,579 + 1,903 + 2,174 + 2,994 = 8,650억 원보다 크므로 옳은 설명이다.

오답 체크

① 2023년 개별인정제품 매출액은 전년 대비 증가하였고, 2023년 가르시니아 캄보지아추출물 매출액은 전년 대비 감소하였으므로 옳지 않은 설명이다.

② 홍삼 매출액 대비 인삼 매출액 비율은 2020년에 (307 / 6,943) × 100 ≒ 4.4%이고, 2021년에 (351 / 9,900) × 100 ≒ 3.5%로 전년 대비 감소하였으므로 옳지 않은 설명이다.

③ 홍삼 매출액이 처음으로 10,000억 원을 넘은 2022년에 홍삼과 비타민 및 무기질의 매출액 차이는 10,358 - 2,259 = 8,099억 원이므로 옳지 않은 설명이다.

23 수리능력
정답 ③

2021년 가르시니아 캄보지아추출물 매출액이 전년 대비 24% 감소하였다면 2021년 가르시니아 캄보지아추출물 매출액은 275 × (1 - 0.24) = 209억 원이다.

따라서 제시된 기간 동안 연도별 가르시니아 캄보지아추출물 매출액의 평균은 (275 + 209 + 293 + 175) / 4 = 238억 원이다.

[24-25]

24 수리능력
정답 ①

2022년 4분기 장애인 전체 취업자 수는 409 + 2,281 + 1,465 + 1,344 + 1,402 + 1,575 = 8,476명이므로 옳은 설명이다.

오답 체크

② 2022년 50대 이상 장애인의 구직자 수는 1분기에 3,085 + 2,547 = 5,632명, 2분기에 2,450 + 1,892 = 4,342명, 3분기에 2,826 + 2,362 = 5,188명, 4분기에 3,314 + 2,856 = 6,170명으로 4분기가 가장 많고, 2023년 50대 이상 장애인의 구직자 수는 1분기에 3,568 + 3,200 = 6,768명, 2분기에 3,016 + 2,687 = 5,703명, 3분기에 3,090 + 2,600 = 5,690명, 4분기에 3,333 + 3,016 = 6,349명으로 1분기가 가장 많음에 따라 2022년과 2023년 50대 이상 장애인의 구직자 수가 가장 많은 분기는 서로 동일하지 않으므로 옳지 않은 설명이다.

③ 2022년 3분기 40대 장애인의 취업률은 (1,267 / 2,587) × 100 ≒ 49.0%, 2023년 3분기 40대 장애인의 취업률은 (1,360 / 2,678) × 100 ≒ 50.8%임에 따라 2023년 3분기 40대 장애인의 취업률은 전년 동분기 40대 장애인의 취업률보다 높으므로 옳지 않은 설명이다.

④ 2023년 2분기 15~19세 장애인의 구직자 수는 전년 동분기 대비 감소하였으므로 옳지 않은 설명이다.

> ⏱ **빠른 문제 풀이 Tip**
>
> ③ 두 분수 중 한 분수의 분자와 분모가 나머지 한 분수의 분자와 분모보다 모두 클 때, 크기를 비교할 두 분수에서 분자의 차이와 분모의 차이를 구하여 두 분수 중 작은 수로 구성된 분수와 비교하면 빠르게 대소 비교를 할 수 있다.
>
> 2022년과 2023년 3분기 40대 장애인의 취업률 계산식에서 공통되는 '×100'을 생략하여 분수로 나타낸 후 분자의 차이와 분모의 차이를 구하면 다음과 같다.
>
> | 구분 | 2022년 3분기 | 2023년 3분기 | 차이 |
> |---|---|---|---|
> | 분자 | 1,267 | 1,360 | 93 |
> | 분모 | 2,587 | 2,678 | 91 |
>
> 두 분수 중 작은 수로 구성된 2022년 3분기와 비교하면
>
> $$\frac{1,267}{2,587} < \frac{93}{91}$$
>
> 따라서 2022년 3분기 40대 장애인 취업률보다 2023년 3분기 40대 장애인 취업률이 더 높음을 알 수 있다.

25 수리능력
정답 ③

제시된 자료에 따르면 2022년 2분기 40대 장애인의 취업자 수는 1,237명으로 1,000명 이상이지만, 그래프에서는 1,000명보다 낮게 나타나므로 옳지 않은 그래프는 ③이다.

[26 - 28]

26 수리능력 정답 ④

남성 정규직 비중과 여성 정규직 비중의 차이는 2022년에 94.9 - 94.3 = 0.6%p, 2023년에 92.0 - 91.7 = 0.3%p로 2022년 남성 정규직 비중과 여성 정규직 비중의 차이가 더 크므로 옳지 않은 설명이다.

오답 체크

① 2023년 40대 정규직 비중은 95.2%에서 91.9%로 전년 대비 감소하였고, 무기계약직 비중은 1.9%에서 3.7%, 계약직 비중은 2.9%에서 4.4%로 전년 대비 증가하였으므로 옳은 설명이다.

② 2023년 남성 무기계약직 비중의 전년 대비 증가량은 4.0 - 1.8 = 2.2%p, 2023년 여성 무기계약직 비중의 전년 대비 증가량은 3.0 - 1.3 = 1.7%p이고, 무기계약직 비중의 전년 대비 증가량은 남성이 여성보다 2.2 - 1.7 = 0.5%p 더 많으므로 옳은 설명이다.

③ 제시된 연령대 중 2023년에 계약직 비중이 전년 대비 증가한 연령대는 30대, 40대, 60대 이상으로 총 3개이므로 옳은 설명이다.

27 수리능력 정답 ②

Q 지역의 2024년 남성과 여성 인구수가 각각 50만 명으로 동일하다고 할 때, 2024년 남성 정규직 인구수는 50 × 0.940 = 47만 명, 여성 정규직 인구수는 50 × 0.896 = 44.8만 명이고 천의 자리에서 반올림하여 계산하면 45만 명이다.

따라서 2024년 남성 정규직 인구수와 여성 정규직 인구수의 차이는 47 - 45 = 2만 명이다.

> ⏱ 빠른 문제 풀이 Tip
>
> 2024년 남성 정규직과 여성 정규직 비중의 차이를 먼저 계산한다. 2024년 남성 정규직과 여성 정규직 비중의 차이는 0.940 - 0.896 = 0.044이므로 2024년 남성 정규직 인구수와 여성 정규직 인구수의 차이는 50 × 0.044 = 2.2만 명이고, 천의 자리에서 반올림하면 2만 명이다.

28 수리능력 정답 ①

제시된 자료에 따르면 2023년 무기계약직 비중의 전년 대비 증가율은 20대가 {(4.0 - 1.7) / 1.7} × 100 ≒ 135.3%, 30대가 {(3.4 - 1.2) / 1.2} × 100 ≒ 183.3%, 40대가 {(3.7 - 1.9) / 1.9} × 100 ≒ 94.7%, 50대가 {(2.7 - 1.2) / 1.2} × 100 = 125.0%, 60대 이상이 {(9.6 - 6.7) / 6.7} × 100 ≒ 43.3%이다.

따라서 연령대별 2023년 무기계약직 비중의 전년 대비 증가율과 그래프의 높이가 일치하는 ①이 정답이다.

[29 - 31]

29 수리능력 정답 ①

2020년 수술 1인당 진료비는 종합병원이 의원의 4,840 / 1,390 ≒ 3.48배이므로 옳지 않은 설명이다.

오답 체크

② 상급종합병원의 전체 진료비는 2021년에 684 × 6,980 = 4,774,320천 원, 2022년에 693 × 6,780 = 4,698,540천 원으로 2021년이 2022년보다 크므로 옳은 설명이다.

③ 2020년 이후 의원의 수술 인원의 전년 대비 증가 인원은 2022년에 1,540 - 1,368 = 172명으로 가장 많으므로 옳은 설명이다.

④ 제시된 기간 동안 전체 수술 인원이 전년 대비 감소한 2021년에 전체 의료기관의 수술 1인당 진료비의 합에서 상급종합병원이 차지하는 비중은 {6,980 / (6,980 + 5,370 + 2,660 + 1,420)} × 100 ≒ 42.5%이므로 옳은 설명이다.

30 수리능력 정답 ②

제시된 [의료기관별 수술 인원]에 따르면 전체 수술 인원이 두 번째로 많은 해는 2022년이다.

따라서 2022년 종합병원 수술 1인당 진료비의 전년 대비 증가율은 {(5,600 - 5,370) / 5,370} × 100 ≒ 4.3%이다.

31 수리능력 정답 ③

제시된 자료에 따르면 2022년 전체 수술 인원은 693 + 847 + 770 + 1,540 = 3,850명이고, 2022년 수술 인원의 의료기관별 구성비는 상급종합병원이 (693 / 3,850) × 100 = 18%, 종합병원이 (847 / 3,850) × 100 = 22%, 병원이 (770 / 3,850) × 100 = 20%, 의원이 (1,540 / 3,850) × 100 = 40%이므로 옳은 그래프는 ③이다.

오답 체크

① 2019년 전체 수술 인원은 578 + 782 + 680 + 1,360 = 3,400명이고, 2019년 수술 인원의 의료기관별 구성비는 상급종합병원이 (578 / 3,400) × 100 = 17%, 종합병원이 (782 / 3,400) × 100 = 23%, 병원이 (680 / 3,400) × 100 = 20%, 의원이 (1,360 / 3,400) × 100 = 40%이므로 옳지 않은 그래프이다.

② 2021년 전체 수술 인원은 684 + 792 + 756 + 1,368 = 3,600명이고, 2021년 수술 인원의 의료기관별 구성비는 상급종합병원이 (684 / 3,600) × 100 = 19%, 종합병원이 (792 / 3,600) × 100 = 22%, 병원이 (756 / 3,600) × 100 = 21%, 의원이 (1,368 / 3,600) × 100 = 38%이므로 옳지 않은 그래프이다.

④ 2023년 전체 수술 인원은 702 + 858 + 741 + 1,599 = 3,900명이고, 2023년 수술 인원의 의료기관별 구성비는 상급종합병원이 (702 / 3,900) × 100 = 18%, 종합병원이 (858 / 3,900) × 100 = 22%, 병원이 (741 / 3,900) × 100 - 19%, 의원이 (1,599 / 3,900) × 100 = 41%이므로 옳지 않은 그래프이다.

[32 - 33]

32 수리능력   정답 ③

헌혈자 1인당 헌혈 실적은 2015년에 3,082,918 / 1,668,424 ≒ 1.8건, 2019년에 2,791,092 / 1,423,610 ≒ 2.0건임에 따라 2015년보다 2019년에 더 많으므로 옳지 않은 설명이다.

오답 체크

① 2018년 헌혈이 가능하지 않은 인구는 51,635,256 - 39,460,309 = 12,174,947명이므로 옳은 설명이다.

② 제시된 기간 중 실제 국민 헌혈률이 가장 높은 2016년에 총인구에서 헌혈자가 차지하는 비중은 (1,596,294 / 50,801,405) × 100 ≒ 3%이므로 옳은 설명이다.

④ 2016년 이후 헌혈 가능 인구 대비 헌혈률은 매년 전년 대비 감소하였으므로 옳은 설명이다.

> **⏱ 빠른 문제 풀이 Tip**
>
> ③ 2015년과 2019년의 헌혈자 1인당 헌혈 실적을 분수로 나타내면 다음과 같다.
>
> | 구분 | 2015년 | 2019년 | 차이 |
> | --- | --- | --- | --- |
> | 분자 | 3,082,918 | 2,791,092 | 291,826 |
> | 분모 | 1,668,424 | 1,423,610 | 244,814 |
>
> 두 분수 중 2015년의 분자와 분모가 2019년의 분자와 분모보다 모두 크므로, 크기를 비교할 두 분수에서 분자의 차이와 분모의 차이를 구하여 두 분수 중 작은 수로 구성된 2019년과 차이를 비교해서 2019년이 더 크면 2019년이 2015년보다 큰 것을 알 수 있다.
>
> 2019년은 $\frac{2,791,092}{1,423,610}$로 2보다 조금 작은 수이지만, $\frac{291,826}{244,814}$은 1.5보다도 작은 수로, 2019년이 차이보다 크다.
>
> 따라서 2015년보다 2019년의 헌혈자 1인당 헌혈 실적이 더 많은 것을 알 수 있다.

33 수리능력   정답 ②

헌혈률 = (헌혈 실적 / 총인구) × 100임을 적용하여 구한다.
2017년 헌혈 실적은 2,928,670명, 헌혈률은 5.69%이므로 총인구는 (2,928,670 / 5.69) × 100 ≒ 51,470,475명이다.
따라서 2017년 총인구와 2019년 총인구의 차이는 51,849,861 - 51,470,475 = 379,386명이다.

[34 - 36]

34 수리능력   정답 ①

2023년 초등학생 특수교육자 중 경련 진정 및 예방을 위해 약물을 복용하는 특수교육자의 비중은 {3,743 / (3,743 + 4,108 + 1,792 + 242)} × 100 ≒ 38%이므로 옳은 설명이다.

오답 체크

② 2023년 시각장애나 청각장애를 갖고 있는 특수교육자 중 질병 치료를 위해 약물을 복용하는 특수교육자 수는 226 + 108 = 334명이므로 옳지 않은 설명이다.

③ 2023년 우울증 및 조울증 예방을 위해 약물을 복용하는 남성 약물 복용 특수교육자인 476명이 모두 고등학생이라면, 여자 고등학생 특수교육자는 최소 506 - 476 = 30명 이상이므로 옳지 않은 설명이다.

④ 2021년 남자 약물 복용 특수교육자 구성비는 여자 약물 복용 특수교육자 구성비의 66.4 / 33.6 ≒ 1.98배로 2배 미만이므로 옳지 않은 설명이다.

35 수리능력   정답 ②

2023년 과잉행동 개선 및 예방을 위해 약물을 복용하는 전체 특수교육자 수가 9,200명이므로 자폐성장애를 가진 특수교육자 수는 9,200 - (50 + 72 + 5,193 + 170 + 877 + 245 + 176 + 32 + 269) = 2,116명이다.
따라서 과잉행동 개선 및 예방을 위해 약물을 복용하는 전체 특수교육자 수에서 자폐성장애를 가진 특수교육자 수가 차지하는 비중은 (2,116 / 9,200) × 100 = 23%이다.

36 수리능력   정답 ①

2023년 전체 약물 복용 특수교육자 수는 9,368 + 9,200 + 5,132 + 1,050 = 24,750명이고, 매년 전년 대비 10% 증가하였으므로 2022년 전체 약물 복용 특수교육자 수는 24,750 / 1.1 = 22,500명이다. 또한, 2022년 남자 약물 복용 특수교육자 구성비는 68%이므로 2022년 남자 약물 복용 특수교육자 수는 22,500 × 0.68 = 15,300명이다.

[37 - 38]

37 수리능력   정답 ④

2013년 19~29세의 지방 적정 섭취 인구 비율은 같은 해 동일 연령대의 지방 미만 섭취 인구 비율의 38.8 / 13.3 ≒ 2.9배로 2.5배 이상이므로 옳지 않은 설명이다.

① 제시된 기간 동안 지방 적정 섭취 인구 비율이 지방 초과 섭취 인구 비율의 2배 이상인 해는 지방 적정 섭취 인구 비율이 54.2%로 지방 초과 섭취 인구 비율의 2배인 $20.0 \times 2 = 40.0\%$를 넘는 2016년뿐이므로 옳은 설명이다.

② 2016년 12~18세의 지방 초과 섭취 인구 비율은 2012년 대비 $29.2 - 17.4 = 11.8\%p$ 증가하였으므로 옳은 설명이다.

③ 2012년부터 2016년까지 매년 50~64세의 지방 미만 섭취 인구 비율은 50~64세 전체 인구의 3분의 1인 약 33% 이상이므로 옳은 설명이다.

38 수리능력 정답 ①

A 지역의 2016년 전체 인구는 46만 명이고, 지방 초과 섭취 인구 비율은 20%이므로 2016년 전체 지방 초과 섭취 인구는 $46 \times 0.2 = 9.2$만 명이다. 또한, A 지역의 2016년 65세 이상 인구가 전체 인구의 15%이고, 2016년 65세 이상 지방 초과 섭취 인구 비율이 4.4%이므로 2016년 65세 이상 지방 초과 섭취 인구는 $46 \times 0.15 \times 0.044 = 0.3036$만 명이다.

따라서 2016년 전체 지방 초과 섭취 인구에서 65세 이상 지방 초과 섭취 인구가 차지하는 비중은 $(0.3036 / 9.2) \times 100 = 3.3\%$이다.

[39-40]
39 수리능력 정답 ④

제시된 기간 동안 남자와 여자의 대장암 발생자 수 차이는 2019년에 $14,430 - 9,875 = 4,555$명, 2020년에 $13,870 - 9,640 = 4,230$명, 2021년에 $16,040 - 12,048 = 3,992$명, 2022년에 $14,830 - 10,540 = 4,290$명, 2023년에 $17,080 - 10,703 = 6,377$명으로 두 번째로 작은 해는 2020년이고, 2020년 전체 대장암 발생자 수에서 남자가 차지하는 비중은 $\{13,870 / (13,870 + 9,640)\} \times 100 = 59\%$이므로 옳지 않은 설명이다.

① 남자 대장암 발생자 수와 여자 대장암 발생자 수는 2020년과 2022년에 전년 대비 감소하였고, 2021년과 2023년에 전년 대비 증가하였으므로 옳은 설명이다.

② 2021년 여자 대장암 발생자 수는 12,048명으로, 2019년 여자 대장암 발생자 수의 1.2배 $9,875 \times 1.2 = 11,850$명 이상이므로 옳은 설명이다.

③ 남자 대장암 발생자 수의 전년 대비 증감률은 2020년에 $\{(13,870 - 14,430) / 14,430\} \times 100 = -3.9\%$, 2021년에 $\{(16,040 - 13,870) / 13,870\} \times 100 = 15.6\%$, 2022년에 $\{(14,830 - 16,040) / 16,040\} \times 100 = -7.5\%$, 2023년에 $\{(17,080 - 14,830) / 14,830\} \times 100 = 15.2\%$로 2021년에 가장 크므로 옳은 설명이다.

40 수리능력 정답 ②

2023년 대장암 발생자 수는 $17,080 + 10,703 = 27,783$명이고, 2023년 전체 암 발생자 수에서 대장암이 차지하는 비중이 15%이므로 2023년 전체 암 발생자 수는 $27,783 / 0.15 = 185,220$명이다. 이때 전체 암 발생자 수가 매년 전년 대비 5% 증가했으므로 2022년 전체 암 발생자 수는 $185,220 / 1.05 = 176,400$명이다.

따라서 2022년 전체 암 발생자 수에서 대장암 발생자 수가 차지하는 비중은 $\{(14,830 + 10,540) / 176,400\} \times 100 = 14.4\%$이다.

[41-42]
41 문제해결능력 정답 ①

'외국인 환자 유치 국내 광고'에 따르면 의료해외진출법에 의한 외국인 환자 유치업 등에 대한 등록 후 외국어로 구성된 홈페이지를 운영해야 하므로 옳지 않은 내용이다.

② '비급여 진료비용 할인 광고'에 따르면 비급여 진료비용의 할인 금액, 대상, 기간, 범위 및 할인 이전 진료비용에 대한 정확한 정보를 제공해야 하므로 옳은 내용이다.

③ '미평가 신의료기술 광고'에 따르면 평가 절차가 진행 중인 의료기술은 광고하지 않아야 하므로 옳은 내용이다.

④ '치료 효과 오인 우려 광고'에 따르면 불특정 다수가 열람할 수 있는 형태로 치료 과정과 결과, 치료 예후를 포함하여 광고하지 않아야 하므로 옳은 내용이다.

42 문제해결능력 정답 ④

'부작용 정보 누락 광고'에 따르면 진료와 관련된 심각한 부작용 등은 눈에 잘 띄게 표기하고 객관적 사실을 기반으로 광고해야 하므로 옳은 내용이다.

① '상장·감사장 이용, 인증·보증·추천 광고'에 따르면 각종 상장·감사장, 인증·보증·추천 내용을 포함하여 광고해서는 안 되므로 옳지 않은 내용이다.

② '거짓 광고'에 따르면 객관적 사실과 다른 표현을 사용하여 광고해서는 안 되므로 옳지 않은 내용이다.

③ '시술 행위 노출 광고'에 따르면 환자의 수술 장면, 환부 사진 등 혐오감을 줄 수 있는 동영상이나 사진을 사용하여 광고해서는 안 되므로 옳지 않은 내용이다.

[43-45]

43 문제해결능력
정답 ①

'7. 기타'에 따르면 당선되지 못한 응모작은 접수 종료일 5월 31일로부터 3개월이 되는 8월 31일에 일괄 폐기한다 하였으므로 9월 12일에 응모작 반환을 요구하더라도 반환받지 못하므로 옳지 않은 내용이다.

오답 체크

② '5. 응모서식 및 접수방법'에 따르면 건강검진 체험수기 공모전은 응모작의 용지 여백 서식이 왼쪽·오른쪽 20mm, 위쪽 15mm, 아래쪽 10mm라고 하였으므로 옳은 내용이다.

③ '4. 응모자격'에 따르면 응모자격은 전 국민이며 외국인과 재외국민도 응모 가능하다고 하였으므로 옳은 내용이다.

④ '5. 응모서식 및 접수방법'에 따르면 건강검진 체험수기 공모전은 응모작의 분량이 A4 용지 3~4페이지이어야 하고, 우편 및 이메일로 접수 가능하다고 하였으므로 옳은 내용이다.

44 문제해결능력
정답 ③

'6. 당선작 발표 및 시상'에 따르면 시상은 일반, 암, 영유아 부문과 학교 밖 청소년 부문을 합쳐 총 19편을 선정한다. 일반, 암, 영유아 부문에서는 최우수상 1편, 우수상 3편, 장려상 10편을 선정하고, 최우수상은 200만 원, 우수상은 100만 원, 장려상은 30만 원의 상금을 수여하므로 일반, 암, 영유아 부문의 시상에 필요한 상금은 200 + (100 × 3) + (30 × 10) = 800만 원이다. 학교 밖 청소년 부문에서는 우수상 2편, 장려상 3편을 선정하고, 우수상은 50만 원, 장려상은 30만 원의 상금을 수여하므로 학교 밖 청소년 부문의 시상에 필요한 상금은 (50 × 2) + (30 × 3) = 190만 원이다.
따라서 시상에 필요한 상금의 총금액은 800 + 190 = 990만 원이다.

45 문제해결능력
정답 ②

'7. 기타'에 따르면 모든 응모작은 타 공모전에서 당선되거나 출판되지 않은 순수 개인 체험담이어야 하며, 창작이 아닌 당선작은 수상을 무효 처리한다고 하였으므로 건강검진 체험수기 공모전에서 수상할 수 없는 사람은 국민건강보험공단의 건강검진을 통해 조기 발견한 자궁경부암을 완치하였다는 내용의 소설 작품을 응모할 것이라는 '을'이다.

[46-47]

46 문제해결능력
정답 ①

'4. 일정'에 따르면 제출 마감일이 지원신청서는 9월 18일, 활동계획서는 그로부터 3일 뒤인 9월 21일이므로 옳은 내용이다.

오답 체크

② '2. 지원 내용'에 따르면 지원금은 활동 기간 1년을 기준으로 동아리 종류별 동아리원 1인당 금액이 정해져 있으며, 동아리당 최대 10인까지 지원하여 활동 기간이 길더라도 최대 지원금은 한정되어 있으므로 옳지 않은 내용이다.

③ '1. 지원 목적 및 대상'에 따르면 지원 대상 동아리는 7인 이상으로 구성된 동아리라고 하였으므로 옳지 않은 내용이다.

④ '2. 지원 내용'에 따르면 활동 기간이 1년 이상인 취·창업 동아리는 동아리원 1인당 지원 금액이 20만 원으로, 10인 이상으로 구성된 동아리라면 지원받을 수 있는 최대 지원금은 20 × 10 = 200만 원이므로 옳지 않은 내용이다.

47 문제해결능력
정답 ②

'6. 참고 사항'에 따르면 지원금 예산은 500만 원이고, 지원 우선순위에 따라 예산 내에서 지원금이 지급되며, 예산을 초과하여 지원금의 일부만 수령하는 동아리가 있을 경우 남은 지원금 예산이 모두 지급된다고 하였다. 또한, '2. 지원 내용'에 따르면 동아리원 1인당 금액은 제시된 기준에 따라 지원하며, 동아리당 최대 10인 금액까지 지원한다고 하였으므로 동아리별 지급되어야 할 지원금을 계산하면 다음과 같다.

구분	우선순위	지원금
A 동아리	5	10 × 10 = 100만 원
B 동아리	2	7 × 18 = 126만원
C 동아리	1	10 × 15 = 150만 원
D 동아리	6	8 × 15 = 120만원
E 동아리	4	인원이 지원 대상에 해당하지 않음
F 동아리	3	9 × 20 × (1 - 0.4) = 108만 원

따라서 우선순위가 가장 낮은 D 동아리가 수령하게 될 지원금은 500 - (100 + 126 + 150 + 108) = 16만 원이다.

[48-49]

48 문제해결능력
정답 ④

[□□시 의료비 지원 사업]에 따르면 □□시에 거주하는 의료급여 수급자 중 백혈병을 앓고 있는 소아는 일부 본인부담금 또는 비급여 부담금 구분 없이 최대 3,000만 원 지원받을 수 있으므로 옳은 내용이다.

오답 체크

① A 환자의 의료비 내역서 중 비급여 항목 내 본인부담금은 67,052 + 1,433,120 = 1,500,172원이고, 급여 항목 내 본인부담금은 915,130 + 383,374 = 1,298,504원으로, A 환자의 의료비 내역서 중 비급여 항목 내 본인부담금은 급여 항목 내 본인부담금의 1,500,172 / 1,298,504 ≒ 1.16배이므로 옳지 않은 내용이다.

② A 환자가 □□시에 거주하는 건강보험가입자라도 '소득 및 재산 기준 적합자'가 아니라면 의료비 지원을 받을 수 없으므로 옳지 않은 내용이다.

③ A 환자의 의료비 내역서 중 처치 및 수술료의 일부 본인부담금은 19,779 + 375,801 = 395,580원이므로 옳지 않은 내용이다.

49 문제해결능력   정답 ②

A 환자가 □□시에 거주하는 의료급여수급자라면 □□시 의료비 지원 사업에 의해 일부 본인부담금 900,000원과 비급여부담금 800,000원을 지원받을 수 있으므로 의료비 내역서 중 본인부담금의 총액은 (915,130 - 900,000) + 383,374 + {(67,052 + 1,433,120) - 800,000} = 1,098,676원이다.

[50 - 52]
50 문제해결능력   정답 ①

'2. 이용대상'에 따르면 거소 신고자를 포함한 17세 이상 등록외국인은 한-미 Smart Entry Service 이용대상에 해당하므로 옳지 않은 내용이다.

오답 체크

② '4. 한국인의 한-미 Smart Entry Service 신청방법'에 따르면 한국과 미국에서 두 차례 심사를 받으므로 옳은 내용이다.

③ '4. 한국인의 한-미 Smart Entry Service 신청방법'에 따르면 범죄·수사경력조회 회보서는 신청서 제출일로부터 3개월 이내에 제출해야 하므로 옳은 내용이다.

④ '1. Smart Entry Service란?'에 따르면 대한민국 자동출입국심사시스템의 명칭으로 사전에 여권 정보와 지문, 안면 등의 바이오 정보를 등록한 후 심사관의 대면심사 대신 등록한 정보를 토대로 자동출입국심사대를 통해 출입국심사를 진행하는 첨단 출입국심사시스템이므로 옳은 내용이다.

51 문제해결능력   정답 ②

제시된 대화 내용에 따르면 B는 신청 1일 차에 가능한 모든 절차를 완료하였으므로 신청 첫날에 신청서 작성, 범죄·수사경력조회 회보서 확인, 한국 심사결과 확인, GE 심사수수료 결제를 진행하였다. 이후 미국 심사결과는 GE 심사수수료를 결제한 날로부터 10일 후에 확인했으므로 미국 심사결과는 신청한 지 11일 차에 확인하였고, 그로부터 7일 후에 GE 등록인터뷰를 시행하고 당일 최종 결정 후 Kiosk 등록이 완료됨에 따라 신청 18일 차에 등록이 완료되었다. 따라서 B가 한-미 Smart Entry Service에 등록하는 데 걸린 기간은 총 18일이다.

52 문제해결능력   정답 ③

'2. 이용대상'에 따르면 Smart Entry Service 이용대상은 17세 이상 거소 신고자를 포함한 등록외국인이므로 Smart Entry Service에 가입할 수 없는 사람은 16세 미국인 줄리엣이다.

오답 체크

① '3. 가입요건 및 가입 부적격 사유 - 2)'에 따르면 복수 국적자로서 외국 여권으로 가입하고자 하는 국민의 경우 가입 부적격 사유에 해당하지만, 장연지는 한국 여권으로 가입하므로 Smart Entry Service의 가입요건을 충족한다.

② '3. 가입요건 및 가입 부적격 사유 - 2)'에 따르면 최근 3년 이내 출입국관리법 위반으로 500만 원 이상의 범칙금 처분을 받은 외국인의 경우 가입 부적격 사유에 해당하지만, 안나는 300만 원의 범칙금 처분을 받았으므로 Smart Entry Service의 가입요건을 충족한다.

④ '3. 가입요건 및 가입 부적격 사유 - 2)'에 따르면 출입국관리법에 따라 출국이 금지된 국민의 경우 가입 부적격 사유에 해당하지만, 김동현은 한 달 전 출국 금지기간이 만료되었으므로 Smart Entry Service의 가입요건을 충족한다.

[53 - 54]
53 문제해결능력   정답 ②

4문단에 따르면 소비자는 화장품에 들어갈 성분을 모두 고른 후 조제 관리사와 피부 특성, 원하는 화장품 유형 등에 대해 상담하게 되며, 만약의 부작용에 대비하여 화장품에 들어간 성분 및 용량 등은 모두 기록되므로 옳지 않은 내용이다.

54 문제해결능력   정답 ③

2문단에 따르면 맞춤형 화장품이란 이미 제조된 화장품에 다른 화장품의 내용물이나 원료를 추가하고 혼합하여 새로운 화장품을 만들거나 이미 제조된 화장품의 내용물을 일부 덜어주는 방식을 의미하므로 옳지 않은 내용이다.

오답 체크

① 3문단에 따르면 식약처는 개인 맞춤형 화장품 제도 시행 이전 2016년에 제조업 시설 및 등록이 되어 있지 않아도 판매장에서 소비자의 요구에 맞춰 화장품을 혼합·소분하여 제공할 수 있는 제도 도입을 건의한 바 있으므로 옳은 내용이다.

② 5문단에 따르면 개인 맞춤형 화장품 판매장에서 상담에서 화장품 제조까지 소요되는 시간은 한 시간 내외이므로 옳은 내용이다.

④ 1문단에 따르면 '개인 맞춤형 화장품' 제도의 시행을 위해 기존의 규제도 일부 허용됨에 따라 다품종 소량 생산의 중소기업 진출이 용이해지고, 청년 일자리 창출에 기여하고, 피부 타입 등에 대한 빅데이터를 제품 개발에 활용하는 등의 파급 효과가 발생할 것으로 예측되므로 옳은 내용이다.

[55-57]

55 문제해결능력

정답 ④

4문단에 따르면 검정고시를 준비하는 저소득 청소년 한부모가 0세의 자녀 1명을 둔 경우 2024년 한 해 동안 받을 수 있는 생계 지원금은 청소년 한부모 아동 양육비 40 × 12 = 480만 원, 검정고시 학습비 154만 원, 자립 지원 촉진 수당 10 × 12 = 120만 원으로 총 480 + 154 + 120 = 754만 원이므로 옳은 내용이다.

오답 체크

① 2문단에 따르면 2024년부터 저소득 한부모가족 아동 양육비 지원을 위한 소득 기준이 기준 중위소득 60% 이하에서 63% 이하로 완화되고, 기존 만 18세 미만까지 지원하던 아동 양육비를 만 22세 미만까지 지원하여 아동 양육비 지원 대상 연령을 상향하므로 옳지 않은 내용이다.

② 3문단에 따르면 저소득 한부모가족의 중학생 및 고등학생 자녀가 있는 경우에 자녀 1인당 연 9만 원의 아동 교육비를 지급함에 따라 옳지 않은 내용이다.

③ 3문단에 따르면 아동 양육비 지원 금액은 2019년에 월 20만 원으로 2024년 기준 5년 전에 비해 2만 원 인상되었으므로 옳지 않은 내용이다.

56 문제해결능력

정답 ④

2문단에 따르면 2024년 일반 저소득 한부모가족 아동 양육비는 학업을 중단하거나 정규교육 과정 재학 중이 아닌 경우에는 기존과 같이 만 18세 미만까지 아동 양육비를 지원함에 따라 만 17세인 자녀 1명을 양육하는 경우 2024년 한 해 동안 아동 양육비를 받을 수 있으므로 보도자료를 잘못 이해한 사람은 D이다.

오답 체크

① 1문단에 따르면 여성가족부에서 책정한 2024년도 한부모가족 지원 예산은 550,800백만 원으로 전년 대비 8% 증가함에 따라 2023년 한부모가족 지원 예산은 550,800백만 원 / 1.08 = 510,000백만 원 = 5,100억 원이므로 옳은 내용이다.

② 5문단에 따르면 공동생활 가정형 매입임대 주택은 2024년 기준 전년 대비 306 − 256 = 50호 증가했으므로 옳은 내용이다.

③ 3문단에 따르면 어머니의 나이가 만 24세 이하이므로 청소년 저소득 한부모가족으로 분류되고, 4문단에 따르면 2024년 청소년 한부모 아동 양육비는 자녀가 2세 이상인 경우 월 35만 원을 지원함에 따라 2024년 한 해 동안 받을 수 있는 아동 양육비는 35 × 12 = 420만 원이므로 옳은 내용이다.

57 문제해결능력

정답 ②

저소득 한부모가족에 해당하는 A 씨는 2023년에 만 33세, 2024년에 만 34세이므로 A 씨가 양육하고 있는 자녀 3명의 나이와 학력에 따라 2023년과 2024년에 각각 지원받은 생계 지원금을 정리하면 다음과 같다.

구분		아동 양육비	추가 아동 양육비	아동 교육지원비
2023년	자녀 1			9만 원
	자녀 2	20 × 12 = 240만 원	5 × 12 = 60만 원	
	자녀 3	20 × 12 = 240만 원	10 × 12 = 120만 원	
2024년	자녀 1	22 × 12 = 264만 원		9만 원
	자녀 2	22 × 12 = 264만 원	5 × 12 = 60만 원	9만 원
	자녀 3	22 × 12 = 264만 원	5 × 12 = 60만 원	

이에 따라 A 씨는 2023년에 (240 × 2) + 60 + 120 + 9 = 669만 원, 2024년에 (264 × 3) + (60 × 2) + (9 × 2) = 930만 원을 지원 받음을 알 수 있다.

따라서 A 씨가 2023년에 받은 지원금과 2024년에 받은 생계 지원금의 차이는 930 − 669 = 261만 원이다.

[58-60]

58 문제해결능력

정답 ④

'2. 신고인 구분'에 따르면 진료받은 본인, 배우자 또는 직계 존·비속 등의 진료받은 내용이 실제와 다른 경우, 진료받은 내용에 대한 신고·처리는 부당청구 요양기관 신고와 별도로 운영한다고 하였으므로 옳지 않은 내용이다.

오답 체크

① '7. 포상금 변경, 지급 제외, 지급 무효'에 따르면 공단의 급여조사 업무과정에서 확인 중인 신고 건에 대해서는 포상금 변경, 지급 제외, 지급 무효 중 한 가지로 처리된다고 하였으므로 옳은 내용이다.

② '4. 신고·상담 창구'에 따르면 공익신고 접수 및 조사상담 문의는 각 지역본부에서 하며, 각 지역본부는 '서울·강원, 부산·경남, 대구·경북, 광주·전라·제주, 대전·충청, 경기·인천'으로 나뉘어 있어 광주, 전라, 제주의 경우 부당청구 요양기관에 대해 공익신고를 접수하는 곳이 동일하므로 옳은 내용이다.

③ '3. 신고방법'에 따르면 전화는 상담만 가능하며, 상담 후 각 지역본부의 부당청구 요양기관 신고 상담 창구에 신고서와 입증자료를 제출하면 부당청구 요양기관 신고가 가능하다고 하였으므로 옳은 내용이다.

59 문제해결능력　　　　　　　　　　정답 ②

'[붙임] 부당청구 요양기관 신고 포상금 운영실적'에 따르면 2018년부터 2020년까지 부당청구 요양기관 신고 건수 중 포상금이 지급된 건수는 총 86 + 95 + 62 = 243건이고, 지급된 금액의 총액은 567 + 876 + 438 = 1,881백만 원이다.

따라서 지급 건수 1건당 평균 지급 금액은 1,881 / 243 ≒ 7.7백만 원이다.

60 문제해결능력　　　　　　　　　　정답 ③

'2. 신고인 구분'에 따르면 일반 신고인은 요양기관 및 의약업체 종사자에 해당하지 않는 일반인이므로 [포상금의 지급 기준]에서 '다. 그 밖의 신고인'에 해당하며, '6. 포상금 산정 기준'에서 포상금의 산정은 신고 관련 부당확인금액에 국민건강보험법 시행령 '포상금의 지급 기준'을 적용한다고 하였으므로 신고 관련 부당확인금액인 2,000만 원을 징수금으로 포상금을 산정한다. 이에 따라 징수금 1,000만 원 초과 2,000만 원 이하에 해당하므로 포상금은 200만 원 + {(2,000만 원 − 1,000만 원) × 15 / 100} = 350만 원이다.

따라서 지급받는 포상금의 금액은 350만 원이다.

국민건강보험법 정답·해설

01	02	03	04	05	06	07	08	09	10
③	①	①	②	④	③	②	③	①	④
11	12	13	14	15	16	17	18	19	20
①	④	①	④	①	①	③	④	①	③

01
정답 ③

1개월 동안의 소정근로시간이 80시간 이상인 1년 계약직 교직원은 직장가입자 제외 대상에 해당하지 않는다.

> 🔍 **더 알아보기**
>
> **직장가입자 제외 대상(국민건강보험법 제6조 제2항)**
> ② 모든 사업장의 근로자 및 사용자와 공무원 및 교직원은 직장가입자가 된다. 다만, 다음 각 호의 어느 하나에 해당하는 사람은 제외한다.
> 1. 고용 기간이 1개월 미만인 일용근로자
> 2. 「병역법」에 따른 현역병(지원에 의하지 아니하고 임용된 하사를 포함한다), 전환복무된 사람 및 군간부후보생
> 3. 선거에 당선되어 취임하는 공무원으로서 매월 보수 또는 보수에 준하는 급료를 받지 아니하는 사람
> 4. 그 밖에 사업장의 특성, 고용 형태 및 사업의 종류 등을 고려하여 대통령령으로 정하는 사업장의 근로자 및 사용자와 공무원 및 교직원

02
정답 ①

국민건강보험법 제16조 제2항에 따라 국민건강보험공단은 필요하면 정관으로 정하는 바에 따라 분사무소를 둘 수 있으므로 옳지 않은 설명이다.

오답 체크

② 국민건강보험법 제16조 제1항에 따라 국민건강보험공단의 주된 사무소의 소재지는 정관으로 정하므로 옳은 내용이다.
③ 국민건강보험법 제15조 제1항에 따라 국민건강보험공단은 법인으로 하므로 옳은 내용이다.
④ 국민건강보험법 제15조 제2항에 따라 국민건강보험공단은 주된 사무소의 소재지에서 설립등기를 함으로써 성립하므로 옳은 내용이다.

03
정답 ①

국민건강보험법 제80조 제1항에 따라 국민건강보험공단은 보험료 납부의무자가 납부기한까지 보험료를 내지 않으면 납부기한이 지난 날부터 매 1일이 경과할 때마다 연체금을 징수하므로 옳지 않은 설명이다.

오답 체크

② 국민건강보험법 제80조 제2항에 따라 국민건강보험공단은 보험료 납부의무자가 체납된 보험료를 내지 않으면 납부기한이 지난 날부터 매 1일이 경과할 때마다 연체금을 제1항에 따른 연체금에 더하여 징수하므로 옳은 내용이다.
③ 국민건강보험법 제80조 제1항 제1호에 따라 보험급여 제한기간 중 받은 보험급여에 대한 징수금을 체납한 경우 해당 체납금액의 1천 500분의 1에 해당하는 금액을 연체금으로 징수하므로 옳은 내용이다.
④ 국민건강보험법 제80조 제3항에 따라 국민건강보험공단은 천재지변이나 그 밖에 보건복지부령으로 정하는 부득이한 사유가 있으면 연체금을 징수하지 않을 수 있으므로 옳은 내용이다.

04
정답 ②

국민건강보험법 제96조에 따라 자료의 제공에 대해 바르게 설명한 사람은 정호, 소연, 한울이다.

오답 체크

· 미경: 국민건강보험법 제96조 제3항에 따라 보건복지부장관은 관계 행정기관의 장에게 약제에 대한 요양급여비용 상한금액의 감액 및 요양급여의 적용 정지를 위하여 필요한 자료를 제공하도록 요청할 수 있으므로 옳지 않은 설명이다.
· 민수: 국민건강보험법 제96조 제6항에 따라 국가, 지방자치단체, 요양기관, 「보험업법」에 따른 보험료율 산출기관, 그 밖의 공공기관 및 공공단체가 국민건강보험공단 또는 건강보험심사평가원에 제공하는 자료에 대하여는 사용료와 수수료 등을 면제하므로 옳지 않은 설명이다.

05
정답 ④

㉠~㉣ 중 보험급여의 제한 및 정지에 대한 설명으로 옳지 않은 것은 ㉢, ㉣이다.

㉢ 국민건강보험법 제54조 제3호에 따라 보험급여를 받을 수 있는 사람이 「병역법」에 따른 현역병(지원에 의하지 아니하고 임용된 하사를 포함한다), 전환복무된 사람 및 군간부후보생에 해당하게 된 경우 그 기간에는 보험급여를 하지 않지만, 같은 법 제60조에 따른 요양급여를 실시하므로 옳지 않은 설명이다.

ⓔ 국민건강보험법 제53조 제2항에 따라 공단은 보험급여를 받을
수 있는 사람이 다른 법령에 따라 국가나 지방자치단체로부터 보
험급여에 상당하는 급여를 받거나 보험급여에 상당하는 비용을
지급받게 되는 경우에는 그 한도에서 보험급여를 하지 않으므로
옳지 않은 설명이다.

오답 체크

ⓖ 국민건강보험법 제54조 제4호에 따라 보험급여를 받을 수 있는 사람
이 교도소, 그 밖에 이에 준하는 시설에 수용되어 있는 경우 그 기간에
는 보험급여를 하지 않지만, 같은 법 제60조에 따른 요양급여를 실시
하므로 옳은 설명이다.

ⓒ 국민건강보험법 제54조 제2호에 따라 보험급여를 받을 수 있는 사람
이 국외에 체류하는 경우 그 기간에는 보험급여를 하지 않으므로 옳은
설명이다.

06 정답 ③

ⓖ~ⓔ 중 위반사실의 공표에 대한 설명으로 옳은 것은 ⓖ, ⓒ, ⓔ
로 총 3개이다.

ⓖ 국민건강보험법 제100조 제2항에 따라 보건복지부장관은 공표
여부 등을 심의하기 위하여 건강보험공표심의위원회를 설치·운
영하므로 옳은 설명이다.

ⓒ 국민건강보험법 제100조 제3항에 따라 보건복지부장관은 건강
보험공표심의위원회의 심의를 거친 공표대상자에게 공표대상자
인 사실을 알려 소명자료를 제출하거나 출석하여 의견을 진술할
기회를 제공해야 하므로 옳은 설명이다.

ⓔ 국민건강보험법 제100조 제5항에 따라 공표의 절차·방법, 건강
보험공표심의위원회의 구성·운영 등에 필요한 사항은 대통령령
으로 정하므로 옳은 설명이다.

오답 체크

ⓒ 국민건강보험법 제100조 제1항에 따라 서류의 위조·변조로 요양급
여비용을 거짓으로 청구하여 제98조 또는 제99조에 따른 행정처분을
받은 요양기관이 거짓으로 청구한 금액이 1천 500만 원 이상인 경우
에 해당하면 그 위반 행위, 처분 내용, 해당 요양기관의 명칭·주소 및
대표자 성명, 그 밖에 다른 요양기관과의 구별에 필요한 사항으로서
대통령령으로 정하는 사항을 공표할 수 있으므로 옳지 않은 설명이다.

07 정답 ②

국민건강보험법 제108조의2에 따라 ⓖ~ⓗ 중 국민건강증진기금
에서 지원받은 재원을 사용하는 사업에 해당하는 것은 ⓒ, ⓔ, ⓗ
으로 총 3개이다.

보험재정에 대한 정부 지원(국민건강보험법 제108조의2)

① 국가는 매년 예산의 범위에서 해당 연도 보험료 예상 수입액의
100분의 14에 상당하는 금액을 국고에서 국민건강보험공단에
지원한다.

② 국민건강보험공단은 「국민건강증진법」에서 정하는 바에 따라
같은 법에 따른 국민건강증진기금에서 자금을 지원받을 수 있다.

③ 국민건강보험공단은 제1항에 따라 지원된 재원을 다음 각 호의
사업에 사용한다.
1. 가입자 및 피부양자에 대한 보험급여
2. 건강보험사업에 대한 운영비
3. 제75조 및 제110조 제4항에 따른 보험료 경감에 대한 지원

④ 국민건강보험공단은 제2항에 따라 지원된 재원을 다음 각 호의
사업에 사용한다.
1. 건강검진 등 건강증진에 관한 사업
2. 가입자와 피부양자의 흡연으로 인한 질병에 대한 보험급여
3. 가입자와 피부양자 중 65세 이상 노인에 대한 보험급여

08 정답 ③

국민건강보험법 제73조에 따라 ⓖ에 들어갈 말은 1천분의 80, ⓒ에
들어갈 말은 100분의 50이다.

09 정답 ①

국민건강보험법 제78조의2 제2항에 따라 국민건강보험공단은 가
산금이 소액일 때에는 징수하지 않을 수 있으므로 옳지 않은 설명
이다.

오답 체크

② 국민건강보험법 제78조의2 제1항에 따라 제1호의 금액(사용자가 직
장가입자로 신고한 사람이 직장가입자로 처리된 기간 동안 그 가입
자가 부담하여야 하는 보험료의 총액)에서 제2호의 금액(국민건강보
험공단이 해당 가입자에 대하여 부과한 보험료의 총액)을 뺀 금액의
100분의 10에 상당하는 가산금을 그 사용자에게 부과하여 징수하므
로 옳은 설명이다.

③ 국민건강보험법 제78조의2 제1항에 따라 사업장의 사용자가 대통령
령으로 정하는 사유에 해당되어 직장가입자가 될 수 없는 자를 제8조
제2항(자격을 얻은 그 직장가입자의 사용자 및 지역가입자의 세대주
는 그 명세를 보건복지부령으로 정하는 바에 따라 자격을 취득한 날부
터 14일 이내에 보험자에게 신고하여야 한다)을 위반하여 거짓으로
보험자에게 직장가입자로 신고한 경우 가산금을 그 사용자에게 부과
하여 징수하므로 옳은 설명이다.

④ 국민건강보험법 제78조의2 제2항에 따라 국민건강보험공단은 가산
금이 소액이거나 그 밖에 가산금을 징수하는 것이 적절하지 아니하다
고 인정되는 등 대통령령으로 정하는 경우에는 징수하지 않을 수 있으
므로 옳은 설명이다.

10
정답 ④

국민건강보험법 제17조 제1항에 따라 ㉠~㉥ 중 국민건강보험공단의 정관에 적어야 하는 것은 ㉠, ㉡, ㉣, ㉤, ㉥이다.

더 알아보기

정관(국민건강보험법 제17조 제1항)

① 공단의 정관에는 다음 각 호의 사항을 적어야 한다.

1. 목적
2. 명칭
3. 사무소의 소재지
4. 임직원에 관한 사항
5. 이사회의 운영
6. 재정운영위원회에 관한 사항
7. 보험료 및 보험급여에 관한 사항
8. 예산 및 결산에 관한 사항
9. 자산 및 회계에 관한 사항
10. 업무와 그 집행
11. 정관의 변경에 관한 사항
12. 공고에 관한 사항

11
정답 ①

국민건강보험법 제101조 제1항 제2호에 따라 의약품 제조업자는 보건복지부에 거짓 자료를 제출하여 보험자에게 손실을 주면 안 되고, 같은 조 제3항에 따라 국민건강보험공단은 제1항을 위반하여 보험자·가입자·피부양자에게 손실을 주는 행위를 한 의약품 제조업자에 대하여 손실에 상당하는 금액을 징수하므로 옳지 않은 설명이다.

오답 체크

② 국민건강보험법 제101조 제2항에 따라 보건복지부장관은 제조업자등이 보건복지부, 공단 또는 심사평가원에 거짓 자료를 제출하는 행위를 하여 보험자·가입자 및 피부양자에게 손실을 주어서는 아니 된다는 같은 조 제1항에 위반한 사실이 있는지 여부를 확인하기 위하여 그 제조업자등에게 관련 서류의 제출을 명할 수 있으므로 옳은 내용이다.

③ 국민건강보험법 제101조 제3항에 따라 속임수나 보건복지부령으로 정하는 부당한 방법으로 요양급여대상 여부의 결정과 요양급여비용의 산정에 영향을 미치는 행위를 하여 보험자·가입자 및 피부양자에게 손실을 주는 행위를 한 제조업자등에 대하여 손실에 상당하는 금액(이하 이 조에서 "손실 상당액"이라 한다)을 징수하며, 같은 조 제4항에 따라 징수한 손실 상당액 중 가입자 및 피부양자의 손실에 해당되는 금액을 그 가입자나 피부양자에게 지급하여야 하므로 옳은 내용이다.

④ 국민건강보험법 제101조 제5항에 따라 손실 상당액의 산정, 부과·징수 절차 및 납부 방법 등에 관하여 필요한 사항은 대통령령으로 정하므로 옳은 내용이다.

12
정답 ④

국민건강보험법 제4조에 따라 ㉠~㉤ 중 보건복지부장관에 의해 건강보험정책심의위원회의 위원에 임명 또는 위촉될 수 있는 사람은 ㉠, ㉡, ㉢, ㉣, ㉤이다.

더 알아보기

건강보험정책심의위원회(국민건강보험법 제4조 제4항)

④ 심의위원회의 위원은 다음 각 호에 해당하는 사람을 보건복지부장관이 임명 또는 위촉한다.

1. 근로자단체 및 사용자단체가 추천하는 각 2명
2. 시민단체(「비영리민간단체지원법」 제2조에 따른 비영리민간단체를 말한다. 이하 같다), 소비자단체, 농어업인단체 및 자영업자단체가 추천하는 각 1명
3. 의료계를 대표하는 단체 및 약업계를 대표하는 단체가 추천하는 8명
4. 다음 각 목에 해당하는 8명
   가. 대통령령으로 정하는 중앙행정기관 소속 공무원 2명
   나. 국민건강보험공단의 이사장 및 건강보험심사평가원의 원장이 추천하는 각 1명
   다. 건강보험에 관한 학식과 경험이 풍부한 4명

13
정답 ①

㉠~㉣ 중 국내체류 외국인등의 건강보험에 대한 설명으로 옳은 것은 ㉠, ㉡이다.

㉠ 국민건강보험법 제109조 제2항에 따라 국내체류 외국인등이 적용대상사업장의 근로자, 공무원 또는 교직원이고 제6조 제2항의 직장가입자 제외 대상에 해당하지 않으면서 주민등록·국내거소신고·외국인등록 중 하나를 한 사람은 직장가입자가 되므로 옳은 설명이다.

㉡ 국민건강보험법 제109조 제5항 제2호에 따라 국내체류 외국인등이 외국의 법령, 외국의 보험 또는 사용자와의 계약 등에 따라 요양급여에 상당하는 의료보장을 받을 수 있어 사용자 또는 가입자가 보건복지부령으로 정하는 바에 따라 가입 제외를 신청한 경우에는 가입자 및 피부양자가 될 수 없으므로 옳은 설명이다.

오답 체크

㉢ 국민건강보험법 제109조 제8항에 따라 자격을 취득한 날이 속하는 달의 보험료를 징수하는 경우, 매월 26일 이후부터 말일까지의 기간에 자격을 취득한 경우를 제외하고는 국내체류 외국인등에 해당하는 지역가입자의 보험료는 그 직전 월 25일까지 납부해야 하므로 옳지 않은 설명이다.

㉣ 국민건강보험법 제109조 제10항에 따라 국민건강보험공단은 지역가입자인 국내체류 외국인등이 보험료를 체납한 경우에는 체납일부터 체납한 보험료를 완납할 때까지 보험급여를 하지 않으므로 옳지 않은 설명이다.

14
정답 ④

㉠~㉢을 벌금 상한액이 높은 것부터 순서대로 바르게 나열하면 '㉡ - ㉢ - ㉠'이다.

㉡ 국민건강보험법 제115조 제1항에 따라 국민건강보험공단, 건강보험심사평가원 및 요양급여비용의 심사청구를 대행하는 단체에 종사했던 사람 또는 종사하는 사람은 가입자 및 피부양자의 개인정보를 누설하는 행위를 해서는 안 된다는 제102조 제1호를 위반한 자는 5년 이하의 징역 또는 5천만 원 이하의 벌금에 처한다.

㉢ 국민건강보험법 제115조 제5항 제3호에 따라 직장가입자 제외 대상에 해당하지 않는 모든 사업장의 근로자를 고용하는 사용자는 그가 고용한 근로자가 이 법에 따른 직장가입자가 되는 것을 방해하거나 자신이 부담하는 부담금이 증가되는 것을 피할 목적으로 정당한 사유 없이 근로자의 승급 또는 임금 인상을 하지 않거나 해고나 그 밖의 불리한 조치를 할 수 없다는 제93조를 위반한 사용자는 1년 이하의 징역 또는 1천만 원 이하의 벌금에 처한다.

㉠ 국민건강보험법 제117조에 따라 요양기관은 정당한 이유 없이 요양급여를 거부하지 못한다는 제42조 제5항을 위반한 요양기관은 500만 원 이하의 벌금에 처한다.

15
정답 ①

㉠~㉢ 중 시효에 대한 설명으로 옳지 않은 것은 ㉠, ㉡이다.

㉠ 국민건강보험법 제91조 제1항 제1호에 따라 보험료, 연체금 및 가산금을 징수할 권리는 3년 동안 행사하지 아니하면 소멸시효가 완성되므로 옳지 않은 설명이다.

㉡ 국민건강보험법 제91조 제4항에 따라 소멸시효기간, 시효 중단 및 시효 정지에 관하여 이 법에서 정한 사항 외에는 「민법」에 따르므로 옳지 않은 설명이다.

㉢ 국민건강보험법 제91조 제3항에 따라 휴직자등의 보수월액보험료를 징수할 권리의 소멸시효는 고지가 유예된 경우 휴직 등의 사유가 끝날 때까지 진행하지 아니하므로 옳은 설명이다.

㉣ 국민건강보험법 제91조 제2항 제1호에 따라 보험료의 고지 또는 독촉 시 제91조 제1항에 따른 시효가 중단되므로 옳은 설명이다.

16
정답 ①

국민건강보험법 제70조 제2항에 따라 휴직이나 그 밖의 사유로 보수의 전부 또는 일부가 지급되지 않는 가입자의 보수월액보험료는 해당 사유가 생기기 전 달의 보수월액을 기준으로 산정하므로 옳지 않은 설명이다.

② 국민건강보험법 제69조 제3항에 따라 보험료를 징수할 때 가입자의 자격이 변동된 경우에는 변동된 날이 속하는 달의 보험료는 변동되기 전의 자격을 기준으로 징수하지만, 가입자의 자격이 매월 1일에 변동된 경우에는 변동된 자격을 기준으로 징수하므로 옳은 설명이다.

③ 국민건강보험법 제69조 제5항에 따라 지역가입자의 월별 보험료액은 세대 단위로 산정하므로 옳은 설명이다.

④ 국민건강보험법 제69조 제2항에 따라 보험료는 가입자의 자격을 취득한 날이 속하는 달의 다음 달부터 가입자의 자격을 잃은 날의 전날이 속하는 달까지 징수하지만, 가입자의 자격을 매월 1일에 취득한 경우 또는 유공자등 의료보호대상자 중 건강보험의 적용을 보험자에게 신청하여 가입자의 자격을 취득하는 경우에는 그 달부터 징수하므로 옳은 설명이다.

17
정답 ③

국민건강보험법 제48조 제2항에 따라 건강보험심사평가원은 가입자나 피부양자가 확인을 요청한 비용이 요양급여 대상에 해당되는 비용으로 확인되면 그 내용을 국민건강보험공단 및 관련 요양기관에 알려야 하므로 옳지 않은 설명이다.

① 국민건강보험법 제48조 제1항에 따라 가입자나 피부양자는 본인일부부담금 외에 자신이 부담한 비용이 요양급여 대상에서 제외되는 비용인지 여부에 대하여 건강보험심사평가원에 확인을 요청할 수 있으므로 옳은 설명이다.

② 국민건강보험법 제48조 제2항에 따라 요양급여 대상 여부의 확인 요청을 받은 건강보험심사평가원은 그 결과를 요청한 사람에게 알려야 하므로 옳은 설명이다.

④ 국민건강보험법 제48조 제3항에 따라 가입자나 피부양자가 확인 요청한 비용이 요양급여 대상에 해당되는 비용이라는 내용을 통보받은 요양기관은 받아야 할 금액보다 더 많이 징수한 금액을 지체 없이 확인을 요청한 사람에게 지급하여야 하므로 옳은 설명이다.

18
정답 ④

국민건강보험법 제41조 제1항에 따라 ㉠~㉤ 중 요양급여에 해당하는 것은 ㉠, ㉡, ㉢, ㉣, ㉤, ㉥으로 총 6개이다.

> 🔍 **더 알아보기**
>
> **요양급여(국민건강보험법 제41조 제1항)**
> ① 가입자와 피부양자의 질병, 부상, 출산 등에 대하여 다음 각 호의 요양급여를 실시한다.
> 1. 진찰·검사
> 2. 약제(藥劑)·치료재료의 지급
> 3. 처치·수술 및 그 밖의 치료
> 4. 예방·재활

6. 간호
7. 이송(移送)

19 정답 ①

국민건강보험법 제3조의2 제1항에 따라 보건복지부장관은 건강보험의 건전한 운영을 위하여 건강보험정책심의위원회의 심의를 거쳐 5년마다 국민건강보험종합계획을 수립해야 하므로 옳지 않은 설명이다.

오답 체크

② 국민건강보험법 제3조의2 제3항에 따라 보건복지부장관은 국민건강보험종합계획에 따라 매년 연도별 시행계획을 건강보험정책심의위원회의 심의를 거쳐 수립·시행해야 하므로 옳은 설명이다.

③ 국민건강보험법 제3조의2 제2항 제6호에 따라 국민건강보험종합계획에는 건강증진 사업에 관한 사항이 포함되어야 하므로 옳은 설명이다.

④ 국민건강보험법 제3조의2 제4항에 따라 매년 시행계획에 따른 추진 실적을 평가해야 하므로 옳은 설명이다.

20 정답 ③

국민건강보험법 제104조 제2항에 따라 국민건강보험공단은 건강보험 재정을 효율적으로 운영하는 데에 이바지한 요양기관에 대하여 장려금을 지급할 수 있으며, 건강보험 재정을 운영하는 데에 이바지한 요양기관을 신고한 사람에게 포상금을 지급하지 않으므로 국민건강보험공단이 포상금을 지급할 수 있는 경우에 해당하지 않는 사람은 진수이다.

🔎 더 알아보기

포상금 등의 지급(국민건강보험법 제104조 제1항)

① 공단은 다음 각 호의 어느 하나에 해당하는 자 또는 재산을 신고한 사람에 대하여 포상금을 지급할 수 있다. 다만, 공무원이 그 직무와 관련하여 제4호에 따른 은닉재산을 신고한 경우에는 그러하지 아니한다.

1. 속임수나 그 밖의 부당한 방법으로 보험급여를 받은 사람
2. 속임수나 그 밖의 부당한 방법으로 다른 사람이 보험급여를 받도록 한 자
3. 속임수나 그 밖의 부당한 방법으로 보험급여 비용을 받은 요양기관 또는 보험급여를 받은 준요양기관 및 보조기기 판매업자
4. 제57조에 따라 징수금을 납부하여야 하는 자의 은닉재산

노인장기요양보험법 정답·해설

01	02	03	04	05	06	07	08	09	10
①	②	④	④	②	①	②	②	②	③

11	12	13	14	15	16	17	18	19	20
③	②	③	④	③	③	③	④	②	③

01
정답 ①

노인장기요양보험법 제14조 제1항 및 제2항에 따라 빈칸에 들어갈 숫자는 2이다.

02
정답 ②

노인장기요양보험법 제38조 제4항에 따라 국민건강보험공단은 장기요양급여비용을 심사한 결과 수급자가 이미 낸 본인부담금이 재가 또는 시설 급여비용 심사 결과에 따라 통보한 본인부담금보다 더 많으면 두 금액 간의 차액을 장기요양기관에 지급할 금액에서 공제하여 수급자에게 지급해야 하므로 옳지 않은 설명이다.

오답 체크

① 노인장기요양보험법 제38조 제2항에 따라 국민건강보험공단은 장기요양기관으로부터 재가 또는 시설 급여비용의 청구를 받은 경우 이를 심사하여 그 내용을 장기요양기관에 통보해야 하며, 장기요양에 사용된 비용 중 공단부담금(재가 및 시설 급여비용 중 본인부담금을 공제한 금액)을 해당 장기요양기관에 지급해야 하므로 옳은 설명이다.

③ 노인장기요양보험법 제38조 제3항에 따라 국민건강보험공단은 장기요양기관의 장기요양급여평가 결과에 따라 장기요양급여비용을 가산 또는 감액조정하여 지급할 수 있으므로 옳은 설명이다.

④ 노인장기요양보험법 제38조 제6항에 따라 장기요양기관은 지급받은 장기요양급여비용 중 보건복지부장관이 정하여 고시하는 비율에 따라 그 일부를 장기요양요원에 대한 인건비로 지출해야 하므로 옳은 설명이다.

03
정답 ④

미성년자이면서 보건복지부령으로 인해 가족 등으로부터 장기요양을 받아야 하는 자는 가족요양비 지급 대상에 해당하지 않는다.

> **🔍 더 알아보기**
>
> 가족요양비(노인장기요양보험법 제24조)
> ① 공단은 다음 각 호의 어느 하나에 해당하는 수급자가 가족 등으로부터 제23조 제1항 제1호 가목에 따른 방문요양에 상당한 장기요양급여를 받은 때 대통령령으로 정하는 기준에 따라 해당 수급자에게 가족요양비를 지급할 수 있다.

> 1. 도서·벽지 등 장기요양기관이 현저히 부족한 지역으로서 보건복지부장관이 정하여 고시하는 지역에 거주하는 자
> 2. 천재지변이나 그 밖에 이와 유사한 사유로 인하여 장기요양기관이 제공하는 장기요양급여를 이용하기가 어렵다고 보건복지부장관이 인정하는 자
> 3. 신체·정신 또는 성격 등 대통령령으로 정하는 사유로 인하여 가족 등으로부터 장기요양을 받아야 하는 자
> ② 제1항에 따른 가족요양비의 지급절차와 그 밖에 필요한 사항은 보건복지부령으로 정한다.

04
정답 ④

㉠~㉣ 중 장기요양기관 폐업에 대한 설명으로 옳지 않은 것은 ㉠, ㉡, ㉢, ㉣로 총 4개이다.

㉠ 노인장기요양보험법 제36조 제1항에 따라 장기요양기관의 장은 폐업하거나 휴업하고자 하는 경우 폐업이나 휴업 예정일 전 30일까지 특별자치시장·특별자치도지사·시장·군수·구청장에게 신고해야 하므로 옳지 않은 설명이다.

㉡ 노인장기요양보험법 제36조 제5항에 따라 특별자치시장·특별자치도지사·시장·군수·구청장은 「노인복지법」 제43조에 따라 노인의료복지시설 등(장기요양기관이 운영하는 시설인 경우에 한한다)에 대하여 사업정지 또는 폐지 명령을 하는 경우 지체 없이 국민건강보험공단에 그 내용을 통보하여야 하므로 옳지 않은 설명이다.

㉢ 노인장기요양보험법 제36조 제2항에 따라 특별자치시장·특별자치도지사·시장·군수·구청장은 장기요양기관의 장이 유효기간이 끝나기 30일 전까지 지정 갱신 신청을 하지 않는 경우 그 사실을 국민건강보험공단에 통보하여야 하므로 옳지 않은 설명이다.

㉣ 노인장기요양보험법 제36조 제6항에 따라 장기요양기관의 장은 폐업·휴업 신고를 할 때 또는 장기요양기관의 지정 갱신을 하지 아니하여 유효기간이 만료될 때 보건복지부령으로 정하는 바에 따라 장기요양급여 제공 자료를 국민건강보험공단으로 이관하여야 한다. 다만, 휴업 신고를 하는 장기요양기관의 장이 휴업 예정일 전까지 국민건강보험공단의 허가를 받은 경우에는 장기요양급여 제공 자료를 직접 보관할 수 있으므로 옳지 않은 설명이다.

05
정답 ②

노인장기요양보험법 제19조 제1항에 따라 빈칸에 들어갈 말은 1년이다.

06
정답 ①

재가장기요양기관 폐쇄명령은 노인장기요양보험법상 청문을 해야 하는 경우에 해당하지 않는다.

🔍 더 알아보기

청문(노인장기요양보험법 제63조)
특별자치시장·특별자치도지사·시장·군수·구청장은 다음 각 호의 어느 하나에 해당하는 처분 또는 공표를 하려는 경우에는 청문을 하여야 한다.
1. 제37조 제1항에 따른 장기요양기관 지정취소 또는 업무정지명령
3. 제37조의3에 따른 위반사실 등의 공표
4. 제37조의5 제1항에 따른 장기요양급여 제공의 제한 처분

07
정답 ②

노인장기요양보험법 제2조에 따라 (가)는 장기요양급여, (나)는 장기요양사업, (다)는 장기요양기관이다.

08
정답 ②

노인장기요양보험법 제36조의2에 따라 빈칸에 들어갈 숫자는 6이다.

09
정답 ②

노인장기요양보험법 제20조 제2항에 따라 빈칸에 들어갈 숫자는 30이다.

10
정답 ③

노인장기요양보험법 제39조에 따라 ⊙~ⓒ 중 재가 및 시설 급여비용의 산정에 대한 설명으로 옳은 것은 ⊙, ⓒ이다.

오답 체크

ⓒ 노인장기요양보험법 제39조 제2항에 따라 보건복지부장관은 재가 및 시설 급여비용을 정할 때 대통령령으로 정하는 바에 따라 국가 및 지방자치단체로부터 장기요양기관의 설립비용을 지원받았는지 여부 등을 고려할 수 있으므로 옳지 않은 설명이다.

11
정답 ③

노인장기요양보험법 제37조의2 제1항 및 제2항에 따라 ⊙에 들어갈 말은 2억, ⓒ에 들어갈 말은 5배이다.

12
정답 ②

노인장기요양보험법 제37조 제8항 제1호에 따라 장기요양기관 지정취소를 받은 후 3년이 지나지 아니한 자는 제31조에 따른 장기요양기관으로 지정받을 수 없으므로 옳지 않은 설명이다.

오답 체크

① 노인장기요양보험법 제37조 제7항에 따라 지정취소 또는 업무정지되는 장기요양기관의 장은 해당 기관에서 수급자가 부담한 비용 중 정산해야 할 비용이 있는 경우 이를 정산해야 하므로 옳은 설명이다.

③ 노인장기요양보험법 제37조 제9항에 따라 특별자치시장·특별자치도지사·시장·군수·구청장이 장기요양기관을 지정취소하거나 6개월의 범위에서 업무정지를 명하는 행정처분의 기준은 보건복지부령으로 정하므로 옳은 설명이다.

④ 노인장기요양보험법 제37조 제2항에 따라 특별자치시장·특별자치도지사·시장·군수·구청장은 장기요양기관 지정을 취소하거나 업무정지명령을 한 경우 지체 없이 그 내용을 국민건강보험공단에 통보하고, 보건복지부령으로 정하는 바에 따라 보건복지부장관에게 통보해야 하므로 옳은 설명이다.

13
정답 ③

노인장기요양보험법 제69조에 따라 ⊙~ⓜ 중 과태료 부과 대상에 해당하는 사람은 ⊙, ⓒ, ⓔ이다.

🔍 더 알아보기

과태료(노인장기요양보험법 제69조 제1항)
① 정당한 사유 없이 다음 각 호의 어느 하나에 해당하는 자에게는 500만 원 이하의 과태료를 부과한다.
2. 제33조를 위반하여 변경지정을 받지 아니하거나 변경신고를 하지 아니한 자 또는 거짓이나 그 밖의 부정한 방법으로 변경지정을 받거나 변경신고를 한 자
2의2. 제34조를 위반하여 장기요양기관에 관한 정보를 게시하지 아니하거나 거짓으로 게시한 자
2의3. 제35조 제3항을 위반하여 수급자에게 장기요양급여비용에 대한 명세서를 교부하지 아니하거나 거짓으로 교부한 자
3. 제35조 제4항을 위반하여 장기요양급여 제공 자료를 기록·관리하지 아니하거나 거짓으로 작성한 사람
3의2. 제35조의4 제2항 각 호의 어느 하나를 위반한 자
3의3. 제35조의4 제5항에 따른 적절한 조치를 하지 아니한 자
4. 제36조 제1항 또는 제6항을 위반하여 폐업·휴업 신고 또는 자료이관을 하지 아니하거나 거짓이나 그 밖의 부정한 방법으로 신고한 자

4의2. 제37조의4 제4항을 위반하여 행정제재처분을 받았거나 그 절차가 진행 중인 사실을 양수인등에게 지체 없이 알리지 아니한 자

6. 거짓이나 그 밖의 부정한 방법으로 수급자에게 장기요양급여 비용을 부담하게 한 자

7. 제60조, 제61조 제1항 또는 제2항(같은 항 제1호에 해당하는 자는 제외한다)에 따른 보고 또는 자료제출 요구·명령에 따르지 아니하거나 거짓으로 보고 또는 자료제출을 한 자나 질문 또는 검사를 거부·방해 또는 기피하거나 거짓으로 답변한 자

8. 거짓이나 그 밖의 부정한 방법으로 장기요양급여비용 청구에 가담한 사람

9. 제62조의2를 위반하여 노인장기요양보험 또는 이와 유사한 용어를 사용한 자

14 정답 ④

노인장기요양보험법 제52조 및 제53조에 따라 ㉠~㉤ 중 장기요양 등급판정위원회에 대한 설명으로 옳은 것은 ㉣, ㉤이다.

오답 체크

㉠ 노인장기요양보험법 제52조 제3항에 따라 등급판정위원회는 위원장 1인을 포함하여 15인의 위원으로 구성하므로 옳지 않은 설명이다.

㉡ 노인장기요양보험법 제52조 제5항에 따라 등급판정위원회 위원의 임기는 3년으로 하되 한 차례만 연임할 수 있지만, 공무원인 위원의 임기는 재임기간으로 하므로 옳지 않은 설명이다.

㉢ 노인장기요양보험법 제52조 제2항에 따라 등급판정위원회는 특별자치시·특별자치도·시·군·구 단위로 설치하지만, 인구수 등을 고려하여 하나의 특별자치시·특별자치도·시·군·구에 2 이상의 등급판정위원회를 설치하거나 2 이상의 특별자치시·특별자치도·시·군·구를 통합하여 하나의 등급판정위원회를 설치할 수 있으므로 옳지 않은 설명이다.

15 정답 ③

노인장기요양보험법 제43조 제3항에 따라 국민건강보험공단은 거짓이나 그 밖의 부정한 방법으로 장기요양급여를 받은 자와 같은 세대에 속한 자(장기요양급여를 받은 자를 부양하고 있거나 다른 법령에 따라 장기요양급여를 받은 자를 부양할 의무가 있는 자를 말한다)에 대하여 거짓이나 그 밖의 부정한 방법으로 장기요양급여를 받은 자와 연대하여 장기요양급여에 상당하는 징수금을 납부하게 할 수 있으므로 옳지 않은 설명이다.

오답 체크

① 노인장기요양보험법 제43조 제2항에 따라 국민건강보험공단은 거짓 보고 또는 증명에 의하거나 거짓 진단에 따라 장기요양급여가 제공된 때 거짓의 행위에 관여한 자에 대하여 장기요양급여를 받은 자와 연대하여 장기요양급여에 상당하는 징수금을 납부하게 할 수 있으므로 옳은 설명이다.

② 노인장기요양보험법 제43조 제4항에 따라 국민건강보험공단은 장기요양기관이 수급자로부터 거짓이나 그 밖의 부정한 방법으로 장기요양급여비용을 받은 때 해당 장기요양기관으로부터 이를 징수하여 수급자에게 지체 없이 지급해야 하므로 옳은 설명이다.

④ 노인장기요양보험법 제43조 제1항 제5호에 따라 국민건강보험공단은 장기요양급여를 받은 자 또는 장기요양급여비용을 받은 자가 노인장기요양보험법상의 원인 없이 국민건강보험공단으로부터 장기요양급여를 받거나 장기요양급여비용을 지급받은 경우 그 장기요양급여 또는 장기요양급여비용에 상당하는 금액을 징수하므로 옳은 설명이다.

16 정답 ③

노인장기요양보험법 제67조 제2항 제4호에 따라 ㉠에 들어갈 말은 2년, ㉡에 들어갈 말은 2천만 원이다.

17 정답 ③

노인장기요양보험법 제61조 제3항에 따라 보건복지부장관, 특별시장·광역시장·도지사 또는 특별자치시장·특별자치도지사·시장·군수·구청장은 제1항 및 제2항에 따른 보고 또는 자료제출 명령이나 질문 또는 검사 업무를 효율적으로 수행하기 위하여 필요한 경우에는 국민건강보험공단에 행정응원을 요청할 수 있으므로 옳지 않은 설명이다.

오답 체크

① 노인장기요양보험법 제61조 제2항에 따라 보건복지부장관, 특별시장·광역시장·도지사 또는 특별자치시장·특별자치도지사·시장·군수·구청장은 장기요양기관 및 의료기관이나 장기요양급여를 받은 자 중 어느 하나에 해당하는 자에게 장기요양급여의 제공 명세, 재무·회계에 관한 사항 등 장기요양급여에 관련된 자료의 제출을 명하거나 소속 공무원으로 하여금 관계인에게 질문을 하게 하거나 관계 서류를 검사하게 할 수 있으므로 옳은 설명이다.

② 노인장기요양보험법 제61조 제1항 제1호에 따라 보건복지부장관, 특별시장·광역시장·도지사 또는 특별자치시장·특별자치도지사·시장·군수·구청장은 장기요양보험 가입자에게 보수·소득이나 그 밖에 보건복지부령으로 정하는 사항의 보고 또는 자료의 제출을 명하거나 소속 공무원으로 하여금 관계인에게 질문을 하게 하거나 관계 서류를 검사하게 할 수 있으므로 옳은 설명이다.

④ 노인장기요양보험법 제61조 제5항에 따라 질문 또는 검사의 절차·방법 등에 관하여는 이 법에서 정하는 사항을 제외하고는 「행정조사기본법」에서 정하는 바에 따르므로 옳은 설명이다.

18 정답 ④

노인장기요양보험법 제37조의5에 따라 빈칸에 들어갈 말은 1년이다.

19 정답 ②

노인장기요양보험법 제46조 제4항에 따라 장기요양위원회 위원의 임기는 3년으로 하고, 공무원인 위원의 임기는 재임기간으로 하므로 옳지 않은 설명이다.

오답 체크

① 노인장기요양보험법 제46조 제3항에 따라 위원장은 보건복지부차관이 되고, 부위원장은 위원 중에서 위원장이 지명하므로 옳은 설명이다.

③ 노인장기요양보험법 제47조 제3항에 따라 노인장기요양보험법에서 정한 것 외에 장기요양위원회의 구성·운영, 그 밖에 필요한 사항은 대통령령으로 정하므로 옳은 설명이다.

④ 노인장기요양보험법 제46조 제1항에 따라 장기요양위원회는 위원장 1인, 부위원장 1인을 포함한 16인 이상 22인 이하의 위원으로 구성하므로 옳은 설명이다.

20 정답 ③

노인장기요양보험법 제23조 제2항에 따라 장기요양급여를 제공할 수 있는 장기요양기관의 종류 및 기준과 장기요양급여 종류별 장기요양요원의 범위·업무·보수교육 등에 관하여 필요한 사항은 대통령령으로 정하는 사항에 해당한다.

오답 체크

① 노인장기요양보험법 제23조 제5항에 따라 장기요양급여의 제공 기준·절차·방법·범위, 그 밖에 필요한 사항은 보건복지부령으로 정하므로 보건복지부령으로 정하는 사항에 해당한다.

② 노인장기요양보험법 제28조 제2항에 따라 장기요양급여 월 한도액의 산정기준 및 방법, 그 밖에 필요한 사항은 보건복지부령으로 정하므로 보건복지부령으로 정하는 사항에 해당한다.

④ 노인장기요양보험법 제6조의2 제2항에 따라 장기요양사업 실태조사의 방법과 내용 등에 필요한 사항은 보건복지부령으로 정하므로 보건복지부령으로 정하는 사항에 해당한다.

취업강의 1위, 해커스잡

ejob.Hackers.com

국민건강보험공단 최종 합격을 위한

추가 학습 자료 3종

취업 인강
단과강의 20% 할인 쿠폰

446K 8K28 KC57 D000

국민건강보험공단
취업성공전략 동영상강의
수강권

3A5F 8K27 2C42 K000

* 이 외 쿠폰 관련 문의는 해커스 고객센터(02-537-5000)로 연락 바랍니다.

FREE 무료 바로 채점 및 성적 분석 서비스

바로 이용 ▶

수많은 선배들이 선택한
해커스잡
ejob.Hackers.com

1

실시간으로
확인하는
공기업 채용 속보

2

해커스공기업
스타강사의
취업 무료 특강

3

상식·인적성·한국사
무료 취업 자료

4

공기업 취업
선배들의 살아있는
합격 후기

해커스 ♀ 국민건강 보험공단 NCS+법률 FINAL 봉투모의고사

초판 1쇄 발행 2024년 8월 7일

지은이	해커스 NCS 취업교육연구소
펴낸곳	㈜챔프스터디
펴낸이	챔프스터디 출판팀

주소	서울특별시 서초구 강남대로61길 23 ㈜챔프스터디
고객센터	02-537-5000
교재 관련 문의	publishing@hackers.com
	해커스잡 사이트(ejob.Hackers.com) 교재 Q&A 게시판
학원 강의 및 동영상강의	ejob.Hackers.com

ISBN	978-89-6965-492-2 (13320)
Serial Number	01-01-01

취업교육 1위,
해커스잡 **ejob.Hackers.com**

해커스잡

- 공기업 전문 스타강사의 **취업 인강**(교재 내 인강 할인쿠폰 수록)
- 공기업 취업 전문가의 국민건강보험공단 취업성공전략 동영상강의
- 내 점수와 석차를 확인하는 무료 바로 채점 및 성적 분석 서비스